無所設防

UNGUARDED

SCOTTIE PIPPEN

AND MICHAEL ARKUSH

史考提·皮朋、麥克·阿庫什——著

李祖明——譯

目錄

這本書獻給我的孩子們，安特倫（Antron）、泰勒（Taylor）、希耶拉（Sierra）、小史考提（Scotty Jr.）、普雷斯頓（Preston）、賈斯汀（Justin ）和索菲亞（Sophia），他們激勵我成為最好的自己，並令我的人生充滿意義。

序幕

二〇二〇年五月十九日，下午六時三十一分。

我收到一封麥可（Michael Jordan）寄的簡訊，沒什麼事的話，他不會找上門來。

怎麼了兄弟？我聽說你在生我的氣。如果你有空，隨時歡迎你跟我談談。

那天晚上我的行程很緊湊，我知道，這是無法用三言兩語解決的事情。

一個半小時後，我回覆：

有話明天再說。

麥可說對了，我的確因為《最後一舞》（The Last Dance）在生他的氣。這是一部由《ESPN》拍攝，以芝加哥公牛在一九九七—一九九八年球季最後一次奪冠為主題、一共十集的紀錄片。在疫情肆虐的前幾個星期，有好幾百萬人看了這部片。

由於沒有任何能夠直播的運動賽事，從四月中旬起連續五個星期天晚上播出的《最後一舞》，為突然處於截然不同的生活型態、急須轉移注意力的我們提供了一個宣洩的管道。我們已經看太多有關危險地區、住院治療以及死亡人數的相關新聞了。

最後兩集在五月十七日播出，與前八集差不多，都在歌頌麥可・喬丹。然而，我與我自豪的隊友們卻沒能獲得應有的讚譽。麥可應該承擔大部分的責任，製片人授予他成品的最終編輯審定權，未經他的許可，影片不能上架。他既是主角，也是導演。

我本來有著更多的期待。一年多前，最初獲知此事時的我迫不及待地想要收看這部紀錄片，因為我知道裡面一定有許多珍貴罕見的畫面。

身為菜鳥的我在一九八七年秋天來到芝加哥後所度過的歲月，是我職業生涯中最精華的時刻：曾經只要有一顆球、一座籃框和一點想像力就能感到滿足的我們，從四面八方來到這裡團結一心，實現十二個人在球場上的兒時夢想。不管是在當時還是在任何時代，成為一九九〇年代公牛隊的一份子，就代表你成為了神話中的一段章節。

只是，麥可決心向現代球迷證明他不僅在那些年出類拔萃，現在也比許多人拿來相提並論、甚至認為更具主宰力的勒布朗・詹姆斯（LeBron James）還要偉大。因此麥可將這部紀錄片打造成他的故事，而不是《最後一舞》的故事——這是我們的總教練菲爾・傑克森（Phil Jackson）在老闆傑瑞・蘭斯朵夫（Jerry Reinsdorf）與總經理傑瑞・克勞斯（Jerry Krause）這兩位傑瑞顯然打算要不顧一切地拆散這個團隊後，為一九九七—一九九八年球季冠上的稱號。

就如克勞斯在一九九七年對菲爾說的：「就算你帶領球隊打出八十二勝零敗的戰績，也不會改變這是你最後一季執教芝加哥公牛的結局。」

《ESPN》在上映前幾星期就把前八集的連結傳給我了。我和三個正值青少年時期的兒子在南加州的家裡觀看這部紀錄片時，簡直不敢相信自己的眼睛。

第一集出現的場景如下：

- 就讀北卡羅萊納大學（University of North Carolina）的大一新鮮人麥可，在一九八二年出戰喬治城大學驚嘆隊（Georgetown Hoyas）的NCAA冠軍賽中投進致勝一擊。
- 一九八四年，在休士頓挑選哈金・歐拉朱萬（Hakeem Olajuwon）、波特蘭選擇山姆・鮑伊（Sam Bowie）後，於第三順位被公牛選中的麥可暢談自己帶領球隊扭轉乾坤的希望。
- 生涯的第三場比賽，出戰密爾瓦基公鹿，麥可帶領公牛隊完成了逆轉勝。

鎂光燈一而再、再而三地打在二十三號上。即使第二集有些片段在講述我艱困的成長歷程與化不可能為可能的NBA之路，但沒過多久，焦點隨即回到了麥可和他獲勝的決心。我只不過是一個道具，或如他所言，是「史上最佳隊友」。如果他是想盡可能地擺出高高在上的姿態，那他成功了。

轉念一想，我是該相信雙眼所見的一切。我有數不清的歲月在與這個男人為伍，我知道他想要什麼。所以期待太多，是我太過天真。

每一集看起來都沒什麼兩樣：麥可坐在他的寶座上，隊友都是次要或更小的人物。紀錄片中所傳遞出來的訊息，與昔日他稱我們是他的「配角」的發言沒什麼不同。這幾個球季以來，我們在球隊獲勝時得到的讚美屈指可數，然而在球隊輸球時卻會成為千夫所指。即使麥可在場上二十四投六中、犯下五次失誤，在崇拜他的媒體與大眾心中，他依然是完美無缺的喬丹。

我已經五十餘歲，距離我最後一次上場比賽，已經過去了十七年的光陰。這種屈辱經歷過一次就已經令人難以忍受，而我現在又眼睜睜地看著我們再一次受到了貶低。

我和我的幾名前隊友們在接下來的幾個星期裡談過了，他們都和我一樣有不受尊重的感覺。在我們為他和他重視的名聲付出了這麼多後，麥可居然敢這麼對待我們。沒有我、霍勒斯・葛蘭特（Horace Grant）、東尼・庫科奇（Toni Kukoc）、約翰・派克森（John Paxson）、史蒂夫・柯爾（Steve Kerr）、丹尼斯・羅德曼（Dennis Rodman）、比爾・卡特萊特（Bill Cartwright）、榮恩・哈波（Ron Harper）、B・J・阿姆斯壯（B.J. Armstrong）、盧克・隆利（Luc Longley）、威爾・普度（Will Perdue）和比爾・威寧頓（Bill Wennington），麥可・喬丹永遠不會成為現在的麥可・喬丹。我提到的人名如有疏漏，還請見諒。

我想表達的並不是麥可到了其他地方就無法成為超級巨星，畢竟他是個如此與眾不同的人。

然而他是靠著我們這支球隊取得的成就，也就是八年內六度奪冠，才得到了舉世聞名的知名度。除了穆罕默德．阿里（Muhammad Ali），當今沒有任何運動選手能踏入這樣的境界。

更過分的是，麥可因為他在這部紀錄片中自導自演而賺到了一千萬美金，但我和隊友們卻沒賺到一分錢。這讓我們再次回想起過往在球隊中因地位不同而有的差別待遇，也回想起了那個球季，我們允諾攝影機隨意地在我們的休息室、飯店、訓練過程、圍成一圈集中精神時……甚至是在我們的人生中進進出出。

麥可並不是那星期唯一一個與我聯絡的前隊友。

兩天後，我收到了約翰．派克森的簡訊。他是參與我們前兩次奪冠之旅的先發控球後衛，後來成為了公牛隊的總經理和籃球營運副總裁。而他聯絡我的次數，比麥可還少。

嘿，老皮……我是阿派啦。

麥可．蘭斯朵夫（*Michael Reinsdorf*）（傑瑞的兒子，現為公牛營運長）給了我你的電話號碼。只想跟你說一聲，身為你的隊友，我對你無比尊重。別人他媽的想怎麼說故事就去說吧，我只會以我的親身見聞來判斷一個人，我可是看著你一路從菜鳥成長茁壯到成為一個專業老鳥的。不要讓包括媒體在內的其他人來定義你。你的成就非凡，也受到大家的敬重，而能成為你的隊友，更令我無時無刻都為此感到幸運。

短短兩天之內，就收到麥可和派克森的簡訊。這是巧合嗎？我覺得不是。這兩個傢伙都知道我對於這部紀錄片有多麼氣憤。他們在探我的口風，想確保我不會惹出麻煩，傷害到現在仍聘請派克森擔任顧問的公牛隊，或是他們總是最在乎的事——麥可的歷史定位。

派克森與我不睦已經好多年了。二〇〇三年夏天，我回絕曼菲斯灰熊，和公牛隊簽下一份為期兩年的合約。與擔任總教練的比爾·卡特萊特合作無間的我，將成為艾迪·柯瑞（Eddy Curry）、泰森·錢德勒（Tyson Chandler）、賈莫·克勞佛（Jamal Crawford）與柯克·辛瑞奇（Kirk Hinrich）等年輕球員的導師。我和比爾在一九八八年至一九九四年間當過隊友，我們曾經給他取過一個叫「教師」（Teach）的綽號。他話不多，但每當他有話要說，都能讓你從中有所體悟。

「老皮，我希望你能幫幫比爾，」派克森說，「這個球員兼教練的任務就交給你了。」

我為什麼要說不呢？我正想要一個全新的挑戰。我三十八歲了，職業生涯已經看到盡頭。我有許多場內和場外的知識可以教給其他人，相信這段經歷能開拓出未來的執教之路，說不定我還有機會來公牛隊當教練呢。

事情並沒有那麼順利。比爾在球季進行十四場比賽後就被開除了，取而代之的是史考特·史凱爾斯（Scott Skiles）。

征戰聯盟十七年，如果再加上二百零八場季後賽，更接近十九年半，我的身體已經在這段征途中被榨乾。在二〇〇四年十月退役之前，我在這裡只打了二十三場比賽。派克森覺得我讓他和球隊失望了，這或許可以解釋為什麼在我的職業生涯結束後，儘管他知道我有多麼希望對球隊的未來有話語權，都沒有在做出人事方面的決定時徵詢過我的意見。

二〇一〇年，我終於在公牛球團找到一份工作，但對他們來說我只不過是個吉祥物，每年在回顧舊日輝煌時讓我露臉幾次、跟季票持有者見面並幫他們簽名。他們會給我這份工作的主要目的只有一個，就是讓人們聯想起那段黃金時代。

最後在二〇一四年初，我得到一個看起來比前一份工作更有意義的差事。公牛隊派我去看了十幾場大學的比賽、觀察場上的球員。其中一次外派，我來到北卡羅萊納州（North Carolina）德罕郡（Durham）的卡梅隆室內體育館（Cameron Indoor Stadium）觀賞第五種子杜克大學（Duke）在主場出戰第一種子雪城大學（Syracuse）的賽事。我在電視上看過很多場杜克大學的比賽，學生們會把臉塗成藍色，整場都站著為他們心愛的藍魔鬼隊（Blue Devils）加油，並發出震天價響的鼓譟聲來震懾可憐的對手。多麼美妙的畫面啊！

在大一前鋒賈巴里．帕克（Jabari Parker）的帶領下，杜克大學以六十六比六十擊敗雪城大學。

體育館內的歡呼聲響亮地令人難以置信，甚至連在芝加哥體育館（Chicago Stadium）打這麼多年球的我們都還沒聽過這麼大的歡呼聲。能夠參與球隊營運範疇的工作、幫助公牛隊從我的專業知識中受益，而不是打著我的名號吸引老粉絲，使我感到興奮不已。

提交球探報告後，我等待著派克森和球團內部其他成員的回覆。不知道他們接下來會要我去做什麼？

在這之後，他們再也沒有聯絡過我。

二〇一四年NBA選秀前的幾個星期，此時正進行著與備選球員的會面或測試，但公牛隊完全沒有邀請我參加其中任何一次活動的打算。我突然醒悟，他們從一開始就在耍我。

二〇二〇年五月二十二日，也就是派克森寄來簡訊的隔天，我們在電話裡聊了幾分鐘後，他切入正題：

「老皮，我為你回到芝加哥後所經歷的一切感到難過。一直以來，球團都沒有善待你。我想讓你知道，我覺得這麼做是不對的。」

我很高興聽到派克森承認了一個我早就知道的錯誤，但這並不代表我願意原諒他。如果他真的想來尋求我的原諒，那來得太遲了。

「約翰，」我說，「這些場面話聽起來很漂亮，但在公牛隊高層工作了將近二十年的你有機會改變這樣的情形，卻沒有這麼做。」

他開始哭了起來。我不知道該如何回應，只好等他哭完。我不確定他為什麼會哭，但老實說，我也不在乎。

不久，我們的對話便告一段落，感謝老天。

這部《ESPN》紀錄片沒有紀錄到的素材可多了，很多應該加入其中的元素都被略過不談。我講重點：我的名人堂生涯沒有在這部片中得到應有的待遇。這部片可是我的隊友拍的，他還號稱是我的朋友，所以這麼做完全沒有道理。麥可似乎認為貶低我才能哄抬自己。考量到他在籃球圈內外取得的所有成就，在人們眼中，他應該對自己的地位更有信心吧。

事實顯然並非如此。

首先，就拿一九九二年出戰克萊德・崔斯勒（Clyde Drexler）與波特蘭拓荒者的NBA總冠軍賽第六戰來說吧。此時我們取得了三比二領先，想在這場比賽終結系列賽、締造二連霸。若能獲勝，這也將會是我們第一次在心愛的球迷面前奪冠，他們等這一刻已經等幾十年了。

但比賽沒有如計畫一般順利進行。

來到第四節，拓荒者領先十五分。他們的小前鋒傑若姆・柯西（Jerome Kersey）和泰瑞・波特（Terry Porter）打得十分出色。

同一時間，麥可太想要有所表現，結果適得其反。

「你不能再讓他這麼打了，」球隊助理教練泰克斯・溫特（Tex Winter）懇求菲爾，「他持球時間太長，已經打亂了比賽。」

沒有人能像泰克斯一樣把比賽看得如此透徹。每當有哪名球員偏離了他一九六〇年代在堪薩斯州大（Kansas State）發揚光大的三角戰術，他都不怯於批評包括麥可在內的任何人。眾所皆知，三角戰術強調球權與球員的流動，這一點對泰克斯來說非常重要，也與我們的成功息息相關。

第七戰看起來無可避免。在第七戰，什麼事都有可能發生。傷病、裁判的糟糕誤判、奇蹟般的一擊，任何事都有可能改變比賽。

第四節開始，麥可留在替補席，第二陣容和我在場上奮戰，而我們扭轉了局勢。我們在球季初從沙加緬度國王引進的後衛鮑比・漢森（Bobby Hansen）投進一顆重要的三分球，為球隊開啟一波十四比二的攻勢。其他幾名像是史戴西・金恩（Stacey King）與史考特・威廉斯（Scott Williams）等替補球員，於攻防兩端也一次又一次地在重要關頭做出貢獻。球迷們簡直要樂瘋了。

麥可在第四節還剩八分半鐘時回到場上，此時拓荒者僅以八十一比七十八些微領先。與平時相比，菲爾讓他在板凳上多待了幾分鐘。

最終，拓荒者的希望破滅。九十七比九十三，比賽結束。

我想不出來有什麼例子比這場比賽還更能描繪出籃球比賽中到底什麼才是最重要的事，這是個團隊運動，不該讓任何一個人凌駕於團隊之上。然而在紀錄片中，對於這場逆轉勝卻沒有提到隻字片語，就好像它從未存在。第六戰的唯一鏡頭，只有倒數的最後幾秒鐘。

為什麼這場比賽沒有戲份？答案顯而易見。

展示他的「配角」在這麼重要的比賽中打出如此超群的表現，對麥可的歷史地位並沒有什麼幫助。如果菲爾讓麥可在第四節提早回到場上，公牛隊很可能會輸掉這場比賽。泰克斯是對的，麥可沒有在傳球。

一九九二年總冠軍賽的鏡頭反而聚焦在第一場比賽，以及麥可下定多大的決心要證明該年球季在MVP票選中排名第二的克萊德不是他的對手。在紀錄片中，這個主題反覆出現：真實存在也好，虛擬的也罷，麥可會找出一個惡霸來激勵自己。我一直很好奇，難道把奪冠這個目標當成動力還不夠嗎？

另一個明顯遺漏的片段，發生在一九九七年六月一日星期日、總冠軍賽首戰對陣猶他爵士的比賽。在最後九點二秒，比分為八十二比八十二平手，他們的明星先發大前鋒、有著「郵差」（Mailman）綽號的卡爾．馬龍（Karl Malone）得到了兩次罰球機會。

在卡爾走上罰球線時，我告訴他：「郵差星期天不送信。」

結果，罰球命中率百分之七十六的卡爾，兩次罰球出手全數落空。

輪到我們進攻時，麥可跳投命中一記壓哨球，贏下這場比賽。我們乘勝追擊，花了六場比賽擊敗爵士，贏得我們的第五座總冠軍。

我對卡爾說的這句話應該出現在紀錄片中。我敢打賭，如果這句話是麥可說的，那這段插曲絕對會得到應有的篇幅，然後強調：麥可．喬丹不只是一名偉大的籃球選手，還是位心理戰大師。

在同一個系列賽的第六戰，爵士有機會在最後幾秒鐘扳平比數或取得領先，但我在這波進攻中干擾了他們的界外發球。

這記抄截有記載在紀錄片裡，卻沒有強調是誰抄的。重點被擺在麥可把球傳給了史蒂夫．柯爾，為投進致勝跳投的後者送出一記助攻，宛如一九九一年對決湖人的總冠軍賽第五戰、麥可不斷在關鍵時刻把球傳給派克森的翻版，兩兩呈現出麥可有多麼無私。

這沒什麼了不起，菲爾和泰克斯從第一天起便不斷在灌輸我們一個概念，那就是要找出有空檔的隊友。

同時，我少數表現不佳的時刻，受到了比拍攝到甘迺迪總統（Jack Kennedy）遇刺事件的澤普魯德二十六秒影片（Zapruder film）*更嚴格的檢視。

最經典的一例：一九九四年五月，在一場公牛與尼克對決的季後賽的最後一點八秒，在菲爾將執行最後一擊的責任交給東尼．庫科奇而要求我來發界外球後，我選擇拒絕上場。例行賽和季後賽加起來，我一共打過一千三百八十六場比賽。而這一點八秒鐘，至今還是人們在對我提問時最常問到的事。

你為什麼不上場？你會覺得遺憾嗎？如果再給你一次機會，你會不會採取不一樣的舉動？

的確，會有這些疑問很合理（我會在稍後討論這些問題）。但這件事與《最後一舞》沒有關聯，因此用不著把這個片段放進紀錄片。那麥可為什麼覺得有重提舊事的必要？他有沒有考慮過這會對我和我的歷史地位有什麼影響？更何況一九九四年他根本不在球隊陣中，而是跑去打棒球了。

反之，我可以理解為什麼我決定延後到一九九七年十月才動足部手術、在那年秋天提出交易請求的情節被收錄於《最後一舞》中，因為這兩件事都是在那個球季發生的事。

不過就算這樣，麥可怎麼有這個膽說我「自私」？

你想知道什麼叫自私嗎？在訓練營開始前宣布退休，害得球隊想再簽自由球員已經為時已晚才叫自私。一九九三年，麥可就使公牛隊陷入這個窘境，逼得傑瑞・克勞斯只能找來彼得・邁爾斯（Pete Myers）這名那陣子在義大利球隊打球的浪人。

麥可表裡不一的事蹟不只這一樁。他點名霍勒斯・葛蘭特，指出很可能就是他洩密，才讓山姆・史密斯（Sam Smith）有辦法在一九九一年推出的《喬丹法則》（The Jordan Rules）這本大賣

＊ 譯註：甘迺迪遇刺時，澤普魯德（Abraham Zapruder）正好拍到甘迺迪頭部中槍的角度與傷口，因此成為史上被研究最多次的影片之一。

的書中，寫出很多我們在首度奪冠前幾個月的球隊內幕。但是在紀錄片裡，麥可自己也把還是個菜鳥的他曾目睹隊友們在飯店裡吸食古柯鹼和抽大麻的事給抖了出來。

去年*霍勒斯在某次接受電台採訪時形容得最為精準：

「如果你想知道哪種人叫洩密者，這種人就是該死的洩密者啦！」

麥可有時候很沒有同理心。

其中一集，他回憶起一場在一九九七—一九九八年球季的比賽。那時我還沒從足部手術中復元，他在比賽中對遭到驅逐出場的丹尼斯·羅德曼極為不滿，還指責丹尼斯「留他一個人在場上孤立無援」。

*孤立無援？*你在場上的其他隊友也是職業球員，這對他們來說可不是一句中聽的話，對吧？

我可以繼續列出更多我自己和隊友們受到的各種間接和直接的輕視，但這麼做有意義嗎？紀錄片的收視率證明現在的美國人依然和八、九〇年代一樣熱愛麥可·喬丹。這一點永遠不會改變，我可以忍。

我唯一能控制的就是我對《最後一舞》會做出什麼回應，也就是對此閉口不談。

這代表我不會去上我朋友瑞秋·尼克斯（Rachel Nichols）在《ESPN》主持的每日籃球節目《The Jump》，近年來我是這個節目的常客。如果我去了，瑞秋會期待我在這個全美國每個星期天晚上收看的節目上發表意見。我收到了如潮水般向我湧來的大量採訪邀請，但我一個都沒有接受。

我沒有完全對此保持緘默。我做不到，實在太氣人了。在影集播出的這段期間，我聯絡了榮恩・哈波、蘭迪・布朗（Randy Brown）、B・J・阿姆斯壯、史蒂夫・柯爾等前隊友。我們之間的情誼依然像我們打球時一樣密切。

在紀錄片中，麥可試圖合理化自己在眾人面前斥責隊友的行為。他覺得這些傢伙需要培養出韌性，才能擊敗在NBA中其他體能條件更優異的球隊。再一次看到麥可對待隊友的惡行惡狀，跟以前一樣，我看得很不舒服。

麥可錯了，我們不是因為他做這種刺激別人的事才贏得六次總冠軍的。就算他不這麼做，我們還是能贏。

我們會贏，是因為我們打了我生涯前兩個球季在道格・柯林斯（Doug Collins）總教練執教時沒有打的團隊籃球。在公牛打球之所以特別，是因為我們與每名隊友之間建立的羈絆，而不是我們覺得自己很幸運、能和不朽的麥可・喬丹加入同一支球隊。

我是個比麥可更好的隊友，不信你可以問問看任何一個有和我們兩個當過隊友的人。我總是會拍拍大家的背、鼓勵大家，尤其是在他因為某種理由對某人出言不遜後，更是需要我這麼做的

---

* 譯註：二〇二〇年。

時候。我幫助其他隊友不再自我懷疑、對自己有信心。每個球員都會在某些時刻懷疑自己，而要怎麼處理這些疑慮，就是件很重要的事。

麥可和我從以前到現在都沒有很熟。我打電話或傳簡訊給他時，他通常會及時回覆。但我不會特地為了關心他過得如何而聯絡他，他也不會這麼做。看到我們在球場上默契十足的模樣，很多人可能會覺得不可思議。

球場之下的我們是兩個截然不同的人，過著大相逕庭的人生。我是個鄉下人，來自於阿肯色州（**Arkansas**）內一個人口數只有三千人左右、名為漢堡（**Hamburg**）的小鎮。他則是個都市人，來自北卡羅萊納州的威明頓市（**Wilmington**）。

我高中畢業時沒有一所大學要招募我，他則是炙手可熱。

不論我們是否有以噴灑香檳慶祝替球季畫下句點，在訓練營展開的十月之前，我們很少有什麼交集，麥可和我各有各的交際圈。這不能怪誰，人與人之間的親密關係是勉強不來的。有就會有，沒有就是沒有。

不過隨著時間的流轉，我們對彼此都產生了更深的認同感，尤其是在我們都高掛球鞋之後。也許我們都覺得自己的自尊心比這項運動來得重要多了。他視我為副手，覺得自己有必要督促我向他看齊，和他一樣認真對待每一場比賽、每一次練習。老天，我討厭副手這個詞，也痛恨被說成是蝙蝠俠身旁的羅賓。我是個以團隊為重的純粹主義者，每次我看到他想隻手遮天的時候，都讓我很不爽。

＊　＊　＊　＊

在收到他的簡訊兩天後，麥可和我碰面了。我把每件事一吐為快：

「我對這部紀錄片很失望，它沒有拍出我好的一面。你打著最後一舞的招牌，卻掛羊頭賣狗肉，把內容換成麥可．喬丹的紀錄片。我不知道你到底是怎麼想的。對你來說，我是好人，還是個反派角色啊？」

我問他為什麼在審定這部片的最終版本時，要把那一點八秒留下。他除了道歉並承認如果是他也會生氣之外，沒有再多說什麼。我沒有追問下去，我知道這麼做也沒什麼意義。麥可和我之間的關係在掛上電話後與對話開始前並沒有生變。我們依然親切地對待彼此，甚至可以說是熱情。但我還是能感受到我們之間一直存在著的距離感。

榮恩．哈波在一九九四年九月以自由球員的身份與公牛簽約時，問了我每個來到芝加哥的新隊友都會問的問題：

「你和麥可的關係如何？」

「這是個好問題。我也不知道該怎麼回答你才好。」

在我和麥可最後一次攜手作戰後，已經過去了將近四分之一個世紀，我還是想不出該怎麼回答這個問題。我們的交情並沒有特別好，通常這對我不會造成什麼困擾，畢竟我的朋友也不少。然而，還是有少數的例外時刻。在看這部紀錄片時，顯然就是其中一個例外。看著它，我會想到自己曾經希望我們之間能夠建立起什麼樣的情誼。每次想到這件事，我的心都會痛，真的很痛。

我絕對也有錯。我錯過了一些改變彼此關係的契機，所以只能自食其果。

一九八七年，麥可給了當時還是菜鳥的我一套威爾遜高爾夫俱樂部的套票。他是在邀請我去這個能讓他遠離籃球的避難所，我不僅因為太天真而沒有想到這一層，嚴重的背傷也讓我不能接受這番好意。我的醫生曾斬釘截鐵地警告我：

「如果你還想繼續當一名職業籃球選手，就不要碰高爾夫球。」

另一個如果你覺得可以說成是機會的契機，發生在一九九三年夏天。每當我想起這件事，都覺得毛骨悚然。麥可的父親詹姆斯．喬丹（James Jordan）遭到了謀殺，而平時的他們形影不離。在我聽到這個消息時，應該要立刻聯絡麥可才對。但我沒這麼做，在從公牛隊的公關部門得知沒有人聯繫他後，我就打消了這個念頭。三年前失去父親的我，說不定可以給麥可一些安慰。而直到今天，他與我都沒有在對話中談過他離世的父親。

有些人跟我說，我無須對《最後一舞》感到失望，片中的我是一名受人景仰卻沒有得到公牛隊應有尊重的球員，這部片也讓太年輕而沒看過我們打球的球迷見識到我對於球隊取得的成就有多麼不可或缺。

麥可親口肯定了我的貢獻。「每當人們說起麥可・喬丹的名字，」他說，「就應該要同時提到史考提・皮朋（Scottie Pippen）。」

我非常感謝他所說的這些話，也很感謝自二〇二〇年春天起從許多朋友、前隊友和球迷等處聽到的類似讚美。儘管如此，在看了一集又一集的紀錄片後，我突然發覺到我的故事還沒有被講出來。

這有部分是我的錯，我本應更勇於替自己發聲的，也有部分是媒體和普羅大眾的錯，他們長久以來被麥可・傑佛瑞・喬丹（Michael Jeffrey Jordan）蠱惑了。每個人都沉迷於他雜耍般的動作，因此忽略了製造進攻犯規、卡位、掩護這些沒有出現在數據表上或《世界體育中心》（SportsCenter）精華影片中的無形貢獻。這些沒人注意到的小地方，多到數不清。在基本功方面，我敢說我比麥可做得更紮實，或起碼不比他差。

儘管如此，他都是大家心目中的超級巨星，但史考提・皮朋不是，永遠不是。

這只不過是因為他比我早了三年加入這個聯盟、先卡到這個戲棚下的位置而已。在他建立起自己的地位後，不論我在攻防兩端的成長有多快，都只能屈居老二。事實上，過了三、四年，我之於芝加哥公牛的價值就已經和他平起平坐，我才懶得管他拿過多少次得分王。直到麥可在一九九三年退休後，人們才明白我有多重要。

在他首度告別球壇的第一個球季，公牛隊贏了五十五場比賽、打進季後賽第二輪。要不是對決紐約尼克的第五戰，裁判在最後幾秒做出了糟糕的吹判，我們很可能會再贏得一座冠軍。

我加入公牛之前，麥可・喬丹在季後賽的戰績是一勝九敗，而在他退休的這段期間，我們在季後賽的戰績則是六勝四敗。

《最後一舞》被麥可當成了說故事的機會。

現在輪到我來講故事了。

第一章　漢堡鎮

我希望自己能體驗到一九六〇年代末、一九七〇年代初期，在美國小鎮中十分普遍、無憂無慮的童年。

但我沒有。

我對這個在我們小宇宙的一角中改變一切的一天毫無記憶。我只知道，有好長一段時間，我十三歲的哥哥羅尼（Ronnie）都沒有再陪我們一起玩了。他在體育課時受了重傷，更貼切的說法是被人傷害，並因此住院。事發當時我才三歲，是十二個孩子中最年幼的一個。

羅尼正準備要上課，有個混蛋偷襲他，突然朝他的背後打了一拳。他跌倒在地，無法起身。我姊姊、比羅尼小兩歲的雪倫（Sharon）發現後趕緊跑到他的身邊，但相關單位很快地淨空了體育館，不讓任何人靠近他。這個混蛋在學校裡欺負羅尼已經有段時間了，雪倫不斷要他反擊，但他從來沒有這麼做過。羅尼不是這種人，我從來沒有見過這麼溫柔的靈魂。

在醫院住了幾個月後的某天，他終於回家了。

我記得那種感覺，他雖然是我的哥哥，但這次見到他卻有如初見一般陌生。他的脖子以下都癱瘓了，再也不能走路。直到多年後，我才得知了我的母親艾塞爾・皮朋（Ethel Pippen）是怎麼把羅尼帶出醫院的全盤經過。

從漢堡鎮到這家醫院大約要花幾個鐘頭的時間，我的雙親會在週末時去探望他。我的母親忙著扶養我們長大，而是個二戰退伍老兵的父親普雷斯頓・皮朋（Preston Pippen），在十五英哩外、位於克羅塞特市（Crossett）的喬治亞太平洋造紙廠（Georgia-Pacific）做著切割原木的工作。他們在那裡製造衛生紙、紙巾、棉紙等紙類。在工廠工作的人都認識彼此，而工廠裡有一種獨特的氣味，在鎮上的每個地方都聞得到。這種氣味我難以形容，不過相信我，是一種腐臭。

總之，某個星期天，在我的父母到達醫院時，院方告知他們無法見到羅尼。醫生給他安排了一個新療程，擔心如果爸媽繼續悉心照料著羅尼，他的病情就不會取得任何進展。

醫生說，你們兒子的背沒問題，問題出在他的腦上，這就是他沒辦法走路的原因。

醫生們已經把羅尼從醫院主要病房的病床上搬到了精神病房。我對老媽再了解不過，她是個比一九八〇年代末、一九九〇年代初的每一個壞孩子（指底特律活塞隊）＊都還要強勢的母親，我可以輕而易舉地想像當她發現醫生做了什麼時會有什麼樣的表情。這個表情我從小到大看過很多次了，很恐怖。

「沒有看到兒子，我是不會離開醫院的。」她堅持地說。

「如果讓你們見他，」他們警告，「你們就要把他帶走，這裡不留他了。」

沒問題。母親很高興能把羅尼帶到他該去的歸處，也就是家。

「要走就走啊，」院方終於同意了，「我們是無所謂啦，不管怎樣，他都死定了。」

「如果他終究會死，」她說，「也是死在我身邊。」

我的母親幾乎沒有再提過那一天在醫院裡發生了什麼事。每當她回想起那一天，都會情緒崩潰。我猜是因為她有點擔心醫生說的是真的。

羅尼回家後，過了一段時間，我們越來越清楚地了解到他們在醫院裡是怎麼對待他的，難怪他會做好幾個月的噩夢。

不是因為這件事故，而是因為他受到的對待。

每天晚上睡覺前，我們都知道噩夢要找上門了，只是不知道是早還是晚而已。羅尼會大汗淋漓地醒來並開始尖叫，我的母親和哥哥姊姊們便得想盡一切辦法讓他平靜下來。

「你永遠不用再回那裡去了！」他們向羅尼保證。

在哥哥恢復冷靜後，媽媽的注意力會暫時回到我們身上。即使我的幾位兄姊已經搬走了，還

＊ 譯註：那個年代的活塞因球風以粗暴聞名，故得到了壞孩子（Bad Boys）的稱號。

是有許多事要她來操心。

「你們該睡了，」她會對我們這麼說，「明天還得早起。」

沒有人起得比她更早。在我五、六歲後，她常常在一大清早就出門去幫別人打掃屋子，哪怕只為了能多賺一毛錢也好。

真希望我們當時有錢，能向使我可憐的兄弟受到如此重創的加害者討回公道。我說的加害者也包括校方，早在這傢伙攻擊羅尼之前，學校就該處分他了，但他們卻置身事外。

醫院的護理師會把食物放在羅尼床邊的托盤上，告訴他想吃什麼隨時可以自己拿。

他沒辦法自己拿東西來吃，他根本動彈不得，只能無助、飢餓地躺在床上。

羅尼怕黑。所以在他上床睡覺前我們都不能關燈，確定他睡著後才能關掉。大約一個月後，他比較有安全感了，只要桌邊有一盞小檯燈亮著就能夠闔眼，無須打開天花板上的大燈。他的背上長滿了醜陋的褥瘡。我們的任務就是在他渾身流膿時處理他的褥瘡、清理他的床。

日復一日，我們付出了極大的努力與愛，幫助他恢復健康——我指的我們，是家裡的每個人。

我們幫他洗澡、餵他吃飯、幫他鍛鍊身體。這是段花了好多年的漫長時間，但我們幫助羅尼恢復到了可以用兩根拐杖行走的程度，這也使他得到「會走路的拐杖」（Walking Cane）的綽號。他還學會了怎麼騎一輛特製的腳踏車，可以自己騎到雜貨店。

現在六十幾歲的羅尼還住在漢堡鎮、這塊他長大成人的土地上，由我的姊姊金（Kim）來照顧。噩夢已經遠去。我會盡可能地與他見面，沒有人像他一樣給了我這麼多的啟發。羅尼大可自暴自棄、詛咒自己被迫承受的命運，但他沒有，而是努力奮鬥，活出精彩且幸福的人生。皮朋家族中最成功的人不是我，是他。

無論前方有什麼阻礙，羅尼都會相信自己。他珍惜的民用無線電對講機*陪他度過了與來自全美各地的卡車司機暢談的無數個夜晚與漫長的時光。這是他通往外部世界的橋樑。

我本應對這個傷害了羅尼與我們家如此深的壞蛋深惡痛絕，但我沒有。他那時還是個孩子，孩子們常常對彼此做一些令人震驚的舉動。不過同一時間，我也不懂為什麼他或他家的任何人沒有來向我的哥哥或父母道歉。去年，還在這個地區生活著的那傢伙聯絡了我們，想看看他是否能來拜訪羅尼。

哥哥沒什麼意願。我不怪他，現在才想道歉太晚了。

我從來沒問過羅尼那天上體育課的事，或者在醫院裡遭到了什麼樣的對待。我覺得回想這些痛苦的過去，對他與我們來說都毫無意義。

在羅尼被人傷害後過了大約十年，我們一家人再次遭受了打擊。這天我記得很清楚，每個細

＊譯註：一種可以在短距離區域內進行一對一或一對多雙向語音交流的對講機。

節都歷歷在目。

爸爸坐在沙發上享用他的晚餐。收看電視上的棒球比賽，是他的最愛。以前的他是個了不起的棒球選手，現在年約六十的他則因為在造紙廠工作得到的關節炎而受失能所苦。以前我在打少棒時，他都因為關節炎只能坐在停車場的卡車裡，沒辦法過來坐在露天看台上看我打球。

在發生意外的這個夜晚，媽媽去了巷口的教堂排練一場復興活動*，她的信仰就是她的全世界。

突然之間，爸爸手裡的盤子掉了下來，整個人癱倒在沙發的前緣。眼神紊亂的他開始嘔吐，還有食物從鼻孔裡流出來。我不知道該怎麼辦，幫他準備晚餐的金則跑去請鄰居幫忙、拜託他去教堂找媽媽。在救護車到達之前，媽媽就已經趕了回來。

爸爸的身體右側中風了。不知道為什麼，我一直覺得他會好起來。那個時候的我還太小，不懂中風會對人造成什麼影響。他再也不能走路或好好地說話了。他可以說「是」或「不是」，然而除了「你懂我的意思。」這句話之外，他沒辦法拼湊出一個完整的句子，很奇怪。我們從來都搞不懂為什麼他可以說出這句話，卻沒辦法完整地把其他的句子講出來。他知道自己的身體發生了什麼事，這一定是這整起變故中最殘忍的部分。我無法想像他日復一日感受到的絕望與挫折感，他成為了軀殼中的囚犯，毫無逃脫的希望。

全家人再次團結一心、盡一己之力來幫忙。在充滿愛的大家庭中你能體驗到數不清的好處，而這就是其中之一。

我們餵爸爸吃飯、扛著他去沖澡，而因為他的身體無法活動自如，所以我們還得幫忙清理他的排泄物。我把尿布放好後，另一個哥哥會把他抱起來放在尿布上，或是由我來抱他、哥哥來準備尿布。幾年後我在芝加哥的新秀球季背傷纏身時，還曾經想過自己是因為重訓還是這段期間在抱爸爸和羅尼才會受傷的，他們兩個都很重。

一如往常，母親知道該怎麼面對這種狀況。她確保在每次聚會中都不會讓爸爸覺得自己是局外人，讓坐在輪椅上的他和我們一樣，一起坐在餐桌旁邊。而他還漸漸學會了怎麼自己吃東西。

有時候我幾乎忘了他是位殘疾人士。母親展現出驚人的力量，這與她的信仰有很大的關係，她從來不會覺得自己很可憐。

怨天尤人，有用嗎？

她的母親艾瑪．哈里斯（Emma Harris）是個更加堅強的人，街坊鄰居都在流傳說外祖母努力工作的程度不下男人。這我相信，她也從來不會自怨自艾，也許是因為她是一位美國南方的黑人，從小就是在一個從不埋怨命運的時代中長大。不論上天給予的是福是禍，他們都會全盤接受，並竭盡所能地改善自己的境遇，活在當下的每一天。

＊譯註：一種鼓勵活躍教團成員與招攬新信徒的活動。

媽媽在路易斯安那州（Louisiana）長大，從小和她的母親一起採棉花。在每年收成過後，農場主人本應發給工人獎金。有一年，這筆獎金沒有發下來，他們就靠著吃自己菜園裡種的食物勉強度過了難關。

一九四〇年，在她十六歲時，一場颶風在美國東南部的許多地方引發了洪水。媽媽便和家人搬到阿肯色州。小時候，我常去拜訪沒有搬走的親戚，每次看到他們，都覺得一座農園能養活三個家庭是件很令人驚訝的事。在六〇年代末、七〇年代初，經歷了廢除種族隔離、民權法案、選舉法案等改革，我們黑人人種的待遇已經獲得極大的提升，但前方還有很長的路要走。

我在爸爸中風時是個八年級的學生，從那時起，他就永遠無法成為我心目中一個父親該成為的榜樣，再也沒辦法告訴我要成為一個男子漢得要走過哪些必經之路——尤其是要怎麼做才能以黑人之姿在白人主導的世界中脫穎而出。

我在兄長們的指引下找到了自己的出路，但這個空洞，是我這些年來不管有多麼努力地試圖以我尊敬萬分的黑人與白人長者們填補都無法補上的。這些長者中包括我在高中和大學時的球隊教練，不過即使我並沒有完全把他們當成父親看待，還是從他們身上學到許多對我後半輩子意義重大的價值觀。

我人生中缺的另一片拼圖，是在我那個年紀的男孩應當體驗到的自由自在。大多時間，他們放學回家後就能出去玩、去探索、去……做好他們身為孩子的本分。除了快快樂樂地度過每一天之外，他們都不用做別的事。我回到家後就要工作，隨時準備去做媽媽或哥哥姐姐指派給我的每一件家事。就算是我的家庭作業，也遠遠沒有比家務來得重要。

不管用什麼標準來衡量，我們都是貧窮的一家人。我們家在我於一九六五年九月出生時，只有四間臥室，而且全家人有好幾年的時間只能共用一間盥洗室，所以同一時間有一個人在洗手台前、一個人在浴缸裡、另一個人坐在馬桶上的情形可說是家常便飯，大家都見怪不怪了。我們家有很長的一段時間沒有電話，所以別人要找我們的話就要先打給住在隔壁的奶奶，讓她來叫我們去接。

儘管如此，我從不覺得自己很窮，而是覺得很幸福。

我們的餐桌上總是擺滿食物，我們的菜園裡種了南瓜、玉米和許多蔬菜，還有養豬和雞。我們也不缺愛。很多黑人小孩終其一生都沒有過父親的陪伴，也沒有一位像艾塞爾．皮朋對孩子這麼盡心盡力的母親。

與我認識的許多男孩不同，我沒有惹上麻煩事。確保我不會沾染到一點麻煩的人，就是我的母親。我得先經過她的同意才能出去玩，而如果她注意到哪個同儕友人和不良分子鬼混，從那一刻起，她就會堅決地告訴我不要再和那孩子來往，沒有不聽她的話這個選項。

錯過門禁，當然也不是個選項。在媽媽把門鎖上去睡覺後，就代表門整個晚上都不會開了。明天起床後又有漫長的一天在等著她，她不會容許有人因為不遵守規則而把她吵醒。睡覺是媽媽唯一的休息時間，更何況她從來沒有睡飽過。

她對我比其他兄姊更嚴格。我要去主日學校和教堂，他們卻不用。有時我很不滿，覺得在朋友們出去玩耍的時候，我卻得唱讚美詩、聽那些我聽不懂的佈道，簡直像是在受罰。但從現在回頭看，我對母親的嚴格感激不盡。上帝能在我的生命中有如此巨大的影響力，都得歸功於她。

盯著我守規矩的人不只她，我的哥哥姐姐以及鄰居們也都會緊盯著我，總是會有人看著我的一舉一動。如果你犯了錯，你出錯的消息會比你的腳步還早傳回家裡。街坊鄰居們在跟我講話時總是掛在嘴邊的一句話，造就了這樣的情形：

「你再這麼做，我就跟你媽說。」

我在漢堡鎮感受到了美妙的社區連結，每個人都願意幫助有需要的人。如果有朋友急須用錢，我會對他伸出援手，反之亦然。就算這是我們口袋中僅剩的錢，也不會因此縮手。

以前，大家通常不會管別人在幹什麼，每個人井水不犯河水。

而有一個例外，在過了四十幾年後仍然令我記憶猶新。

一九七九年六月一日，二十歲的查爾斯・辛格頓（Charles Singleton）、我認識的一個鄰居，沿著我們家門前的街走了過去。看到他，我沒多想什麼，我常常遇到查爾斯，我會對他打招呼，他也會對我打招呼。

查爾斯正前往半個街區外的約克雜貨店。我幾乎每天都在這家雜貨店買東西。住在這間店後方一間小屋的約克女士（Ms. York）是個好人，她願意讓我們家賒帳。約克女士的脖子被刺了兩刀，最後死在醫院裡。死前，她告訴警察兇手是查爾斯。在發現自己才剛見過他不久、他就奪走了另一個人的生命後，令我無比吃驚。消息一傳到鎮上，警方便四處追捕查爾斯。漢堡鎮不大，他躲不了多久。辛格頓被關了二十四年後，於二〇〇四年伏法。

在他還沒被逮捕歸案時，我的哥哥吉米（Jimmy）本有想走到前門觀望的念頭。吉米的膚色很淡，還跟上流行，留了一頭與查爾斯・辛格頓很像的阿福羅頭。「兒子，我覺得你非必要的話別出去亂晃，因為你看起來太像查爾斯・辛格頓了。」父親說。此時的他還沒中風，那是大約一年後的事。

像我這樣的黑人要避開麻煩的話，有個簡單的關鍵：待在你該待的位置。對，這是句陳腔濫調，但也恰好是句中肯的話。

我們小學有大約三分之二的白人，在餐廳中，黑人都和黑人坐在一起、白人都和白人一起坐，只有少數例外。這對我來說是很正常的現象。

我的父母，你懂的，從來沒有跟我針對美國的種族問題促膝長談過。這種現象無須明說，你便能心領神會。

不管我贏過多少次總冠軍、賺到幾百萬，我都永遠不會忘記自己的膚色是什麼顏色，以及這個世界上有人因此就討厭我。

＊＊＊＊

有很長一段時間，我都沒有反思過我的成長經歷怎麼塑造出今天的我。我專注於未來，而不是往回看。

最近我有了不同的想法。我現在五十幾歲了，想更深入地了解自己為什麼會做出這些決定，以及這些決定對我的未來又可能產生什麼意義。

一九九一年六月，在公牛贏得隊史第一冠前一星期左右，我決定與公牛簽下一份為期五年、總價一千八百萬美金的延長合約。考量到球員在勞資談判協議後能多賺到多少錢，在《ESPN》紀錄片中的我被拍得很天真。

我會希望自己沒簽下那份延長合約嗎？

當然。

這讓我損失了好幾百萬美元，並對我接下來在芝加哥的時光與傑瑞．蘭斯朵夫和傑瑞．克勞斯的關係產生了負面影響。我的心態會完全不同吧。誰知道呢？說不定我整個職業生涯都會在公牛效力。

這並不代表我對簽下這份合約有任何遺憾。我根據當時所得到的資訊做出了這個抉擇，它對我而言是個正確決定，我對此沒有半點懷疑。

和其他平順地長大的白人和黑人球員不同，由於發生在我哥哥和父親身上的意外，我很早就學到，你生命中的一切都有可能在毫無預兆的情況下被奪去。我無法承受因傷病而一無所獲的風險。

如果我要找個前車之鑑，那只要想想前NFL接球員達瑞爾．史汀利（Darryl Stingley）的下場就好，他以前常常坐在芝加哥體育館板凳區的後面。

達瑞爾是一九七三年被新英格蘭愛國者隊（New England Patriots）在首輪選上的球員，從此他便開始實現自己的夢想，直到他的美夢破碎。在一九七八年與奧克蘭突擊者（Oakland Raiders）交手的季前賽中，他被安全衛傑克．塔圖姆（Jack Tatum）給撞倒了。在美式足球界中，他是擒抱最兇猛的球員之一。

有時你只需要一擊，就足以摧毀一個人。從此以後，達瑞爾再也不能走路了。

他和我在九〇年代初期成為了朋友，比賽結束後，我們會碰面吃個晚餐或喝點小酒。儘管他的行動能力受限，仍想要融入大家。他對於自己境遇是如此處之泰然，這比他在球場上取得的任何成就都更能鼓舞人心。達瑞爾讓我想起了自己的哥哥，我非常欽佩他，因此他在二〇〇七年去世時，我也深感悲痛。

我在童年的經歷也影響了我的心胸對他人的開放程度。不管人們心中是否真有此意，我總覺得他們可能會把我拋下、轉身離開。建立信任需要時間。這解釋了為什麼除了我的哥哥姊姊之外，我最好的朋友都是我的隊友。如果我能在球場上信賴他們，也就能在生命中重要的領域裡信賴他們。

籃球隊和一個家一樣，每個人都會被分配到一個特定的任務，如果沒有履行自己的職責，將對其他成員產生負面影響。在皮朋家族，在我高中、大學和職業生涯效力的每一支球隊中，這個道理都是相通的。在有十二個孩子們的家庭中長大，就像我可以感覺到哥哥姊姊們需要什麼一樣，我幾乎可以本能地領會到每名隊友在什麼時候有什麼需求。

也許是在一名射手跑到他最喜歡出手的位置後把球傳給他，幫助前幾球沒投進的他重拾信心。

或者是在一個隊友犯下失誤或是沒卡好位而被教練或麥可厲聲指責後給予他們讚美。

也可能只是花點時間，聽聽他們遭人輕視或吃了什麼虧時吐點苦水。

我對於幫助他人的興趣，遠遠高過了籃球。在我長大後，我發現和我關係最密切的人，大多是最需要被照顧的人。

艾咪．瓊斯（Amy Jones）就是其中之一，她是我大學時期球隊助理教練艾奇．瓊斯（Arch Jones）的女兒。艾咪在兩歲時撞到頭，使她大腦額葉中產生了一個血塊。雖然這個血塊被醫生清除了，但還是導致艾咪終生的發展障礙。

我在她十一歲時初次見到她。在我與艾咪相處時，從來不覺得這個女孩哪裡有障礙。我與她會一同說笑、擁抱對方，這種對待彼此的方式，就與平常人沒什麼兩樣。她對待我的方式，也讓我們倆成為了朋友。

相信我，我並不是想讓別人覺得我是聖人。透過幫助艾咪，我也是在幫助自己。現在的我能夠以更有同理心的角度來看待我小時候經歷的事物。如今在我能夠幫助那些面臨巨大難關的人時，所獲得的悸動比任何事情都更能滿足我，對，這裡說的任何事也包括贏得ＮＢＡ總冠軍在內。

看到艾咪臉上的笑容，我一整天都會神采奕奕。我和羅尼在一起時，也會有相同的感覺。我從來不會因為他是個坐輪椅的人而以不同的態度對待他。我會跟他開玩笑，他也會跟我開玩笑。

我們都不願以其他的模式和對方相處。

第二章　打籃球，我有點強

順著我們家這條街走，就能走到松樹街（Pine Street）的球場。球場離我們家很近，近到在晚上沒有什麼人的時候，我能聽到每一次運球、球擊中籃框、球員呼喊對方犯規的聲音。現在我閉上眼睛，依然能聽到這些美妙的聲音在我耳邊迴盪，這讓我想起我的少年時代。

在松樹街的這座球場蓋好時，我七歲，時機再巧不過。

如果沒有這座球場，我就不會剛好在童年時期接觸到這項運動。我們家附近沒有其他球場。在這座離家這麼近的球場，你可以打好幾個小時的球，然而不管這聽起來有多快樂，你都只有在日復一日地與同儕在球場上對抗時，才能發現自己是否具備成為一名好球員所需的條件。越早發現越好。

松樹街球場的籃網是尼龍繩做的，不是提不起我興趣的鐵鍊網，謝天謝地。球場的地面是混凝土，球拍打在地上時能夠確實地反彈回來。這個空間對孩子來說，已經十分足以編織夢想。

我想像自己是在NBA替費城七六人效力的朱利葉斯・厄文（Julius Erving）。人稱「J博士」（Dr. J）的他在空中滑翔的模樣，就彷彿他是來自另一個星系。他起跳到落地的時間久得有如永恆，而在他終於重回地球表面和其他凡人作伴時，通常已經在禁區完成一記驚天動地的扣籃或華麗的低手拋投。

論及球星魅力，這項運動在「J博士」橫空出世後，再也沒有人能望其項背。抱歉了，麥可、魔術（Magic，指魔術強森〔Magic Johnson〕）、勒布朗。每次電視上播放著「J博士」的比賽時，我的目光總是無法從他身上移開。

然而，如果問任何一個認識我的人「我的球風和哪名球員相似？」這個問題，我保證他們的答案不會是「J博士」，而會說是他的隊友、人們都叫他莫（Mo）的莫里斯・齊克斯（Maurice "Mo" Cheeks）。他是一位在聯盟中征戰十五年的名人堂後衛。

「我要選莫・齊克斯，」在球場上打鬥牛時，其他孩子們有時會這麼說。

應該沒有哪句讚美能比這句話更令我雀躍。

巧的是，我的中間名也是莫里斯，而這位叫莫里斯的球星本人，在我職業生涯步入尾聲時，於波特蘭執教過我幾個球季。他的職業生涯中總共抄過兩千三百一十球，我比他少三次。他在NBA歷史抄截榜排第六，我則排第七。

「你永遠都追不上我囉，」每次我見到他，他都會這麼說。

很遺憾的，莫擔任控球後衛的時代，是個一去不復返的時代。他總是把傳球奉為第一要務，得分次之。雖然我在NBA被視為一名小前鋒，但在我的職業生涯中，我更把自己當成一名控球後衛，或也有人說是控球前鋒，試圖模仿莫和其他像他一樣無私的控衛打球。身高只有六呎一吋的他，在職業籃球選手中是偏矮的一方。所以高中時五呎九吋的我如果假裝自己是他，就不會像扮演六呎七吋的「J博士」那麼牽強。

莫感覺比較像是**這個星系**的人。

我在青少年時期常常和我在小學認識的朋友羅尼・馬丁（Ronnie Martin）一起出去玩。在波普・華納美式足球聯盟（Pop Warner football）*或是少棒比賽中，羅尼和我都是競爭對手。在每個星期六、日的晚上，我們通常是第一個到松樹街球場的人。而在夏季的平日，我們通常最晚也會在下午兩點左右出現在球場上。在等其他人來時，我們會單挑，打一個名為「二十一」的半場比賽。

每次進球得兩分，罰球得一分，先得到二十一分的人獲勝。

羅尼很瘦，我更瘦，最多一百一十磅。

他能夠毫不費力地推開我。

---

* 譯註：舉辦賽事讓五至十六歲的孩子參加、全美最大的非營利美式足球組織。

那陣子我不喜歡與對手肢體接觸。我更著重於技巧取勝，用我的長臂和運球技術製造出高命中率的投籃機會。有時是我贏，也有時是他贏。

我或他，或者同時，會跟對方說總有一天要在這項運動中大放異彩。我們聊過的話題包羅萬象。

我們努力精進各個面向的球技。羅尼有個表哥教我們如何從球場上包括弧頂在內的任何位置投出擦板球，而且令人驚訝的是，他投出去的球都是平射炮而不是拋物線。他的表哥告訴我們，只要能擦到籃板中央的方框，你球投得多大力都沒關係，沒有意外的話基本上都投得進。由於我實在太常練習投擦板球了，它成為我整個職業生涯中的絕招。

四點左右，會有其他人陸陸續續地來打球。有的是剛放學的高中生，也有更年長的、約三、四十歲左右的人。可以聞得出來，不少人是在輪完造紙廠的班後直接趕來球場的。這些傢伙很會打球，強得不可思議。

而且，老兄，他們很能跳，幾乎跳得跟月亮一樣高。

「你們最好學會怎麼把球投得很高，」他們會告訴我們，「不然你們就繼續被我們蓋火鍋吧。」

他們沒有在開玩笑。

比賽總是打得很激烈。即使我們並沒有賭上除了尊嚴之外的任何事物，也足以令我們全力以赴。

贏了，才可以繼續打。輸了，那你最少也得等個三、四場才能回到場上。每次在我加入的球隊得到十九分、只差一球就獲勝的時候，我就會被包夾。未來的我也常常被包夾，這可說成為了完美的事前訓練。

在美國南方，唯一的缺點是這裡熱得難以想像。有些成年人會等到天氣涼爽下來後才出現，然後毫不留情地把我們打下場。我們束手無策，他們的身材比我們壯碩太多了。

在沒有裁判的情況下，犯規都是交由球員自由心證，抓對方犯規的聲音也在場上此起彼落。有些人覺得只要別人對自己呼吸就是犯規，我知道這種人遍及全美各地的球場。NBA也不例外，有些人會覺得自己每次投籃失準的原因都是被對手犯規，其他球員也都清楚哪些球員是這種人。在我那個年代，亞德里安．丹特利（Adrian Dantley）就是其中之一。他是一名出色的小前鋒，以效力活塞時期的表現最為人印象深刻。

「我沒有對你犯規，」在松樹街，防守者會為自己如此爭辯，「我們用秀球來重新決定球權。」

「我才不幹咧，」進攻方會這麼回答。

「你犯規了，球是我們的。」

「我沒有犯規！」

他們會這樣爭執下去，沒有人想要讓步。

為了使比賽繼續進行，避免我們在球場上僵持不下，憤憤不平的球員最終會在罰球區秀球決定球權。如果他投進了，球就歸他的球隊；如果他失手，球就會交給對手。

羅尼和我常常在大家離開後留下來。我們會一遍又一遍地比「H-O-R-S-E」。在這個投籃比賽中，一名球員無法模仿對方投籃的方式進球時，就會得到一個字母。* 天黑後，我們得靠路燈才看得到籃框。打完球後，我們常常一起去吃漢堡。因為我們只買得起一個，所以都是在買來後切成兩半分著吃。

如果松樹街的球場沒有開放，我會去一個表兄弟在奶奶家院子裡自己土法煉鋼做出來的球場練球。

球場以泥為地，籃框連在一根搖搖欲墜的舊燈桿上，籃板則是用膠合板做的。有時候框上沒有籃網，也有時候籃網只剩一兩根細繩還黏在框上，因此有人得爬上梯子把籃網綁上籃框。我真懷念這些往日時光。

我可以在這裡待好幾個小時，假裝自己是莫・齊克斯或「J博士」，也有時候扮演波士頓塞爾提克的球星「大鳥」柏德（Larry Brid），在NBA總冠軍賽的第七戰執行最後一擊。當然，每次的結果都是投進了。我甚至還練習了卡里姆・阿布都—賈霸（Kareem Abdul-Jabbar）的招牌天勾，而且投得很準。

有幾個早晨，我很早就到了這座泥土做的球場。還有很多球要投、還有很多招式要精進、也還有許多夢想在我的腦中等著我來實現。

但對奶奶來說，我來得太早了。

「放下球，回家去！」她會對我大吼，「你知道現在才幾點嗎？」

提高音量的祖母嚇到了我，我猜其他人也會怕她的獅吼功。那時候，住我們家附近的鄰居會毫不考慮地穿越別人的院子，這件事困擾了她很久。

「如果你們再從我的院子走過去，」奶奶告訴他們，「我發誓我會對你們開槍！」

聽到奶奶這麼嗆，我一點都不意外。

* * * *

儘管我花了數不清的時間在松樹街的球場和奶奶家的院子裡打籃球，籃球並不是我在成長過

---

* 譯註：一種要使對手湊齊H、O、R、S、E五個字母的花式投籃遊戲。先投籃的球員會在某個位置以某種姿勢投球，若投進，另一或數名球員就得在同一個位置模仿他的姿勢投籃，失敗的話就會得到一個字母。假如先行投籃者沒投進，就會得到一個字母，並將選擇姿勢與投籃位置的主動權交給其他球員。湊滿五個字母的人便淘汰，最後一個未得到五個字母的球員即為贏家。

程中最喜歡的運動。

美式足球才是。在南方，美式足球從以前到現在都有如一種信仰。我在七、八年級時擔任接球員，我的天賦當然也足以在高中時被選為先發。我有一對俊足，也有一雙巧手，而且總是能精準地跑在戰術要求的路線上。

只是有一個我無法克服的障礙。

和我競爭先發的孩子，是市長的侄子。

很多和我遇到一樣情況的人，很可能會在這個時候放棄，但我沒有。我當上了球隊經理，我就是這麼熱愛這項運動。我洗球衣、分發水瓶、和球員與教練一起坐巴士遠征客場。做這些事，讓我覺得自己就像是團隊的一員。

我會留下還有另一個原因。

美式足球讓我有一個藉口，可以得到更多不在家的時間，也就遠離了去雜貨店和清理尿布的瑣事。練完球後，我要到六點左右才會到家，正好趕上吃晚飯的時間。這時，大部分要幫羅尼或爸爸做的家事都已經做完了。我愛我的家人，他們就是我的全世界，我只是厭倦了我們的家更像是醫院的感覺。

一切都很順利，直到韋恩（Wayne）教練在我即將展開高三生涯時說他要和我談談。

韋恩教練的名字叫唐納德（Donald），他不僅負責執教籃球隊，也是美式足球隊的助理教練。人稱硬漢的他，有著名副其實的強硬。如果韋恩教練發現一名球員在上課時說話或在訓練時遲到，就會處罰他，絕不手軟。我上高中的時候還有體罰的風氣，我不記得有哪個父母提出過反對意見。

「你什麼時候要辭去美式足球的球隊經理職務，和籃球隊一起在休賽季進行重量訓練？」他問我。

「等美式足球的球季結束之後吧。」我滿不在乎地回答。

我想不到參加訓練的任何理由。一個都沒有。

此外，我突然想到籃球隊中也有其他六名球員是籃球和另一項運動的雙棲選手，而韋恩教練可沒有要他們在美式足球球季還在進行的時候重訓，那為什麼要對我有不同的要求？

這不是他想聽的回答。韋恩教練把我踢出了籃球隊。

我從來沒有感到如此低落過，甚至連想去體育館投籃都吃了閉門羹。這樣的情形延續好幾個星期，當時的我很確定自己的籃球生涯已經結束了。

就在這時，有人拯救了我。

麥可・愛爾蘭（Michael Ireland）是韋恩教練的助教，也是我國中時期的教練，他在我身上看見了韋恩教練沒有看到的特質。

每隔幾天，愛爾蘭教練就會懇求韋恩教練，希望能讓我歸隊。

答案是不行。韋恩教練制定的每一條規則背後都有它的道理在，而他不打算破例。除了我之外也有很多人因為不願意做重量訓練而被他毫不猶豫地開除過，一個孩子離開了，總是有另一個孩子能補上來。我瞭解到在父親不再是以前的父親後，我失去了多少依靠。以前的他絕對會為了我在韋恩教練的面前挺身而出，也很可能改變現況。替我求情的人，是我的哥哥比利（Billy），謝謝他的心意，他盡力了。只是，比利終究不是我的父親。

有一天，韋恩教練突然決定讓我回到球隊。

我必須感謝愛爾蘭教練。如果沒有他為我發聲，我很懷疑韋恩教練還會不會改變心意，而我可能將永遠不會擁有現在的人生。就像過去幾位和我一起長大的兒時玩伴們一樣，我可能還會待在漢堡鎮，甚至可能在造紙廠工作，令夢想終歸只是夢想。

韋恩教練要求我回報他的法外開恩。我不僅要一起重訓，他還要求我在每天練球結束後在看台上上下下地跑樓梯。

我跑了多少階？考倒我了，根本數不清。

他想要看看我對於籃球與自己的未來願意投入多大的心力。好問題。

我討厭在看台上跑樓梯，但我相信有人跟我說過，或可能我從心底知道，如果我不跑，就會被教練逐出球隊，永不錄用。

然而有一次，我真的差點不跑了。

那天的天氣又熱又潮濕，我只跑一個小時就跑不下去了，應該至少一個小時。韋恩教練可能會把我逐出球隊、趕出學校、把我送到北方的一所軍校，但我他媽的不在乎了。做什麼都比在這座要把我逼瘋的樓梯上再跑一趟還好。幸好，有幾個隊友經過並注意到我停下了腳步。他們知道如果我放棄了，會受到什麼懲罰並會有多麼悲慘。

也許悲慘的不是那天、一天後或是兩天後，而是我的餘生。

「加油小皮，」他們如此喊著，大家都叫我小皮。「你做得到！」

我需要的就是這些鼓勵。那天下午，我又繼續在看台上奔跑著，接下來的每個午後時分，我也繼續跑下去。我再也沒有這麼接近放棄過。

我還是覺得自己受到了不公平的懲罰。只是我能做什麼？這裡是南方。我是黑人，韋恩教練是白人，雖然我不覺得他是一個種族主義者，卻不可能忽視我們是誰、我們在哪裡與我們生活在哪個時代。

那個時候，我以為他是想打壓我。我大錯特錯。他想灌輸我一種意念、一種懂得辨別是非的意識。這是除了母親之外，沒有人想花時間教我的事情。我太年輕、太自負，沒能明白這一點。

有一天，我大夢初醒。感謝老天，沒有清醒得太晚。

韋恩教練把我叫去他的辦公室，要再跟我聊聊。

我犯了什麼錯嗎？幾乎什麼事都有可能。

「你這一生想成就什麼事業？」他問我。

我大吃一驚。從來沒有人問過這種問題。在皮朋家，沒有人有時間可以跟我討論我可能對什麼職業感興趣。至於上大學，別鬧了，從來沒有談過這個話題。

「我想打職籃。」我對他這麼說，沒有一絲猶豫。

對，我說出來了。

他看起來一點也不驚訝。我很確定自己不是他的執教過程中第一個與他分享這種特殊夢想的球員。

「那麼，孩子，你最好也同時關心一下自己的成績，」他說，「如果你不注重成績，那你哪裡也去不了。」

韋恩教練是對的。如果我不重視我的學業表現以及其他更重要的事，那我哪裡也去不了。時鐘正在滴答作響，高中是進入現實世界之前的最後一站，而這段時光即將結束。

我的心態徹底改變了。我開始把看台當朋友，而不是敵人。我告訴自己，我的腿會變得更強壯，我會跳得更高，在比賽快要結束、其他人體力耗盡時，我會留有餘力。我努力地練習投籃、防守和控球，日復一日。我想要成為一名明星球員。不只是高中、大學的明星，有一天，我希望自己能在NBA大放光明。

我的努力沒有得到回報，還沒有。

高三那年，韋恩教練指派我的摯友羅尼．馬丁先發，卻讓我從板凳出發。我不是想批評羅尼，他是一名不錯的球員，但我開始打球後在每個階段的表現都比他更好。我比一些高四球員打得還好。每當我們慘遭對手修理，我坐在板凳上時都在想，要是由我來組織進攻，我們就不會陷入這種困境。我沒有因為這個想法而陷入低潮，我明白自己能成為球隊的一員就已經很幸運，我的人生本來很可能會有完全不同的發展。

很快，這個球季結束了。對我來說，這卻是要開始努力不懈的時候。我和剛畢業、將在秋天於阿肯色大學小石城分校（University of Arkansas at Little Rock）打球的麥倫．傑克森（Myron Jackson）一起訓練。麥倫是我的遠房表親，他證明了確實存在著一條可以離開漢堡鎮的路。

我沒辦法確切回想起高四那年打的每一場比賽，那是很久以前的事了，而且在那之後我也打過很多場比賽。我確實記得的是，漢堡雄獅隊（Hamburg Lions）是一支很強的球隊。愛爾蘭教練與韋恩教練完美地相輔相成。愛爾蘭教練注重防守，韋恩教練則是個厲害的戰術大師。

我們在進行兩小時的日常訓練時，有四十五分鐘會用來練防守。區域聯防、人盯人、半場壓迫、全場壓迫，你想得到的防守戰術我們都練過。對愛爾蘭教練來說，角度與動得比球還快是最重要的。我們逼迫對手在傳球時都只能把球舉過頭頂後才傳得出去，在球落下時，我們就能做好理想的防守態勢。如此一來，你就能製造出很多干擾球和抄截的機會，這也很可能成為勝負之間的分水嶺。在我們的球隊中，如果你不會防守就上不了場，結案。

我覺得我們在防守上花太多時間了，每個人也都這麼覺得。阻止另一支球隊遠不如把球投進籃框那麼有趣。

我錯得離譜。我花的每一秒都是值得的，而且將會以我萬萬沒想到的方式惠我良多。以公牛在一九九一年首度打進NBA總冠軍賽、與湖人對決的比賽為例。在第二戰，麥可吞下第二次犯規後，菲爾便早早派我去守魔術強森。麥可在第一戰搞不定魔術，這成為我們落敗的原因之一。我試著盡量不讓魔術以右手持球，這是他全身上下最危險的部位。我能做到這一點，得歸功於我當初在替愛爾蘭教練打球時，從他身上學到的技巧。那天我們兵不血刃地擊敗湖人，並且只打五場比賽便從系列賽中勝出。

高四球季有個時刻的印象令我很深刻。我們出戰麥克基高中（McGehee）、一所從漢堡鎮過去要一個小時的學校。

接獲羅尼的傳球後，我直奔籃框，身邊沒有任何防守者。通常我會普通地上個籃，這也是從第一天起便深植我們心中的基本動作。

這次不一樣。

我心中隨時要爆出來的一團火，決定忘記基本動作。

我模仿著心中對「J博士」最完美的印象朝著前方起飛，用盡全力高高躍起，將球大力塞進籃框。替補席上的隊友們爆出一陣歡呼，好一陣子都沒有人坐下。我沒記錯的話，裁判吹了我們一次技術犯規。誰在乎呢，我們被吹十次技術犯規也還是打得贏麥克基高中。在球季接下來的比賽中，只要一有機會，我就扣籃。

我們在例行賽繳出二十三勝三負的戰績，並在分區中保持不敗。在我們的分級中，我們一度被《阿肯色公報》（Arkansas Gazette）評為全州排名第一的球隊。

我們的長人艾拉・塔克（Ira Tucker）和史蒂文・懷特（Steven White）在內線得分並掌握籃板球，而我和羅尼則負責組織進攻。身高六呎一吋的我主打控球後衛，不過有時根據對戰組合，我可能會擔任包含中鋒在內的任何位置。藉由從不同的角度觀察比賽，我在攻守兩端都學到了很多。能入選年度分區最佳球隊，令我興奮不已。

我也學到了其他幾堂一樣重要的課，也就是沒有什麼能比它更深刻、更深遠的種族議題。我看到了球員的膚色會帶給籃球哪些影響。

在競爭場上同一個位置時，韋恩教練有時候會派上比較弱的白人孩子，而不是黑人球員。我並不是刻意要批評他，這不是他一個人的問題，而是在整個南方都有一樣的情況。而且如果他不派白人球員上場，學校就會找另一個會這麼做的教練取代他。

我們對此無能為力。為了打起精神，我們總是告訴自己，**總是會輪到你上場的**。

在大多數的情況下，有天分的人終究會脫穎而出。

有個白人小孩在升高四前從一所私立學校轉學到漢堡高中。有些人覺得他會奪走我的先發位置。我把他電得屁滾尿流，就像我也電爆了那個在美式足球隊搶走我位置的孩子一樣。就算他是比爾・柯林頓（Bill Clinton）州長的侄子也無關緊要，我比他強太多了。

身為黑人就代表永遠不能忘記你是誰、你在哪。那時球隊中有些人偶爾會去愛爾蘭教練家吃東西或去玩，而愛爾蘭教練是黑人。

我們沒有去過韋恩教練家。不是因為對韋恩教練這個人有什麼意見，只是因為他是白人，住在一個白人社區。

待在你該待的位置。

＊＊＊＊

作為分區第一種子，我們自認贏得州冠軍的希望很大。

結果差得遠了。

我們在首戰與在我們學校西邊、兩校之間的路程要好幾個小時的史丹普斯高中（Stamps）交手，遭對方以四十五比四十三擊敗。除了投籃失準，我們也受到犯規麻煩的打擊。我和其他人一樣內疚，在比賽還剩一分鐘時，我也犯規了。就這樣，我的高中生涯畫下句號。

在走出失望的陰霾後，我明白到自己要感謝的事太多了。我向自己證明，如果投入了心力，就能在高水準的舞台上打我熱愛的籃球。

只是現在該怎麼辦？

這個地區的頂尖大學球隊已經找到了他們想要的球員。我和木蘭市（Magnolia ）的南阿肯色大學（Southern Arkansas）以及蒙特賽羅市（Monticello）的阿肯色大學（University of Arkansas）分校這兩所學校的助教通過電話，然而根據我所了解到的情形，沒有一支大學球隊的總教練來看我打球，就好似我不存在。

韋恩教練又來找我，並問：「現在你有什麼打算？」

「我想去大學打球。」

「你這小子這麼瘦小，要怎麼在大學打球？」

天哪，教練，拜託告訴我你的真實想法。

撇開這些玩笑話，就像愛爾蘭教練從一開始就看到我有潛力一樣，他也確實在我身上看到了潛能，並發誓要盡自己的一切力量來幫助我。

他是個說到做到的男人。

韋恩教練聯繫了頗負盛名的唐．戴爾（Don Dyer）教練，他在康威市（Conway）的中阿肯色大學（University of Central Arkansas）執教，從漢堡鎮到這所學校的路程大約要兩個半小時。韋恩教練在一九六〇年代曾在漢德森州大（Henderson State）替他打球。

「他身材有點瘦小，還須勤做重訓，但這小子絕對能打球，」韋恩教練告訴他，「你可以看看他的表現嗎？」

當然，戴爾教練說，帶他過來吧。

很快地，我和哥哥比利便動身前往康威市。在我們到達體育館時，戴爾教練召來幾名球員，並要我讓他看看我有多大的能耐。

我沒有任何籌碼，能賭上的，只有自己的未來。

我上場的時間不久，頂多打了二十分鐘。頂尖教練不用花太多時間，就能確定一名球員的條件是否夠格。

其他球員的身形比我大得多。我的體重只有大約一百六十磅。韋恩教練是對的，我又瘦又小。

儘管如此，訓練結束後我還是對自己有信心，覺得自己的表現不僅僅是與其他球員平分秋色，戴爾教練也會對此印象深刻。

然而話又說回來，我懂什麼呢？

他大可告訴韋恩教練自己已經完成了他的請託，但我不適合他的球隊。事情就是這樣，不是每個來測試的球員都能從大學教練手中獲得在球隊中的一席之地。

「戴爾教練在辦公室等你。」某個人跟我說。

我敲了他的門。

他打開天窗說亮話。「你看起來滿厲害的。你現在有什麼規劃嗎？」他的言下之意是我有哪些大學可選。

「教練，我沒地方可去。」

他開給我一個條件，大概是這樣：

「我們下個球季的獎學金名額已經用完了，但我可以幫你爭取一個半工半讀的機會。你不能打比賽，但可以和其他隊員一起訓練，你覺得如何？」

我接受了。

我不記得他有說過「要就要，不要就拉倒」之類的話，儘管我可以清楚地感受到這種感覺。

這不是獎學金，但有球隊願意收我，有人需要來自阿肯色州漢堡鎮的史考提．莫里斯．皮朋。

其他人都不需要我。

當然，在機會來臨時，如果有這個機會的話，我必須證明自己。但我做得到，就如我也在韋恩教練面前證明過自己一樣。

我和哥哥開車回家，我不記得車程中發生的任何事，我的心思已經飛到萬里之外了。

我無比興奮，大學，我來啦！

第三章　在校園裡成長茁壯

一九八三年的夏天，我努力重訓，在球場上的每個位置投了數不清的籃，盡可能地瞄準籃板中央的方形投出擦板球。我還是常常在松樹街和羅尼單挑時被他修理，但沒關係，失敗能讓我變得更好、更飢渴。我在整個職業生涯中，都保持著這種心態。

幾個月後，夏天結束，我前往康威市，邁向新生活。

我有點緊張，這麼說還算輕描淡寫了。新生活代表要認識新的人，這對我來說並非易事。除了高中時遠征客場和偶爾拜訪媽媽在路易斯安那州的親戚，我沒有踏出過漢堡鎮一步。我對外面的世界一無所知。

從我來到這間學校的第一天起，就全心投入在籃球之中。籃球是我通往未來的車票，也是唯一一張票。體育館離宿舍不遠，我在那裡度過了每一天。我的目標是讓戴爾教練和教練團看到脫胎換骨的我，讓他們看到我已非春天所見的那個瘦弱小子。

任務完成。

我還有很長的路要走。除了我之外的每名球員都有獎學金。沒問題，我對自己說。我會等待我的機會。幾星期後，它來了，比我想像得還快。兩名學生離開了學校，讓獎學金的名額突然容得下我的名字。我後來發現，戴爾教練麾下的這支球隊中，球員總是來來去去的。他不停地在尋找因故而尚未被其他人挖掘出來的原石。在某個地方，一定找得到可用之才。他要做的，就是把他找出來。

有一次，我們球隊去打客場，在比賽結束後去麥當勞吃晚餐，戴爾教練發現了一個身高六呎五吋或更高的少年也在排隊。

教練立刻停下了他原本在做的事，過去與他搭話。「你幾歲了？還可以來大學打球嗎？」

這孩子心裡一定覺得這個人瘋了。

能領到這筆獎學金對我來說有著不言可喻的重大意義。大學的開銷並不便宜，即使我不覺得自己窮，但從客觀事實來看我也絕對是個窮學生。

我的花費比其他學生少，因為我在半工半讀，還有在領培爾助學金（Pell Grant）。儘管如此，這筆開銷還是很大。我總是能省則省。在自助餐廳吃完晚餐後，我會回去排隊，把幾個火腿起司或雞肉三明治塞進背包。我會在睡前把它們放進微波爐。我一天不只要吃三餐，而是吃四餐。

對我來說，獎學金的意義不只是得到經濟上的支援。我現在真的成為了球隊的一分子，這是我此前從未有過的感覺。成為球隊的一員，代表你必須達成戴爾教練對球員的要求，他的要求可多了。我還以為韋恩教練已經很嚴格了。你知道有句話是「聽話照做，不然上路滾蛋」（my way or the highway）嗎？戴爾教練總是把它掛在嘴邊，你聽了說不定會以為這句話是他發明的。

他總是要我們練球，沒跟你開玩笑，就連聖誕節也要練一次。有時候，如果我們在客場比賽時被對手狠狠教訓，那不管我們回到康威市的時候已經有多晚了，他都會叫每個人留下來進行繞行訓練。

和隊友一樣，他叫我做什麼我就做什麼。我可沒有忘記上一次我不聽教練講的話後發生了什麼事。

到某種程度之前，是這樣沒錯。

有一次他真的把我們操得太超過了，就算沒有，也到達臨界點了。我不管當時訓練結束了沒，就直接走出球場。

「去你的，我腳痛得要死。」我說，「我要先走一步了。」

如果別人惹出了這種事，戴爾教練會當場將他趕出球隊。不過現階段我不僅是球隊中的最佳球員，也是阿肯色州校際分區（Arkansas Intercollegiate Conference）的頂尖球員之一，他承受不起失去我的損失。

「今天就練到這裡，」他說，「我們明天見。」

但是教練也不是每一次都能容忍我。

在一場比賽中，由於我在最後幾秒選擇扣籃而不是輕輕把球放進籃框，球從籃框中彈了出來，因此輸了這場球。戴爾教練氣瘋了。在他眼裡，我簡直犯下了觸怒籃球之神的滔天大罪。賽後回到休息室，他要我對全隊道歉。

想得美。

「那我們現在就耗在這裡吧，」他說。「等史考提準備要道歉了再來找我，我才不在乎要等多久。」

我堅持了半個小時，或更久。

道歉？為了什麼而道歉？我跟大家一樣想贏，只是犯了個錯而已，不然告我啊。此外，如果真有人要道歉，那就是戴爾教練，他讓我們待在這裡浪費時間。

我的隊友都挺我，但另一方面，他們也都想回家。大家都已經很累了。

「小皮，我們知道不是你的錯，」他們說，「只要跟他說聲對不起，我們就可以離開這個鬼地方了。」

「去找他吧。」

戴爾教練來了，我說了他想聽的話，我沒辦法再更言不由衷了。

「明天見。」他告訴大家。

還有一次，我錯過了公車，真的錯過了。我當時在上一堂從一點開始的課，這班公車預計在兩點從我們的體育館法里斯中心（Farris Center）把我們載到木蘭市去打一場晚上的比賽。我知道時間可能很趕，但我想如果我能提前幾分鐘溜出教室，就能及時趕到。法里斯中心離教室不遠，此外，就算我有一點點遲到，也沒什麼好緊張的。我是ＡＡ（全美第一隊，All-American）耶，就像我告訴過大家的一樣，他們不敢丟下我的啦。

是個ＡＡ又怎麼樣。

幸好，有位名叫大衛．李伊（David Lee）的先生幫了我一把。我們球隊常常光顧他經營的校園餐廳Chick-a-Dilly。李伊先生對我們球隊的支持不遺餘力，他也是戴爾教練的朋友。錯過公車的一、兩個小時後，我遇到了李伊先生並向他解釋事情經過，他便不由分說地把我塞進他的凱迪拉克，用應該有快八十英哩的時速一路狂飆到木蘭市。

我到體育館時，上半場還剩七分鐘左右。每個人看到我的出現，都顯得很驚訝。

直到下半場打了大約六分鐘才派我上場的戴爾教練也不例外。我覺得他是在懲罰我，只是他沒辦法罰我太久。我上場時，我們還落後三分。接下來我得了十一分，最終球隊以六分之差贏球。

我再也沒有錯過公車了。

我們的練球時間常常超過晚上六點，大家都不能接受這一點，自助餐廳六點就關門了。有人會打電話告訴他們，我們會晚點到，可不可以多開幾分鐘。答案通常是可以，而就算不行，李伊先生也很樂於餵飽我們。

然而我得幫今年不久前*去世的唐．戴爾說句公道話。我替這麼多總教練打過球，他在比賽中各個面向的縝密程度，與包含菲爾．傑克森在內的教練不相上下。在他執教下，球隊贏得超過六百場的勝利，他最終入也選了全國大學校際體育協會（National Association of Intercollegiate Athletics, NAIA）的名人堂。

就像一名數學家在研究一個新的理論一樣，他常常在辦公室裡的黑板上畫出新的戰術。「你覺得這個戰術有用嗎？」不管是誰經過，他都會這麼問對方。

然而，沒有人對球隊的影響力，比助理教練艾奇．瓊斯更深刻與長遠。戴爾教練注重的是比賽，而被我們親密地稱作「J教練」（Coach J）的瓊斯教練注重的則是人。他幫助我們思考，我們不再打籃球，或不能打籃球後，在這段漫長的時間中會過著怎麼樣的生活。

我們會成為怎麼樣的父親？當個怎麼樣的丈夫？

或是當個怎麼樣的公民？

J教練是由母親養大的。他的父親在他出生前就去世了。在他上高中時，他的籃球教練很關心他。我相信他會走上執教之路的原因，就是想像以前的教練陪伴著他一樣，替需要榜樣的年輕人點亮一盞明燈。

每當戴爾教練批評球員時，J教練就會等待適當的時機，對那孩子保證他做的或沒做的事沒有他以為的那麼嚴重。不知道有多少年輕人因為J教練的關係而沒有失去信心。

我可以和他聊好幾個小時。不僅聊籃球，也聊人生。他是除了我的家人外，唯一能讓我這麼敞開心胸的人。除了他有發展障礙的可愛女兒艾咪之外，我還認識了他另外兩個孩子和他的妻子阿爾蒂（Artie）。她在面對艾咪的意外時所展現出來的堅強，時常讓我想起自己的母親。

J教練也會以其他方式在我的身邊支持我。

在我需要錢買汽油或是其他生活必需品時，他會毫不猶豫地拿出一張十元或二十元的鈔票給我。這些案例隨便加起來大概都破兩千次。回想起來，我確定這違反了NCAA的規則。然而事實上，沒有他的幫助，我撐不過這四年。畢竟要再從家裡要一毛錢，對我來說是絕對不可能的事。

如今，許多的大學運動選手也受困於相同的處境。這就是為什麼我站在呼籲他們應該得到報酬的人這邊，而在今年最高法院的判決†出爐後，事態也正朝著這個方向前進。不要跟我說一些

---

* 譯註：二〇二一年五月十三日。

† 譯註：二〇二一年六月，美國最高法院判決NCAA違反反壟斷法，不得限制學生運動員可得的教育相關津貼。

學生運動不應該沾染金錢的假清高屁話，這些青少年、青少女的第一要務是當好運動選手而不是學生，而他們也是為學校帶來財富的勞動力。

他們簡直是奴工，沒有更好的說法。

＊＊＊＊

我在大一球季，平均僅貢獻四點三分、三籃板。那又如何。記得，我剛來中阿肯色大學時，可是一名練習生，本來以為一整年可能都打不到球的，結果我反而出賽了二十場。跟很多最初被招募來並領到獎學金的大一球員相比，我打得比他們還多。

在場外，令我驚喜的是，我交到了很多朋友，並發現我獨立生活也能過得很好。我在校園裡覺得很自在，在大一球季結束後和接下來兩年的夏天，我都留在學校。

我現在把生活重心放在康威市，而不是漢堡鎮。

這個夏天我在工作和籃球之間安排的行程十分瘋狂。從晚上十一點到早上七點，我去維克羅公司（Virco）上大夜班，這是一家製造家庭用與公司用器具的焊接工廠。

這是項格外危險的工作。人掉進強酸裡的話，可能就沒辦法活著出來了。我有被燒傷過，這些醜陋的傷疤現在還留在我的肩膀上。我的工作是把手伸進箱型物裡，把它的支架給掏出來，一次兩支。然後用一台有四個踏板的機器，把它組裝成椅子。被焊接的金屬燙得不可思議，燙得讓人要戴兩副手套，而即使如此，也不一定保護得了自己。

冒險是值得的，錢實在是太多了。你在每次排班中組裝出多少張椅子，公司就付你多少錢。我通常可以組出大概三百張椅子，除非天氣太熱。有幾天，廠內的溫度遠遠超過了華氏一百度。我一星期可以賺大概七百五十美元，在大一的夏天就存了快五千美元，對像有我這種背景的人來說，簡直就像中了樂透。

輪班結束後，我開車回家，進行短暫的訓練，睡六、七個小時，然後立刻回到車上，驅車前往大約半小時車程外的小石城，參加名為鄧巴夏季聯盟（Dunbar Summer League）的賽事。幾名來自全州各地的頂尖球員也會參加。我們都會告訴自己：「弱者滾開，這裡是一流球員的舞台。」

彼得．邁爾斯也是這個聯賽的常客，他後來在公牛和我當過隊友。從阿拉巴馬州（Alabama）的社區學校轉學後，彼得將在阿肯色大學小石城分校展開他的大三球季。我和彼得以及其他球員交手時，都能取得上風。晚上九點左右，我開車回康威市，沖個澡，趕快吃點東西，然後就要在十一點時回到工廠。

我告訴你，這真的很瘋狂。

但也很充實。我已經準備好把我的球技提升到一個全新的等級。

一九八四年的夏天發生了另一件事，而它將會改變一切。

我長高了。

有段時間，我一直在想為什麼我的身高不及我的哥哥們，他們每個人的身高都超過六呎。我開始擔心，該不會我的身高已經定型了吧。

然後它就這麼發生了。

我長高了四英吋，身高來到六呎五吋，然後還在長。我最後居然長到了六呎七吋左右。有一段時間沒見過我的人，看到我之後講到的第一件事就是我的身高。

「兄弟，你也長太高了吧。」

身材變好，也對我有很大的幫助。

我已經具備了控球後衛的傳球技術。現在我可以運用這些技能來對抗更矮小的防守者。如果對手包夾我，我的視野可以越過他們的頭頂，並輕鬆地找到有空檔的人。唯一的缺點是，由於我沒有在外線大量出手的必要，因此我並沒有增強我的這項技能，日後在NBA中要為此進行些許調整。

我迫不及待地想在訓練時向戴爾教練與瓊斯教練誇耀自己的進化，讓他們看看全新加強版本的我在比賽中會表現得如何。

不幸的是，我必須等待。

一九八四年秋天，我因學業問題遭到禁賽。我不能怪誰，只能怪自己。前一個學期，我太想靠自己找出球技面還要補強的面向，以至於我忽略了課業。現在付出代價的時候到了。我不記得當時在中阿肯色大學成績平均積點的最低標準，但可以肯定地說，我還差得遠了。

我處理這個問題的方式，就跟我高中面對跑看台時的方法一樣：讓課業成為我的朋友，而不是敵人。我請求助教和同學的協助，並第一次去了圖書館。我沒有成為愛因斯坦，但在這個秋天的學期結束時，我的成績變得不錯，禁賽令也隨之解除。

而我在比賽中也打得不錯。

我以平均十八點五分、九點二籃板成為分區的得分與籃板王。而有留校的原班人馬加上從阿肯色大學蒙特賽羅分校（University of Arkansas at Monticello）轉來的後衛吉米·麥克蘭（Jimmy McClain），人們會在我即將到來的大三球季，對我們有很高的期待。

我們的表現應該有達標。

我們以二十三勝五敗贏得了一九六五年以來的首次例行賽冠軍，然而其中一場失利卻出現在地區冠軍賽出戰阿肯色大學蒙特賽羅分校棉子象鼻蟲隊（Boll Weevils）的比賽，全隊在最後關頭搞砸了。

更正：是我在最後關頭搞砸了。

延長賽的第一個回合，我灌籃沒進。這已經很讓人沮喪了。在最後一波進攻，距離比賽結束還剩三秒鐘，我又失手了一記有機會追平比數的上籃，球在籃框滾了幾圈後彈框而出。從數據層面來看，我繳出十九分、十籃板、四抄截、二阻攻的成績，了不起。然而重點是，我在關鍵時刻沒能回應大家的期待。

結果，前進堪薩斯市（Kansas City）出征NAIA全國錦標賽的是棉子象鼻蟲隊，而不是中阿肯色大學熊隊（Central Arkansas Bears）。我替其他人感到難過，尤其是大四學長，也替自己感到遺憾。登上全國大舞台的機會已經一去不復返，而沒有人可以保證我能再一次得到這個機會。

我非常渴望這個舞台，渴望到在我大二球季結束前還曾經考慮過有沒有可能轉學到費耶特維爾（Fayetteville）市的阿肯色大學本校。

在阿肯色州，沒有什麼事比成為野豬隊（Razorbacks）的一員更令人驕傲。我不在乎他們會不會給我獎學金，只要讓我穿上球衣和大家一起訓練，我就有辦法以練習生之姿成為正式球員，就像我在康威市所做到的一樣。野豬隊來了一名新任總教練諾蘭·理察森（Nolan Richardson），他在突沙大學（Tulsa）執教時扭轉乾坤，帶領球隊在一九八一年贏得NIT錦標賽冠軍。他不僅擁有全美頂尖的籃球智商，也是第一位在美國南方執教知名大學的黑人教練。能為理查森教練效力，是一種福氣。

J教練發現我腦中有這個想法時，便立刻找上了我。我已經準備好要怎麼面對他了。

「在這裡打球沒有出路，」我說，「我得去其他地方打球。」

我有著NCAA一級球員的天賦，卻被困在NCAA二級的學校，擔心永遠不會有人發現我的才華。網路要在很久以後才會出現，換做現在，如果一名球員表現出色，那他沉寂的日子就不會太久。

我告訴J教練，去了阿肯色大學，我就會被NBA球探看到，並有機會透過與高水準球員較量來磨練我的球技。

而且我很有可能可以體驗到「三月瘋」（March Madness）的刺激。小時候，我每年都在看NCAA錦標賽。一九七九年春天，印第安納州大（Indiana State）的「大鳥」柏德和密西根州大（Michigan State）的魔術強森打得你來我往時，我也和其他數百萬人一樣，沒辦法將視線從螢幕上移開。從此以後，大學籃球便有了一番不同以往的風貌。

J教練等我說完後，試圖說服我：

「會有機會的，我保證。我會打電話給球探，確保有人會注意到你。」

我很感激他把我當成一個人，而不是商品。J教練真心誠意地相信我在康威市會更快樂，事實證明他是對的。那裡的天賦水準太高了，我很可能會在費耶特維爾市或其他NCAA一級球隊中迷失自我。

留在康威市的我持續在進步，整支球隊也是如此。

在我大四時，羅尼．馬丁是我們的控球後衛，羅比．戴維斯（Robbie Davis）則是陣中的最佳射手。根據對手的體型和速度，我會打不同的位置。戴爾教練還是一樣地嚴格。在他身邊待了三個球季，我知道他會怎麼操我們。

我們再度於分區贏得例行賽冠軍，卻又一次在NAIA錦標賽第十七地區賽中提前落馬。前一年輸給蒙特賽羅分校的感覺很令人心痛，但與這場在準決賽中以八十七比八十八敗給哈汀大學野牛隊（Harding Bisons）的失利相比，便小巫見大巫了。我們根本不應該輸掉這場比賽。再說一次：永遠不應該！一個月之前，我們才以八十四比五十四之差把他們打得落花流水，而且那場勝利還是在他們的主場拿下的。

這一次比賽是在我們的主場舉行，我們怎麼可能會輸？

聽我娓娓道來。他們有一名五呎八吋的大四後衛，名叫提姆．史莫伍德（Tim Smallwood），我發誓這個名字不是我瞎掰的。*他這場比賽上演了人來瘋，三分線外出手十一次、命中七球。同時，還有另一個名字看起來就很會打球的大一新生柯利．坎伯（Corey Camper）†，在比賽最後五秒鐘從離籃框二十三呎遠處投進一顆三分球，幫助野牛隊取得一分領先。坎伯在右翼處於完全的空檔，對手的教練嘶吼著要球員喊暫停，只是我們太衰，這孩子沒聽見，然後投進了這記一輩子都不會忘的好球。

我們還有靠著最後一擊逆轉的機會。暫停過後，我切入到離籃框十呎左右的距離，但我太慢出手，沒能趕在哨音響起之前投出這一球。

我得到三十九分並抓下十二個籃板球，堪稱是我的最佳戰役之一，對吧？

錯！怎麼會這樣？我又沒能帶領球隊拿下勝利。

我在罰球線上僅十五罰八中，這給我們帶來毀滅性的打擊，如果我再多罰進兩球，球隊就能晉級了。

哨音一響，我就跪倒在地哭了起來。我不知道我跪了多久，感覺有如永恆。我的大學生涯到此結束。

結束的，還有我最後一次去堪薩斯市參加NAIA錦標賽的機會。三月瘋？應該也不用肖想了。儘管如此，NBA的球探還是有在注意我們。一年前，在另一所NAIA學校、東南奧克拉荷馬州大（Southeastern Oklahoma State），有一名球員在一場比賽中獨得四十六分、三十二籃板，後來在第二輪被底特律活塞選中。

他的名字是：丹尼斯・羅德曼。

雖然我以平均二十三點二分、十籃板連續三年問鼎分區得分、籃板王，並在助攻榜上高居第二，但我還是有一種跟在打完高中比賽後一樣的感覺。

現在該怎麼辦？

---

* 譯註：Smallwood意同小木頭。
† 譯註：Camper意指參加訓練營的人。

我的私生活，現在也有了個懸而未決的問題。

在大三時，我透過一名朋友認識了凱倫・麥凱倫（Karen McCollum）。凱倫成為了我人生中的第一個女朋友。我在面對異性時一向羞澀，從國中時期以來就是如此。

不久，凱倫和我陷入愛河。我可以想像我們倆會有安頓下來並建立一個家庭的一天。然而，我的人生中還有另一個摯愛，那就是籃球。

這肯定會是個問題。

第四章　我的歸屬

J教練遵守諾言，達成在我告訴他自己想離開中阿肯色大學時給我的承諾。他確保有人來看我打球，而他找來的人選好得不能再好。這個人名叫馬蒂·布雷克（Marty Blake），是一名NBA球探部門的主管。

沒有人比布雷克花更多時間在尋找有潛力升上另一個層級的球員，而他的足跡不只深入大牌學府，還遍及全美各地的每一間大學體育館中，或至少他給了別人這種印象。羅德曼就是他挖掘出來的人才之一。這麼說，如果有熱情過頭的教練或體育資訊部門主管對布雷克推薦一名球員，但此前布雷克對他知之甚少，就代表他們舉薦的球員其實平凡無奇嗎？也不盡然。

J教練如何說服布雷克出現在康威市就是一個例子，證明好運，或我覺得是悲劇，如何劇烈地影響一個人的命運。一九六一年，當布雷克在NBA的聖路易老鷹隊（St. Louis Hawks）擔任總經理時，對阿肯色理工（Arkansas Tech）的後衛J·P·洛夫雷迪（J. P. Lovelady）很有興趣。J．P．有投籃能力，防守也很強硬。二月十日，在出戰阿肯色理工的同區宿敵時，他在這個夜晚繳出精采的表現，攻下二十三分、十四籃板。幾天後，他遇到車禍，最終因此喪生。布雷克來參加他的喪禮，也因此遇見J．P．的隊友——「J教練」艾奇．瓊斯。

時間快轉到我在康威市的大四球季。J教練打電話給布雷克，在讓他回憶起彼此認識的經過後，推薦他來看我的比賽。J教練一直是個很有說服力的人。

一九八六年十二月十三日，布雷克出現在哈蒂斯堡市（Hattiesburg）的南密西西比大學（Southern Miss）。那季最終贏得NIT錦標賽冠軍的金鷹隊（Golden Eagles）比我們強太多了，他們以九十五比八十二的比數擊敗我們。我打得不錯，得到二十四分。更重要的是，我這些分數是在馬蒂．布雷克面前得到的。他對我能打五個位置的全能感到印象深刻，我猜他應該也不常見到這種全方位的球員。

布雷克告訴聯盟中的每支球隊：你們應該來看看這孩子，他很有前途。

不用了，謝謝。每名總經理心中都已有定案。

除了公牛隊的傑瑞．克勞斯之外。傑瑞派了在聯盟打過七個球季、球隊唯一的球探比利．麥金尼（Billy McKinney）來看我比賽。

在二〇一七年過世的傑瑞這麼多年來飽受批評，其中也少不了你的隻字片語。我並沒有要替他平反，但同時，也該給他應有的讚譽。他可以發現其他人無法挖掘出來的人才，並像布雷克一樣，不管是在這個幅員廣闊的國家中的哪個角落，都願意不辭偏遠地探訪。最好的例子，就是北卡州溫斯特—沙倫州大（Winston-Salem State University）的「珍珠」厄爾・孟羅（Earl “the Pearl” Monroe）。

一九六〇年代，傑瑞任職的巴爾的摩子彈隊（Baltimore Bullets）選中了孟羅，他是最早一批注意到孟羅有著稀世之才的人。身為後衛的孟羅後來入選了名人堂，也是打法最華麗的球員之一。

麥金尼在一九八七年二月下旬來到康威市看熊隊出戰漢德森州大的比賽。我不知道他有來，這或許是件好事。要是我知道，可能會打得有點壓抑、打不出我平常的球風。你永遠不知道你什麼時候才會得到下一次在球探面前展示自己能耐的機會，如果有下次的話。我得到二十九分、十四籃板與五抄截。麥金尼對我的潛力印象深刻，但也還不確信我是不是真的有潛力。

是我真的這麼厲害，還是比賽的水準太低？

這就是為什麼一個月後以一分之差敗給哈汀大學、連續兩年錯過在堪薩斯市舉行的ＮＡＩＡ錦標賽，對我來說是個巨大的打擊。這是向麥金尼和其他可能出現的球探證明自我的大好機會，證明我在最大的舞台上面對更強的對手也經得起考驗。

每個人都可能在一、兩場比賽中很有手感，頂尖的球員能日復一日、年復一年地保持最佳水準的表現。

每當想起馬蒂·布雷克以及他為我做的一切，都會再度提醒自己，我有多麼幸運。不管到了哪裡，只要做好自己該做的事，就有人願意相信我、為我而戰、給我機會。愛爾蘭教練、韋恩教練、戴爾教練、瓊斯教練，然後現在還有馬蒂·布雷克。我只不過是個來自阿肯色州南方一座小鎮的孩子，除了夢想之外一無所有。他們沒有幫助我的義務，卻對我伸出援手。

布雷克不僅向NBA各球團力薦我，我能確定獲邀參加在維吉尼亞州（Virgina）樸茨茅斯（Portsmouth）市舉行的樸茨茅斯邀請賽（Portsmouth Invitational Tournament），也是因為有他的幫助。他就是這麼有影響力。這項賽事自一九五三年以來每年都會舉辦，全國眾多的一流大學球員都參加過這項賽事。* 像是約翰·史塔克頓（John Stockton）、戴夫·考文斯（Dave Cowens）、瑞克·貝瑞（Rick Barry）和厄爾·孟羅都參加過，而他們的大名全在春田市（Springfield）被裱框高掛。† 我激動得難以置信。

同時我也很緊張。我要和另一群陌生人變熟，他們似乎都認識彼此，從高中起就在大大小小的錦標賽事中打過照面。我一個人都不認識，如果我沒辦法融入他們怎麼辦？

如果我沒有自以為的那麼出色怎麼辦？那該如何是好？

獲邀前來樸茨茅斯邀請賽的球員有六十四名，分成八隊，一隊八人。最引人注目的是麥格西·柏格斯（Muggsy Bogues），他是一名來自威克森林大學（Wake Forest）、身高五呎三吋的後衛。這個時代的孩子們可能沒聽過麥格西的名號，這是他們的損失。他是個厲害的傢伙，雖然身材矮小，卻能夠綜觀全場，在籃下的把握度更是比我搭配過的任何一名控球後衛都還要出色。麥格西和莫．齊克斯很像，也認為傳球第一、得分第二，他後來在聯盟中打了十四年。

我們兩個在這裡是對好搭檔，直衝籃框、打亂防線，然後打出一記勁爆好球。我們展現出自己的本色與初生之犢不畏虎的氣勢，雙雙獲選為錦標賽最佳五人。

幾名球探和總經理走向看台中的布雷克，感謝他讓我獲邀參賽。其中對我的表現感到最為驚豔的是傑瑞．克勞斯，他相信自己已經找到了能與麥可．喬丹攜手替芝加哥帶來冠軍、曾經遍尋不著的那片拼圖。在即將到來的NBA選秀會，公牛隊手握第八與第十順位的選秀權。

傑瑞是個「不務正業」的人，行事這麼神秘的人應該去當間諜才對。一些報導指出，他試圖阻止我再去參加其他在選秀前舉辦的錦標賽。他擔心其他總經理也會和他一樣對我給予好評。有個報導還說他願意自掏腰包讓我去度假。儘管後來認識了傑瑞，這些事也無從證實，但就算真有其事，我也不會感到半分驚訝。

我不可能選擇在這個關頭停止展示自己的價值。我參加的比賽越多，我在選秀中行情看漲的可能性就越大。在樸茨茅斯邀請賽之前，人們預測我可能會在後面幾輪被選中。當時選秀有七

---

* 譯註：近代該邀請賽曾在二〇二〇、二〇二一年因疫情取消。

† 譯註：春田市為籃球名人堂所在地，指上述球員皆入選名人堂。

輪，而不是現在的二輪。如果我的行情繼續攀升，我就有機會衝到前二輪，或甚至首輪。一切皆有可能。

下一站是夏威夷的阿羅哈經典賽（Aloha Classic）。一開始名單上沒有我，而我在維吉尼亞州的表現很快地改變了這一點。

這場夏威夷賽事的競爭很激烈，很多被預測有機會在首輪雀屏中選的球員參加。我秉持著與往常一樣的態度：誰怕誰，放馬過來吧！如果有任何挑戰橫亙眼前，我會表現得更好。我再一次獲選為錦標賽最佳五人，還在灌籃大賽中勝出。獎品是一個音響，我把它帶回阿肯色州，也把比以往更高昂的信心帶了回來。

傑瑞非常不希望我受人矚目，並不是他沒有試過，如果他不試，就不是傑瑞・克勞斯了。在夏威夷，有一天，佛瑞德・斯洛特（Fred Slaughter）帶我在夏威夷島上進行了一趟長途導覽，他不但是一名經紀人，也是傑瑞的朋友。我心想，為啥？難道這傢伙覺得我可能對觀光有點興趣嗎？我是來這裡打籃球的，其他都不重要。後來我才恍然大悟，明白了這次導覽的真正目的：不讓我和除了芝加哥公牛之外的任何球團代表產生任何接觸。

但是計畫沒有成功。留在島上的期間，我接受了幾名總經理和球探的面談。

有一次，馬蒂・布雷克統整出了我的以下賣點：

可以擔綱控球後衛、得分後衛和控球前鋒……在大學制三分線外的手感很棒……可以持球……如果承受得住壓力，便具備著能夠成為明星球員的能耐……擁有許多了不起的技能。

在夏威夷之旅結束後，我仍然馬不停蹄。

選秀前不久，一流球員們在芝加哥最後一次聚首，前來參加所謂的芝加哥選秀前綜合測試（Chicago combine）。

我一直期待能重返風城。去年夏天，我在這裡待了一個月左右，拜訪我的大姊芭芭拉（Barbara）和幾位親戚，這是座令我難以忘懷的城市。

芝加哥具備的每一項特色都是漢堡鎮與康威市不曾有過的：廣大、迷人、充滿驚奇。即使在芝加哥只待了這麼短的時間，樂趣肯定也比在家具工廠做椅子並祈禱不要被燙到還多。

我在WGN電視台上觀看了小熊隊（Cubs）的比賽，他們的傳奇主播哈利・卡瑞（Harry Caray）透過在第七局間播放《帶我去看球賽》（Take Me Out to the Ball Game）這首歌，點燃瑞格利球場（Wrigley Field）全場球迷的熱情，我也從中感受到自己與這座城市的連結。就算小熊隊表現不佳，又何妨呢？我和爸爸常常一起看球，能看就看。那是我們之間幾段最美妙的時光。

在拜訪我姊姊時，我有許多夜晚是在第六十三街（Sixty-Third）和湖濱大道（Lake Shore Drive）的球場上度過的。

有一位在醫院工作的表兄弟在下班後會來接我，我們一打球就會打好幾個小時。在這裡打球讓我回想起松樹街：很多人會在結束一天的辛勤工作後來這裡放鬆。老德韋恩・韋德（Dwyane

Wade Sr.）也常來這裡打球，他就是那位未來ＮＢＡ球星的父親。

這傢伙很能打。他可以打進ＮＢＡ嗎？很難說。在街頭鬥牛跟在職業聯盟打球之間的差距非常大。

在綜合測試時，我能感覺到些許異樣。每個人都比之前在樸茨茅斯和夏威夷時更注意我。一個又一個經紀人來與我接洽，最後，我與足球選手凱爾・羅特（Kyle Rote Jr.）和他的夥伴吉米・塞克斯頓（Jimmy Sexton）簽約。

在我泰半職業生涯中，他們倆將成為我的代理人。我對他們很滿意，兩人都住在從漢堡鎮過去只要幾個鐘頭的曼菲斯。我欣賞他們的腳踏實地、南方人特有的熱情與堅定的信仰。他們值得我的信賴。

每天，我再度與不同球隊的代表們會面。

他們不只想知道我的球技，還想知道我的為人。每支球隊都投入了大量的時間與金錢在他們挑選的球員身上。如果他們押錯寶，尤其是用上了順位很前面的選秀權的話，就可能讓一支球隊一連數年都陷入黑暗之中。

經典案例：連恩・拜亞斯（Len Bias）。

一九八六年，來自馬里蘭大學（University of Maryland）、身高六呎八吋且極具天賦的大前鋒拜亞斯，被剛奪下另一座冠軍的波士頓塞爾提克選中，成為選秀榜眼。拜亞斯能夠與這支擁有

「大鳥」柏德、凱文・麥克海爾（Kevin McHale）和羅伯特・派瑞許（Robert Parish）的球隊完美契合，他們已經替未來鋪好了路。

人算不如天算。兩天後，拜亞斯因吸食過量古柯鹼而驟然離世。

六月中旬，我拜訪了幾座在選秀中擁有前幾順位選秀權的城市。在參加樸茨茅斯邀請賽後，我的身價已經大幅飛漲。我的經紀人吉米和我同行，我不想在與大家會面時只有我一個人孤軍奮戰。

鳳凰城是其中一站。太陽隊有榜眼籤，這也是我在選秀中最高的可能落點。聖安東尼奧馬刺擁有第一順位指名權，他們已經鎖定了美國海軍學院（Navy）的明星中鋒大衛・羅賓森（David Robinson）。與我面談的是太陽總經理傑瑞・柯蘭傑羅（Jerry Colangelo）與在高層任職的前任（日後也會再度上任）總教練柯頓・費茲西蒙斯（Cotton Fitzsimmons）。他們問了每支球隊都在問的問題：

「你嗑過藥嗎？」

「你們家有人吸過毒嗎？」

「平常有空的時候你都在做什麼？」

如果不是因為連恩・拜亞斯的意外，沒有人會問這些問題。

下一站是芝加哥。

公牛隊讓我和艾爾・韋米爾（Al Vermeil）進行了嚴格的訓練，他是球隊的肌力與體能教練，也是前加州大學洛杉磯分校（UCLA）美式足球隊與費城老鷹隊（Philadelphia Eagles）前教練迪克（Dick）的兄弟。在一次訓練中，他們把幾顆籃球放在幾個靠近罰球線的定點上，接著給我三十秒的時間，想看我最多能在時限內灌進幾球，以此測試我的速度和敏捷。我灌進不少球。

我在場上測試了兩個小時，或更久，我開始感到極為疲憊。這是他們一開始的目的之一，球隊想要知道你的極限在哪。如果你會在測試時放棄，那也很有可能會在形勢極為嚴峻時放棄比賽。相信我，在NBA有很多球員會這麼做。對球隊而言，越早查明一名球員有沒有這樣的心態越好。在選秀之夜輪到他們做出選擇之前，一切都還有轉圜的餘地。

我沒有放棄，我不是這種人。

我已經筋疲力盡，會累也是當然的。我已經打籃球打了好幾個月，沒有好好休息過。我跟經紀人說：拜託，別再去試訓了。如果有球隊會因此猶豫要不要選我，也無所謂。

＊　＊　＊　＊

一九八七年六月二十二日，重要的一天來臨。

地點在位於麥迪遜花園廣場（Madison Square Garden）內的菲爾特論壇（Felt Forum）劇院。

這是我第一次來到大蘋果（Big Apple）。我很震驚，本來以為芝加哥已經很大了，紐約簡直像是打了類固醇的芝加哥。有一次在被困在計程車的車陣中且發現車子幾乎動彈不得後，我了解到在這座城市中最快的移動方式是步行。後來我到哪裡都用走的。

我不敢相信那陣子的我有多麼天真，從來沒在電視上完整地看過選秀，連他們只會播首輪還是每一輪都會播都不確定。而隨著時間一分一秒地前進，我也不知道哪支球隊會選我。我覺得太陽隊很有機會，他們缺個前鋒。有第三順位的紐澤西籃網和有第六順位的沙加緬度國王，是其他有可能看上我的球隊。

無論如何，結果不久後就會出爐了。吉米・塞克斯頓和我正要離開旅館時，電話響了起來，打來的人是傑瑞・克勞斯，和以前一樣，神秘兮兮的。

「不要告訴任何人，」傑瑞說，「我們已經談成了一筆交易，你將為芝加哥公牛效力。」

大致說來，在這筆交易中公牛同意將一九八八年的第八順位選秀權、次輪選秀權與一次在一九八八或一九八九年的選秀順位互換選擇權送到西雅圖超音速，換來第五順位選秀權。

我很興奮，芝加哥是我的首選。

不過我也克制著自己的興奮之情。一切都還沒有正式成立，有很多交易都是在最後一刻失敗的。我當時不知道，有關於我的這筆交易成敗，取決於喬治城大學的小前鋒瑞吉・威廉斯（Reggie Williams）的選秀狀況。如果在第五順位還選得到威廉斯，西雅圖就會選他，然後運氣不好的公牛隊就會白忙一場。

吉米和我在傍晚抵達了菲爾特論壇劇院。我穿著一套要價肯定超過一千美元的棕色西裝，我從來沒有在任何一套西裝或任何東西上花過這麼一大筆錢。

NBA總裁大衛・史騰（David Stern）走上講台。

羅賓森成為狀元，緊接著被選上的是來自內華達大學拉斯維加斯分校（University of Nevada–Las Vegas）的前鋒阿爾曼・吉廉（Armen Gilliam）。太陽會選吉廉一點也不讓人意外，他可是在一支全美頂尖的大學球隊打球，跟我不一樣。籃網選擇了俄亥俄州大（Ohio State）的後衛丹尼斯・霍普森（Dennis Hopson），威廉斯則被洛杉磯快艇以第四順位選秀權納入麾下。

重頭戲來了。

「西雅圖超音速，」總裁說，「選擇中阿肯色大學的史考特・皮朋（Scott Pippen）。」

現場沒有響亮的歡呼聲或噓聲，只有一陣困惑。菲爾特論壇劇院與全國的眾人大概都在想這個問題，史考特・皮朋是誰啊？附帶一提，這應該是最後一次有人叫我史考特・皮朋了。

還沒回過神來，我便接受了全國性轉播的採訪。某個人（有叫對我的名字史考提）問我來到一支已經有夏維耶・麥克丹尼爾（Xavier McDaniel）和湯姆・錢伯斯（Tom Chambers）擔任先發前鋒的球隊，有沒有可能會從後場出發。我回答他的提問，並且沒有流露出半點這個問題根本毫無意義的線索。守口如瓶的人可不只傑瑞・克勞斯一個。

那筆交易很快地拍板定案，我不用再裝了。我把西雅圖的帽子換成芝加哥的帽子，然後打電話回家。哥哥告訴我，爸爸聽到總裁念出我的名字時哭了。爸爸從來沒有親眼看過我打球，這直到今天仍然是我的遺憾。至少，他看到了我美夢成真的瞬間。

現在我可以恣意興奮了，某種程度上是這樣。

被NBA球隊在選秀會中選上，是很重要的一步。然而，這也只是其中一步而已。接下來，還有很多目標在等著我邁開腳步，希望有啦。許多球員在被選上後，從未在聯盟中產生過什麼影響力。我下定決心，絕對不要成為他們的一員。

我的生理與心理狀態距離我的目標都還很遠，這是我過去在高中和大學時敦促著自己努力不懈的動力，而我現在也不打算停下腳步。當你不再努力並為自己的作為感到自滿時，就是你開始落後的時候，而能不能再迎頭趕上就難說了。

隔天早上，我飛往芝加哥，和第十順位被選上的大前鋒、來自克萊蒙森大學（Clemson）的霍勒斯．葛蘭特正式碰面。

霍勒斯和我在選秀前一天就在旅館初次見過彼此。我們之間有很多共通點，都是來自南方的小鎮。霍勒斯在喬治亞州（Georgia）的米歇爾鎮（Mitchell）長大，那裡的人比漢堡鎮還少，令我覺得不可思議。我在他身上看到和我一樣的渴望和工作態度。上天賜予我們天賦，剩下的，就要由我們自己來掌握。

在剛進入聯盟的這段期間，我們的友誼將發揮極大的作用。我們都進入了一個對其一無所知的新世界。

肢體碰撞更激烈的球風、中間不間斷地連日出賽、搭乘長途飛機、準備好對你雞蛋裡挑骨頭的記者……等等，NBA的生活有太多地方要適應。

隨著我們越來越熟，反覆地從嘴裡吐出這個年份，成為後來霍勒斯和我常常用來和對方打招呼的方式：「一九八七、一九八七。」

我們的人生在這一年永遠地改頭換面。

第五章 重新起步

麥可第一次和我說話的情形，現在還留在我的腦海裡。

好吧，其實他不是對我說話，是提到我，而且也沒多說什麼。

這件事發生在迪爾菲爾德多功能運動中心（Multiplex），一間位於迪爾菲爾德鎮（Deerfield）郊區的訓練場館。那時，我和總教練道格．柯林斯一起走進體育館。

「嘿，各位，」道格對大家說，「我們的新人來囉，他想跟大家打聲招呼。」

麥可正在和兩名隊友彼得．邁爾斯和塞戴爾．史瑞亞特（Sedale Threatt）一起訓練。我在小石城的鄧巴夏季聯盟中就認識彼得了，他在一年前於第六輪被公牛選中。他能成為正式名單中的一員，讓教練團跌破眼鏡。我一點都不驚訝，我知道他有多少動力與能力。

突然，我聽到了一個熟悉的聲音，那也是我接下來幾年都會不斷聽聞的聲音。說不定，我就連在做夢時也聽得到。

「噢，不是吧，我們球隊又多了個阿肯色男孩囉。」麥可說。

他這麼說的時候甚至沒看我一眼，繼續在投他的籃。我想不起來自己回了什麼，如果我有回應的話。知道我那時候有多麼內向的人，應該就知道我回不出什麼機靈的話。不重要。我會用我在球場上的表現來回應，這是最能夠引起麥可注意的方式，也是我在芝加哥的籃球生涯的縮影。

他注意到我了，好，這是我們的第一次較量。

他防守我的方式，就好像在打NBA總冠軍賽的第七戰。我切入禁區，以雷霆萬鈞之勢把球用力扣進籃框。我知道不能讓麥可嚇倒我。

當時還在談一些合約的細節，所以我不能參加正式練習。我沮喪得難以置信。現在回想起來，這次練球上的延宕就是第一個訊號，透露出公牛是個多麼小氣的球團，當然，它也不會是最後一個。傑瑞・克勞斯想讓我簽下一份第八順位新秀行情的合約，而不是第五順位的。這傢伙不會錯過任何佔便宜的機會。

我每天都會花幾小時的時間自主訓練。這與和大家一起在同一座球場上訓練、使自己與其它隊友間的想法互相激盪是不同的感覺。我每錯過一次訓練（最後錯過九次），就在與布拉德・塞勒斯（Brad Sellers）爭奪誰能成為開幕戰先發小前鋒的競爭中落後一步。

這是布拉德的第二個球季，他來自俄亥俄州大，是一個瘦長、具有投籃能力的七呎長人。要勝過他，沒那麼簡單。

我最終簽下一份六年約五百萬美金的合約，其中四年有保障。這份合約可能不如預期，不過這再怎麼樣也還是一份合約，我已經很幸運了。藉由這個機會，我不僅能和世界上最佳球員們並肩作戰、彼此較量，也得以實現夢想。這筆錢很夠用，我想買什麼幾乎都可以買，也可以幫爸爸媽媽買一棟新房子。他們努力工作，只為了讓我們十二個人過上更好的生活。尤其是母親，她日復一日、年復一年地陪伴在父親與羅尼身邊，簡直是聖母。

無論如何，公牛隊下一次不會虧待我的。

或者說，我以為會是這樣。

＊＊＊＊

在下次的訓練中，我是第二早出現的球員。我就是有這麼急切地想彌補我的損失。再過幾個星期，一九八七—一九八八年球季就要開始了。

兩天後，我們進行了第一場季前賽，在芝加哥體育館迎戰猶他爵士。

來到場上熱身時，我被震撼到了。體育館裡湧進了超過一萬五千名球迷。我從來沒有在別處看過這麼多人出現在同一個地方。在中阿肯色大學時，我們的比賽最多只吸引到幾千名球迷，在客場的觀眾就更少了。

在康威市，美式足球才是大事，籃球沒那麼重要。

這也是我第一次來到ＮＢＡ比賽的現場。離漢堡鎮最近的球隊在紐奧良，爵士隊在一九七〇年代後期之前將此地作為主場。那裡與我們之間的距離大約是三百英哩，但感覺起來卻更像是在三千英哩外的遠方。

我在第一節還剩四分鐘左右時登場，這時我們的領先已經達到雙位數。

我沒記錯的話，在我上場後公牛投進的第一球就是由那個不用說你也知道的人灌進的。我隱約感覺到，在我下場之前，還會看到麥可再扣幾次籃。雖然，老實說，我在加入公牛之前都沒怎麼看麥可打球，不管是他在大學還是職業的比賽都看得不多。我是他的球迷，這點無庸置疑，他在一九八二年對喬治城大學投進那記跳投，替球隊贏得全國冠軍的畫面仍能栩栩如生地浮現在我的心中。只是我當時還專注於精進自己的球技以及我尚待加強的面向上。

麥可達成了他的目標。我沒有。

最後我出賽二十三分鐘，得到十七分，在內線與外線都有建樹。

下一場比賽也是與爵士交手，我再度攻下十七分，並有七籃板、五助攻、四抄截的貢獻。這種全方位的表現，也是日後令我引以為傲的一點。

正如菲爾・傑克森和他麾下的一名助理教練吉姆・克萊蒙斯（Jim Cleamons）再三地對我說

的一句話：「史考提，你不用得分，也可以對比賽產生影響力。」

同時，與布拉德之間的競爭也正如火如荼地進行。我們都激發出了彼此的全力。無論最終球隊選擇了誰，都會因此受益。

在練球時，我們的競爭特別激烈。

訓練時是你給教練團留下印象的最佳良機。在比賽中，根據對戰組合和裁判的吹判，看他們允許球員激烈地碰撞還是只要摸到毛就會吹罰，球員永遠無法確定自己會得到多少上場時間。訓練時則不然，每個人都會參與。

回過神來，我們主場的開幕戰已經到來。我亟欲向球迷證明公牛隊在與西雅圖進行交易時知道自己在做什麼。

我們的對手是費城七六人。

我很遺憾錯過了「J博士」的時代，他在上個球季就以三十七歲之齡退休了。七六人仍然戰力充沛，陣中有莫・齊克斯、在哪都有辦法得分的安德魯・托尼（Andrew Toney）以及擔任大前鋒的年輕明星球員查爾斯・巴克利（Charles Barkley）。以前在球場打球時大家都叫我莫，現在我要和他同台競技，這場比賽作為我的生涯第一場例行賽再適合不過了。

公牛隊獲勝，比賽結果是一百零四比九十四。我攻下十分、四助攻、二抄截，並扮演這場勝利的關鍵人物。其中一次抄截是從巴克利手裡抄到的，最終這球傳到麥可手裡，讓他在比賽尾聲灌進一球，並在我們浪費了二十三分領先優勢後守住勝利。

從這場比賽後，球隊開始一飛沖天，在前十五場比賽拿下十二勝，戰績領先全聯盟。布拉德贏得了先發一職，從板凳出發的我在十場比賽中得到十分以上，並在籃板與抄截方面保持著穩定的貢獻。

其中一勝是在波士頓花園球場（Boston Garden）拿下的。公牛隊已經有大約兩年之久沒贏過塞爾提克了。

那晚，我繳出二十分、七籃板、六抄截的成績單。我最滿意的是我在關鍵時刻挺身而出。在比賽剩不到五分鐘時，我們落後三分，我從對手的明星中鋒羅伯特．派瑞許手中把球抄走並投進一球，接著在下一回合又在一次快攻中再度得分，幫助我們取得領先，並再也沒有落後過。

然而我還只是個新秀，這代表幾名隊友會認為我可以任他們擺佈。「橡樹」（Oak）查爾斯．歐克利（Charles Oakley），隊中的六呎八吋大前鋒，比其他人都更愛因此占我便宜。

我算哪根蔥，叫他住手，他會理我嗎？

不過在場上，「橡樹」會挺我，也會支持大家。

每當對手的球員肢體碰撞太過激烈時，「橡樹」就會立刻擋在他的眼前，我們都對此格外感激，尤其是麥可。他在切進底線時常常被對手攻擊，「橡樹」會保護他。

在場下，則是完全另一回事。

「橡樹」認識芝加哥的每個人，並會盡自己所能地確保我也能認識他們。萬萬沒想到，這在日後會帶給我各種益處。籃球，以及我有幸享有的這種優渥生活，不會永遠持續。我認識越多其他領域的人，像是商業或娛樂產業，對我就越有幫助。

同時，霍勒斯與我的關係也與時俱進、越來越熟。我們每天都會打五、六通電話給對方，也都住在這座城市的北岸（North Shore），兩家的距離只有幾百碼。我們是彼此婚禮的伴郎、一起買衣服、一起度假、共用同一個經紀人，還買了同一款車，賓士五百SEL。我買黑色的，他買白的。

球隊年鑑中，公牛隊問了一個問題：「如果你要去月球，會找誰一起去？」

我回答了我第一個想到的人選，霍勒斯・葛蘭特。

如果沒有他，我不知道要怎麼撐過我的新秀球季。每當我打得很爛，而且表現不佳的場次還不少，他都會跟我保證這只不過就是一場沒打好的比賽，而每個人都有手感不好的時候，就算是麥可也一樣。不管我打得怎樣，都還是前一天的那個我。

有道格・柯林斯擔任總教練，並沒有讓我的日子比較好過。

道格對新秀很嚴格。在經歷過唐納德・韋恩與唐・戴爾的執教後，我已經習慣於接受嚴師的指導了。若想最充分地發揮出我的天賦，就要有嚴格的教練。然而，與他們兩人不同，道格是在球迷面前罵我、罵隊友。

與每個菜鳥一樣，我無可避免地會犯一些菜鳥的錯：忘記卡位、傳出一記不明智的球、讓我防守的人跑出空位、在進攻時間還剩很多的時候選擇以命中率很低的方式出手。

這些例子多得舉不完。

頂尖的教練會提出有建設性的建議，不會羞辱陣中的球員，而是會栽培他們。他們會在暫停或其他的最佳時機有耐心地對每個人各自解釋他們做錯了什麼。

道格不是這樣，道格從來都不是這種教練。

有一天晚上，在出戰密爾瓦基公鹿的比賽，他情緒激動地對我大吼，語氣聽起來就像個球迷。

「你的表現對不起你的薪水！」他吼道。

球隊裡的每個人，球場裡的每個男人、女人甚至孩子，都聽得到他的聲音。

我可以忍受，重點不是這個。

重點是尊重。道格，不管他是不是我的教練，都應該要尊重我，就像我也要尊重他一樣。我犯錯的時候，比任何人都清楚自己犯了錯，用不著他把我犯的錯昭告天下。對於一個應該要力挺我的人來說，肯定有別種更輕鬆詼諧的表達方式。

他太躁動不安了。一名NBA的教練不該在場邊跑來跑去。賽後回到休息室裡，他的襯衫和外套都被汗水浸濕了，就好像他也有打比賽一樣。很不幸的是，包括第一年加入公牛的菲爾在內，沒有任何一個助理教練出面挑戰道格的權威。

我最想抱怨的是道格有多愛麥可。他的喜愛更像是球迷而不是教練。每當有記者寫出任何關於麥可的負面報導，當然，這不常有，道格就會對他人心生戒備，簡直像是有人侮辱了他的女朋友。

我永遠不會忘記有一次麥可罷練後上演的小倆口爭吵，麥可宣稱道格記錯了一場練習賽的比數。麥可堅持比數是四比四，道格則說是對麥可的對手有利的四比三。

沒有人比麥可．喬丹更痛恨輸的感覺。

不久後，他們就和好了，麥可還在攝影機前親了道格的臉頰。兩個成年男人以這種方式互動，讓我覺得很噁。

「小皮，道格之後還會有多誇張？」霍勒斯有一次這麼問過我。

我真希望我知道答案。

最令人鬱悶的是：道格．柯林斯和其他專業人士一樣了解比賽。

在所有轉戰電視台的前教練和前球員中，他的解說或許是最精闢的。我並不意外。在他用心執教時，曾教過我如何切入籃下、讓防守者出乎意料。在三十歲因膝傷而終結職業生涯前，他在聯盟中曾是一名出色的後衛。

他是個這麼聰明的人，卻說出了這麼多萬分愚蠢的話。

在新秀球季，大多是因為背痛的問題，我的成績在一月份有所下滑，卻被道格質疑我是否具備承受著痛苦打球的耐力。

在高中和大學時，我曾多次忍痛上陣。大學時期，我的大腿附近曾被診斷出髮絲狀骨折，一名醫生建議我休兵一年。我完全沒有考慮過他的建議，只想繼續打下去。

此外，道格並不清楚我的傷勢有多嚴重。

我痛得受不了，在從北岸的我家開車到市區的體育館途中，這兩小時左右的時間，我得停車好幾次、從車裡出來透氣。有一股刺痛感會延伸到腿部，使我感覺不出來腳踩到的是油門還是煞車的踏板。我坐在椅子上時，也沒辦法挺直腰桿。我很害怕，這持續了好幾個月。某些夜晚，我坐在板凳區時，曾因背實在太痛了而祈禱道格不會喊到我的號碼、叫我上場。

讓布拉德繼續打吧，他表現得不錯。

我開始在想，這股疼痛到底有沒有停下的一天，我的職業生涯是不是岌岌可危了。我把我的情形告訴球隊訓練師馬克・普菲爾（Mark Pfeil），但他沒有認真以對。

更糟的是，他還散布消息說我是自找的，因為我的熱身運動做得不夠充分。

亂講一通。我的熱身運動做得和大家一樣多。

公牛球團更是表現得不能再更無能了。他們唯一做出的診斷是：抽筋。*抽筋？*不合理啊，我知道抽筋的感覺，這不一樣。

在球季結束大約一個月後，我決定向小熊隊的麥可．薛佛醫生（Michael Schafer）尋求他的第二意見。他的診斷結果合理多了：椎間盤突出。公牛隊對待我背傷的方式，是我第二次懷疑芝加哥或許根本不適合我。第一次，是在訓練營期間談合約的時候。

在薛佛醫生告訴我這個消息時，我並沒有嚇到。至少我現在知道自己面對的是什麼情況了。「我一直說我的背感覺怪怪的，」我跟普菲爾和傑瑞．克勞斯說，「你們都聽不進去。」

他們沒說什麼，他們能說什麼？

我最大的遺憾就是沒有早點去找薛佛醫生看診。這就是為什麼我覺得有件事我怎麼強調都不為過，那就是球員在處理可能會很嚴重的傷勢時，必須去尋求第二意見，而不是隊醫怎麼說就盲從他的話。

隊醫只在乎球隊而不是球員，也不會在乎他日後的長期發展。

由於椎間盤突出的問題，我在新秀球季的狀態大概都只有百分之七十或更少。有些夜晚中，我覺得自己像是個二十二歲的人，但有時候又覺得自己的身體像四十二歲。我一直在吃藥（肌肉鬆弛藥和止痛藥混著吃），但在你五天晚上有四場比賽要打的時候，藥效不可能跟得上賽程。而且在我們那個時代，聯賽中肢體碰撞的程度比現在激烈多了。

回顧自己的人生，我想不起來背部第一次受傷是什麼時候的事。儘管我在高中時抬起父親和哥哥的行為也不是對肌肉有什麼益處的舉動，但我猜是在我重訓時受傷的。如果一九八〇年代晚期的球隊像現在的球隊一樣慎重、和二〇一九年紐奧良鵜鶘保護大物新秀錫安．威廉森（Zion Williamson）的方式一樣謹慎，我說不定會在這年球季休兵很長一段時間。

我身邊沒有人提出過「嘿，我們為什麼不乾脆休息一段時間，讓它痊癒呢？」之類的建議。真希望有人這麼說過。

＊　＊　＊　＊

道格場場讓我從板凳出發，這跟布拉德．塞勒斯或我的表現沒有太大的關係，他是在針對我。

他看到霍勒斯和我在球場之外太常和塞戴爾．史瑞亞特——一名公牛在一九八六—一九八七年球季中從七六人交易過來的替補後衛——待在一起，讓他很不爽。

道格曾毫不掩飾地說：「如果你們想在這個聯盟中待久一點、挽救你們的職業生涯，那最好不要和塞戴爾混在一起。白天已經很忙了，這傢伙晚上還在浪費體力。」

大家都知道塞戴爾喜歡喝個一、兩杯。他來練球時，有時候可以聞得到他的呼吸中有股酒精味。然而他是個狠角色。前一天晚上他可能還在不同的俱樂部裡流連忘返，隔天還是有辦法幫球隊貢獻十五分，並以宛如沒有明天的態度來防守他的防守目標。塞戴爾在比賽時都會非常興奮，興奮到常常在上場的前幾分鐘都會有過度換氣的情形。

各位先生女士們，這叫做激情，而我很幸運能和他成為隊友。

在這段與塞戴爾同行的日子，我獲益良多。他和另一名資深後衛羅利．史帕羅（Rory Sparrow）教我要如何滑動我的腳步，才能不斷把自己的身體擋在我要防守的人面前。塞戴爾致力於精進自己的球技，這就是為什麼他和彼得．邁爾斯相似，都能以第六輪選秀之姿在聯盟中打出一片天。

道格不知道自己在說什麼。他認定霍勒斯與我和塞戴爾鬼混，就代表我們一定也有喝酒。我本來想告訴他事情不是這樣……如果他曾經想過要問的話。

道格與我們之間的情形都被其他人看在眼裡。我很早就發現了一個有關NBA生活的真理：球員幾乎沒有秘密可言。

「你又去外面玩一整晚了喔？」有一次麥可在練球時跟塞戴爾開玩笑，「現在你還帶著小皮和霍勒斯跟你一起去玩嗎？」

和彼此開開玩笑是很普通的事，而且也是不可或缺的一環。

然而道格和傑瑞卻沒有把它當成一個純粹的玩笑，而是把它視為一個訊息，暗示麥可並不滿意塞戴爾的行為。而讓麥可高興，永遠是當務之急。

道格覺得他應該有辦法控制我該如何安排自己的自由時間，他誤會大了。在父親中風後，我學會了凡事由自己做主。這些由我自己做出的決定，包括我選擇和哪些人打交道。到了現在，我也沒有要改變的打算。道格的擔心並沒有錯。無數名體育選手因為糟糕的判斷而浪費了上天賜予他們的天賦，並活在懊悔之中。

道格錯的是他擔心的方式。霍勒斯和我都是大人了。誰都不准用這種態度對我們發號施令，就算是我們的教練也不行。

我比任何人都清楚我的生理與心理狀態、何時該休息、何時該出門。如果我每天晚上都待在家裡，對自己和公牛隊都沒有好處。

道格最大的問題在於他總是設定雙重標準：麥可適用一套規則，其他人則適用另一套規則。他絕對不會告訴麥可在自由時間不該和什麼人出去玩。不管是在什麼情況、在場上還場下，道格都聽從麥可的話，這令我想吐。

道格曾經跟馬克・普菲爾說：「去問麥可想做什麼。」

他想做什麼？你跟我開玩笑吧？我真想插嘴：「道格，你才是芝加哥公牛隊該死的總教練，我們要做什麼是由你來決定，不是麥可・傑佛瑞・喬丹！」

察覺到自己擁有多大權力的麥可，充分地利用了他的權力。如果他有廣告要拍或是要去打高爾夫球，那練球時間就必須安排在他這些活動之間的小小空檔。如果練球拖得太久，道格也會乾脆地讓他早退。

最糟的是，比賽後隔天的訓練中偶爾會發生以下情形。

「麥可，你今天休息吧，」道格會這麼說，「去沖個澡。其他人，我希望你們立刻出現在球場上。」

他讓麥可休息的理由是因為他為了得到三十分或某個高分而消耗了太多體力。道格沒有考慮到，霍勒斯和我上場的時間幾乎和麥可一樣久，讓我們休息一下也是有益的。道格也沒有想到，麥可和其他人一樣並非完美。有些夜晚，他要投三十球或更多球，才有辦法得到這三十分。讓他花點時間調整投籃手感，也不是什麼壞事。

在一名教練把某名球員置於其他隊友之上時，他就會失去大家的信任，這名球員是誰不重要。我們在高中和大學時全都是明星球員，不是誤打誤撞才得到今天的成就。現在突然感受到自己被當成次等球員，是非常大的羞辱。

對道格來說，他的目標不是贏球，而是讓觀眾看一場他們想看的秀，也就是麥可・喬丹秀。不用懷疑，比起球隊贏球但麥可只得二十分的比賽，有些球迷更想看到球隊輸球但他豪取五十分。這樣他們隔天就可以在茶水間對朋友吹噓，說自己看到了麥可・喬丹獨一無二的最佳表現。

更重視紀律的教練絕對不會對陣中的明星球員做出如此讓步。你能想像派特・萊里（Pat Riley）允許派崔克・尤英（Patrick Ewing）為所欲為的畫面嗎？或是能想像葛瑞格・波帕維奇（Gregg Popovich）總是在當提姆・鄧肯（Tim Duncan）的應聲蟲嗎？別鬧了。

由於他對麥可的偏愛，道格阻礙了其他球員的成長，包括我。

我還算幸運，隨著日子一天天過去，我還是得到了成長，這大多得歸功於菲爾、泰克斯與自己強大的職業意識。然而那些沒那麼幸運的人呢？他們的職業生涯與人生會不會因此走上完全不同的道路呢？我們永遠不會知道答案。

＊＊＊＊

一九八八年三月，我經歷了一段十二次罰球十一球沒進的時期。大多時候，我在罰球線上的表現都遠遠不能以如機器般精準來形容。然而，這種表現實在差得天理難容。沒有人能查明是什麼問題導致我的罰球失靈。

不用說，我有錯，但不完全是我的錯。道格和麥可也得負一部分的責任。

在很多場比賽中，我幾乎沒有碰到球，這使我沒辦法維持節奏。霍勒斯和我聊過我們在場上跑過去、跑回來的樣子，就像是被車燈照到的小鹿一樣徬徨，不知道自己在幹什麼。有差嗎？反正球不會到我們手裡，只會傳給麥可。

我不是在說自己每場比賽要投十五、二十球。我不是名得分好手，那時還不是。

我需要的是碰到球。把球拿在手裡，哪怕兩、三秒也好，就能讓我感受到自己也置身在比賽之中。這是當我只能旁觀麥可一次又一次的投籃時沒辦法產生的感覺。

我乾脆拿張椅子和其他觀眾一起坐下來看球好了。

因此球真的在我因為被犯規而到了我的手上時——大新聞，我碰到球了——走上罰球線的我並沒有和往常一樣地有信心。

這季例行賽，我平均僅有七點九分與三點八籃板，沒能入選年度新秀隊。

我失望嗎？當然。

會灰心喪志嗎？不可能。

道格不讓我先發時，我沒有灰心過。我的背傷發作時，也沒有。麥可在場上把籃球打得像一個打五個的運動時，也沒有。

永遠不會。

我在一九八七年秋天加入芝加哥公牛時，天真得不能再天真。我本來以為成為一名職業籃球選手，代表的是你一天要練兩小時球，然後其他時間就可以休息。在加入公牛後，我學到了很多。如果你真的全心全意地投入到自己的技藝中，兩個小時根本不算什麼。練球結束後，你得繼續留在體育館裡好長一段時間，磨練你有待提升的技術，以及你以為不用再加強的技能。

即使是你不想練的時候也要練。在你不想練的時候，更要去練。

關鍵是要時時刻刻提醒自己，在人生中的此刻，世界上沒有任何事物比籃球更重要。

這代表你要做出犧牲，這些犧牲有大有小，幾乎都會令你感到痛苦。這就是為什麼它們稱之為犧牲，也是為什麼大多數的球員不願為籃球付出夠多的心力。他們本有機會可以在聯盟中打十五個年頭，甚至成為明星球員。然而由於付出的心力不足，他們永遠無法知道自己本來可以有多成功。我不希望這種事發生在我身上。

這代表我得放手讓凱倫離開，她已經成為我的妻子，並與我在去年十一月生下一個兒子安特倫（Antron）。我仍然和以前一樣深愛著凱倫，也為這個兒子的誕生感到興奮。我只是沒有時間當個好丈夫、好爸爸，而她和我越早明白這一點，對彼此而言都越好。在一九九〇年，離婚成為了我們的結局。

我把自己全心奉獻給另一個家庭，也就是我的隊友們。對於這件事，我沒有感到一絲後悔。我們花了很多時間與彼此相處，尤其是作客其他城市的時候。對身為新秀的我和霍勒斯來說，這是我們人生中第一次得到可以利用的自由時間和金錢。這是個絕妙的組合，也可能是非常危險的搭配。對我們來說，這兩者的結合在我們身上有了很好的影響，很大部分的原因得歸功於我們身邊有很多老鳥，他們都懂得怎麼享樂而從不越線。

在《最後一舞》中，那些被麥可說有看到在吸食古柯鹼與抽大麻的球員在我入隊之前就已經離開了。傑瑞．克勞斯把這件事處理得很徹底，有幾個人最後還進了勒戒所。

麥可在他剛進聯盟的時候甚至連酒都不碰，直到他在一九九五年從首度退休中復出後才開始喝酒。至於毒品，我更是從來沒看他接觸過，我發誓。一九八〇年代末，是毒品在NBA和社會風氣中最氾濫的時期，這句話充分地說明了我們休息室中平常是什麼樣的情況。

賭博的情形則不能與吸毒一概而論。

我們喜歡玩牌。在巴士上、飛機上、機場、旅館，到處都玩。我們最常玩的遊戲叫唐克（Tonk）。玩唐克的關鍵跟玩金拉密（Gin rummy）很像，都是要盡快出清手裡的牌。

玩牌的球員分成兩邊：賭大的大聯盟跟賭小的小聯盟。

麥克在大聯盟，這應該不令人意外。他總是在努力吸引更多人來大聯盟，這樣彩池裡的獎金就會提高，他就能把大家的錢贏個精光。「橡樹」也在大聯盟玩牌，我則是在大小聯盟間來來去去。即使是在大聯盟，玩一場牌最多也就輸個幾百或一千元而已。

總之，我們賭牌的目的不是錢，而是互相嘲弄對方、找點樂子。我們有發洩壓力的需要。

「你知道我差不多要把你給看透了吧。」一名球員會這麼說。

「少來，你才沒這個能耐咧。」

「噢，就是有喔。」

玩牌對麥可來說也是一個機會，讓他可以擺脫那些可能會在機場找他簽名的球迷。你無法想像找他簽名的人有多少，而且那個時候，還是他沒有像九〇年代中期那麼受歡迎的時代。

儘管我當時就知道我們永遠不會變成很熟的朋友，麥可和我還是處得還不錯。或許如果有用他在新秀球季給我的威爾森俱樂部套票和他一起去打高爾夫，情況會有所不同。但我懷疑事態會不會這麼發展，他生活在一個和我們其他人不同的世界。我常常這麼想：

如果這就是成名的生活，那我一點興趣都沒有。

包括耐克（Nike）公司的傢伙、開特力（Gatorade）、NBC電視台的阿馬・拉夏德（Ahmad Rashad）等人在內，大家都太寵麥可了，簡直把他當成暹羅的國王在寵。他是一名籃球選手。

我當時做了一個慎重的決定，並且從來沒有一次為此感到後悔過。我不會跟別人一樣為了讓他喜歡我而拚命地討好麥可・喬丹。只有藉由開拓自己的前路而不是靠著他的認可，才能發揮我身為一名球員的潛力。更重要的是，發揮我身而為人的潛力。

從我有記憶起，我的身邊就有十一個陪伴著我、無條件愛著我的哥哥姐姐，我從來不覺得自己有做些什麼去贏得別人喜愛的需要。

他們是我最好的朋友，以前是、現在是、永遠都是。

第六章 第一道關卡

我們在一九八七—一九八八年球季處於最佳狀態的時機可說是恰到好處，在最後十三場比賽贏得了十勝，以五十勝三十二敗的戰績與亞特蘭大老鷹在中央組並列第二，僅落後活塞隊四場勝差。這十勝中有七勝是在客場贏得的勝利，這給了我們不少鼓勵。客場的球迷對我們總是沒那麼友善。

我們取得這番成果的原因之一是山姆．文森（Sam Vincent）的發揮，他是球隊在交易截止日前不久從西雅圖交易而來的後衛。儘管山姆具備得分能力，但他的工作是把球好好送到麥可手裡，而他做得很棒。在這二十九場替公牛出賽的比賽，他平均傳出超過八次助攻。

為了引進山姆，我們不得不送走塞戴爾。沒有人感到驚訝。看到他離開我覺得有點落寞，雖然我們的關係從來就不像道格以為的那般密切。

我們在季後賽第一輪的對手是第六種子的克里夫蘭騎士。

騎士隊的陣容極具天賦。他們圍繞著一名年輕中鋒布拉德・道爾提（Brad Daugherty）打造球隊，他是一九八六年的選秀狀元。陣中還有擔任前鋒的賴瑞・南斯（Larry Nance）、「Hot Rod」約翰・威廉斯（John "Hot Rod" Williams）與後衛馬克・普萊斯（Mark Price）、榮恩・哈波與克萊格・伊洛（Craig Ehlo）。他們的教練是蘭尼・威肯斯（Lenny Wilkens），他在一九七九年帶領超音速贏得了總冠軍。

魔術強森曾稱這支騎士隊是「稱霸九〇年代的球隊」。魔術是個擁有許多天賦的男人，但他顯然沒有透視未來的能力。

我們在芝加哥體育館取得二比〇的領先，麥可打得簡直有如威爾特・張伯倫（Wilt Chamberlain）：第一戰獨得五十分，緊接而來的第二戰又狂飆五十五分。（他當然飆得了分，前兩戰他一個人總共就出手八十次，其他隊友加起來總共才投一百一十八次。）

騎士隊在克里夫蘭拿下接下來兩場的勝利，將麥可在這兩戰的總得分壓制在八十二分，使我們要回到芝加哥進行決定勝負的第五戰。當時的季後賽首輪是五戰三勝制。

在熱身時，我為道格在板凳上呼喚我上場的時刻做好準備。我覺得他都滿早派我上場的，除了第三戰之外。

布拉德・塞勒斯在這個系列賽並沒有特別卓越的貢獻。前四場比賽，我平均出賽二十五分鐘，這對一名替補球員來說是很長的時間。

只是我不再是一名替補球員了。

在跳球前半小時左右，道格告訴我，我將取代布拉德成為先發球員。

他一定是開玩笑的吧，我心想。整整一年我都沒有先發過一場，而且在第四戰過後的這三天，他也沒有流露出絲毫可能變陣的跡象。

別誤會，我不是倉促上陣，我已經準備好迎接挑戰了，儘管我當時和現在都想不通他調度的邏輯。為什麼現在，在我打了七十九場例行賽和四場季後賽的替補之後，在這場對當時的我而言可說是人生最重要的比賽中，道格要讓我擔任一個新的角色？

道格從未解釋過他的邏輯，他也不須這麼做。他是教練，我是球員。他叫我做什麼，我做就對了。我相信他擔心的是，身為菜鳥的我如果在一、兩天前知道在這一刻要接下這個任務，對我而言會是個太過沉重的壓力。

如果這的確是他的理由，那他就太不瞭解我了。把我蒙在鼓裡，是另一個透露出他有多麼不尊重我的訊號。我可不是在YMCA打球的小屁孩，我打了四年大學籃球，而且在大一球季打了一半後就一直是先發球員。

任何事都無法帶給我大到扛不住的壓力。

擔任一名先發球員需要一種和從板凳出發不同的心態。提醒道格一下：如果能讓我提前一天，呃，幾小時就好，讓我保持在這樣的心境中，會很有幫助。

結果，我表現得很好，得到了平本季個人得分紀錄的二十四分。我在場上投二十中十，並附帶六籃板、五助攻、三抄截。最重要的是，我們贏了，一百零七比一百零一，使我們的球季得以延續下去。

我們在第一節就挖了個落後十八分的大洞給自己，然後，儘管麥可的膝蓋有傷，還是在第二節找到手感、縮小落後的差距。在我從榮恩·哈波的手裡抄到球並上籃得分後，我們在第三節尾聲首次取得領先。騎士在最後關頭打出一波攻勢，但獨得三十九分的麥可命中兩記罰球後，令他們功虧一簣。

芝加哥的球迷們終於有值得慶祝的事了。公牛隊已經有七年沒能在季後賽中成為系列賽的勝者。

這只是個開始。

總之，我們在東區季後賽準決賽，要與底特律交手。

活塞顯然是更被看好的球隊。在第一戰，他們也展現出了能被大家看好的理由，將我們的得分壓制到僅八十三分，而他們得到九十三分。他們的中鋒比爾·藍比爾（Bill Laimbeer）表現優異，得到十六分和十四籃板。我表現得則與優異相去甚遠，只得兩分、三籃板。靠著麥可攻下三十六分與山姆·文森得到三十一分，我們在第二戰以一百零五比九十五勝出，追平系列賽。「橡樹」也有十分、十二籃板的貢獻。

在這之後，一切急轉直下。

在芝加哥，我們在接下來兩戰的得分都不到八十分。活塞分別以一百零一比七十九、九十六比七十七拿下第三、四戰。他們在第五戰讓我們解脫，一百零二比九十五，比賽結束。這年球季畫下句點，對我而言，這個結局唯一的好處是我可以讓背得到它急需的休息。活塞隊打得如往常般激烈，說得更精準一點是狠毒，如果你的身體不在百分之百的狀態下，它會是你最不想交手的球隊。每次切進籃下、每一次的活球爭奪，都更像是在打橄欖球而不是籃球。

十九世紀的德國哲學家弗里德里希・尼采（Friedrich Nietzsche）曾說，但凡不能殺死你的，最終都會使你更強大。尼采先生不認識比爾・藍比爾，這傢伙是個暴力狂。

不幸的是，休息並沒有讓我的背有所好轉，狀況還更嚴重了。

這就是為什麼我後來會去尋求薛佛醫生的第二意見，並被診斷出椎間盤突出。我需要動手術，這讓我很害怕。如果手術不順利的話怎麼辦？我的家人和朋友都警告我，不要讓別人在你身上動刀，受到永久性損傷的風險太大了。在韋恩教練把我踢出高中校隊後，我奮鬥了很長的一段時間才有現在的成就，難道籃球之神一直在玩弄我，就是為了讓我面對這個最殘酷的命運？

我的NBA職業生涯、我的夢想，將會在一個球季後就戛然而止嗎？

一九八八年七月，我拋開恐懼接受了手術。只要能擺脫這種痛苦，我什麼都願意做。它對我的生活造成太大的影響了。

根據醫生的說法，手術很順利，並認為我很有機會能完全復元。我自己不太確定，尤其是在前幾個星期，我沒辦法移動我的右腿，而且我的背仍然持續且劇烈地疼痛。他們對我保證，這是術後的正常反應。

他們站著說話不腰疼。危在旦夕的是我的未來，不是他們的未來。

我想到了羅尼和爸爸，以及他們日復一日地受困在輪椅上的情形。這會發生在我身上嗎？

我的腿慢慢地開始重新有了知覺。我從來沒有如此鬆了一口氣的感覺。每天我都在附近散步。有個人稱皮卡迪區（Picardy Circle）的地方，後面有個美麗的池塘。我繞著這一區走了一圈又一圈，後來我對這裡比自己家還熟。這六個星期，我唯一的運動就是散步。在我去找薛佛醫生回診之前，醫生都不准我坐進車子裡面。道格和傑瑞常常聯絡我，我很感激他們，而我的哥哥吉米在我大小事可以自理之前，都一直陪在我身邊。

現在回頭看，動了這個手術真的是上天保佑。不只是因為它減輕了我的疼痛並讓我的職業生涯重回正軌，也因為這個手術，我制定了一個新的訓練計劃，日後我也一直把它堅持下去。

每年夏天，不論我的背是否有傷，我都會在訓練營開始前進行兩個月的療程。在使腿部後肌保持放鬆狀態之餘，我也會鍛鍊脊椎附近的小肌群，這是人們常常忽視的部位。

這次手術發揮了提醒的效果。身為一名職業體育選手，你該注意的事永遠不嫌多。

照顧好你的身體。你不照顧它，它也不會照顧你。

即使如此，公牛依然得在我缺席的狀況下展開一九八八—一九八九年球季。我不是唯一一名不在陣中的球員，查爾斯．歐克利也不在，他在選秀前一天被送到紐約尼克，換來中鋒比爾．卡特萊特（Bill Cartwright）。

我知道NBA就是這麼運作的，球隊要求麾下的球員忠誠，卻很少以忠誠回報他們，而此前「橡樹」可以被拿來當作交易籌碼的傳聞早已甚囂塵上。不過就算是這樣，當這筆交易成真時我還是嚇了一跳。「橡樹」是第一個我很熟識且被球隊交易的隊友。球迷們只把我們當作一個大棋盤上的棋子，從來沒有想到我們在未經同意而被送到另一座城市時得被迫割捨的緊密情感。在其他領域的職場中，通常不會有這樣的情形。

試想一下，如果有一天你遇到這樣的情形會有什麼感覺。上班的時候，你的老闆告訴你：「嘿，強尼（Johnny），我很不想告訴你這個消息，但公司已經決定把你調職到水牛城（Buffalo）。你的飛機在八點起飛，祝你接下來的生活順利。」

我馬上打電話給「橡樹」：「嘿，兄弟，我很遺憾。真不敢相信他們把你拿去交易了。」

他也無法相信。

交易塞戴爾與這次的交易不能等同視之。他是名替補球員。替補球員，恕我直說，是可以犧牲的消耗品。「橡樹」不是替補，他是球隊的基石之一。

正如失去了球隊中最親密好友的麥可所說：「我們送走了全聯盟最會抓籃板球的球員，要怎麼彌補這個損失？」

好問題。

我們失去的不只是籃板球。「橡樹」以一種麥克永遠無法做到的方式在帶領整支球隊。每支球隊都需要一名像查爾斯．歐克利這樣的球員。一個願意為了你赴湯蹈火的人。在他離開時，「橡樹」批評球團沒有給他應有的尊重。我很清楚他的感受。

另一方面，我們也不得不姑且相信傑瑞．克勞斯一次。他可不是平白無故能在一九八八年成為NBA年度最佳總管的。

我們非常需要低位的得分。在那個時代，中鋒是個有份量的位置，優秀的長人也很多，像是哈金．歐拉朱萬、摩斯．馬龍（Moses Malone）、羅伯特．派瑞許、派崔克．尤英，當然，還有賈霸，即使已經四十一歲，他依然是一名很有威脅性的球員。

我們的中鋒是戴夫．柯辛（Dave Corzine）。願老天保佑他，但戴夫沒什麼威脅。

在一九八七—一九八八年球季，戴夫的平均得分只剛好超過十分，而且大部分的得分來自於禁區之外。這個問題在出戰底特律的系列賽中被前所未有地放大，在這五場比賽中，戴夫總共只得到二十五分。

不管怎麼看，比爾都將顯著地提升我們的中鋒戰力。他在尼克陣中最初的兩個球季平均得到超過二十分。我們球隊在一九八八年選秀會中挑選的第一名新秀、來自范德比大學（Vanderbilt）的威爾・普度，也是一名中鋒。同時，霍勒斯也正在成長為一名出色的籃板好手和防守者。他已經準備好接過「橡樹」的棒子了。

比爾的問題是他的耐戰力。他因為腳傷而缺席了整個一九八四—一九八五年球季，而隔年他只打了兩場比賽，再隔一年也只出賽了五十八場。

＊＊＊＊

一九八八年秋天，我們在新球季開始的表現不太順利，在芝加哥的開幕戰以十三分之差敗給活塞。霍勒斯只抓下兩記籃板。前兩個星期，我們的戰績是四勝四敗，活塞則是七勝零敗。比爾，說得委婉一點，不是我們低位問題的解答。他不太會接球，在被包夾時也找不到有空檔的隊友，也跟不上我們的速度，我們是聯盟中攻守節奏最快的球隊。

麥可不甚滿意。這句話也說得很委婉。

他告訴我們其他人，在比賽的最後幾分鐘不要傳球給比爾。比爾是個聰明人，他看得出來發生了什麼事。他氣得想把麥可給宰了，我覺得這不能怪他。

「那個混蛋，」某天麥可不在的時候，比爾如此說道。「我才不在乎那個混蛋怎麼說，把那該死的球傳給我啊。」

「我懂你。」我對他說。

同時，有消息透露我在十二月初前都沒辦法回歸戰線。

這個日期必須提前。我無法忍受自己連續兩年落於布拉德之後，並在板凳上浪費更多時間。我在板凳上已經坐得夠久了。

我在十一月十八日重返球場，在主場迎戰亞特蘭大老鷹。我們即將迎接一段漫長的客場之旅，因此在這個時間點看看我的背能承受多大的強度很合理。如果我的背在賽後還是會痛，就可以留守在迪爾菲爾德鎮的設施繼續復健，隨後再加入他們的遠征或是等他們回來。我在第一節還剩四分鐘左右時站上球場，覺得自己好像變回了菜鳥。

忐忑不安，好奇心，渴望證明我屬於這裡。所有的情緒夾雜在一起。

我原本覺得自己應該會在場上打十五或二十分鐘，最後打了三十五分鐘。道格問過我幾次會不會累，我不累，我活力充沛。每一次持球，每一次碰球，都讓我越來越適應比賽，簡直就像我從未離開過球場。那個夜晚，我最後留下了十五分、九籃板、五助攻的數據。

還有一記重要的抄截。

我們在比賽最後三十秒左右時還落後三分，摩斯．馬龍在衝向籃框時，我抄到了他的球。我們得分，並將對手的領先優勢縮小到一分，最終在延長賽拿下勝利。

我以平常心對待這場比賽，專注在掩護、卡開我對位的球員、製造進攻犯規等基本動作上，儘管每當比賽暫停時，我發現自己常常在回想那段手術後的日子，也就是那段我在與恐懼交戰時有贏有輸的時光。在場上來回奔馳時，不再有任何疼痛在脊椎中流竄，令我感受到了不可思議的喜悅。

十二月下旬，我們在主場出戰尼克時，我在罰球線附近跳投出手，投進致勝一擊。麥可切入籃下，但他的出手被尤英賞了火鍋，而在霍勒斯的補籃也失手後，我發現自己在正確的時間出現在正確的位置上。這時的我已經是先發球員，不再給布拉德任何翻身的機會。他後來在一九八九年六月被交易到了西雅圖。

即使贏下這場勝利，我們的戰績也只有十二勝十二敗，在中央區僅排第五。這個球季原本被寄予了厚望，但現在機會之窗正在悄悄關上。

我沒有要把太多原因怪在道格．柯林斯身上的意思。沒有把球投進籃框、沒有完成任務的人是我們，不是他。

然而，他還是那個原本的道格，而這對我們沒有幫助。在一支球隊陷入掙扎時，教練應該有耐心，確保球員繼續對自己有信心。不管先前一共輸了多少球，重要的是要在整個球季因此被毀掉之前從困境中脫身。

我們安然脫困，還好，在一月份締造一次六連勝，接著在下個月打出一波五連勝。

然而，這些勝利日後被證明是假象。在訓練營起便困擾著球隊的潛在問題並沒有突然煙消雲散。道格還是對麥可言聽計從，後者則持續在場上過於頻繁地出手，這令泰克斯不滿。

儘管你有辦法做出最花俏的動作並以有如「J博士」一般的風采把球灌進籃框，下次如果沒有傳球，泰克斯還是會對你生氣。比起華麗的個人動作，泰克斯更欣賞一記妙傳。在他眼中，其他動作跟這比起來都是「作秀」。

每天，他都會告訴我們：「不要做傻事。」

幫他翻譯：以正確的方式打球。

只因為你能靠運球擺脫防守者，並不代表你的這記出手是最好的出手選擇。最好的出手選擇，是把球交到在底角等球或空切到底線的人手裡。

然而道格並不聽泰克斯的話。

這是另一個嚴重的錯誤。想想看：有個像泰克斯．溫特這樣的人在你身邊，他以教練與導師的身分在籃球場上打滾了超過四十年，然而你卻不打算仔細鑽研他擁有的知識？拜託告訴我，這種道理在哪個世界說得過去？我們以前常說，泰克斯在籃球方面難得遺忘的見聞，知識量都多到我們學不完。重點是，這只不過是道格在NBA擔任總教練的第三個球季。他身為總教練的資歷不過如此，以上。

這兩個固執的人之間的衝突從來沒能解決，這不僅傷害了他們的情誼，也傷害了整支球隊。

對道格這位一九七三年的選秀狀元、為七六人效力時展示了出眾個人技巧的球員來說，籃球是項注重個人能力的競技。對從沒打過ＮＢＡ的泰克斯而言，它則是團隊運動。

道格希望麥可在任何情況下都能盡情揮灑。

泰克斯希望麥可把該死的球傳出去。

道格在全隊面前，會用你不敢相信的各種方式奚落泰克斯。

「你們今天有誰看到泰克斯出現嗎？」道格會這麼說。

而泰克斯就坐在不遠處。

我很替他難過。除了一顆才華洋溢的籃球之腦，他還擁有一個溫柔的靈魂。他不該遭受這樣的對待，這種事不該發生在任何人身上。

後來泰克斯在比賽中甚至不被允許坐在板凳區。練球時，他獨自站在體育館的一角寫筆記，這是一種多大的羞辱。有時我必須非常克制，才沒有一拳打在道格的嘴上，我很樂意為此支付罰款。

另一方面，泰克斯還是每天都來參加球隊訓練，就好像他們兩人之間沒發生過任何衝突。我不知道他怎麼做到的。

你可能會好奇，為什麼傑瑞・克勞斯不針對道格對待泰克斯的這種態度做點什麼？傑瑞十分敬慕泰克斯・溫特，也是把他帶進球隊的人。不管是球場上還是球場外的事，都逃不過傑瑞的眼睛。

我沒辦法給出一個很好的答案。不過，傑瑞最後的確對道格．柯林斯做了點事。

一些相當激烈的事。

同時，菲爾也在一天天地贏得大家的尊重。和我同一時間加入球隊的菲爾從最底層開始做起，他在教練團中的地位原本還次於泰克斯和另一位助理教練強尼．巴赫（Johnny Bach）。他不會在這個位置待太久的，他的知識量太大了，每個人都看得出這一點。

他還擁有一項道格再花一百萬年也無法掌握的技術。菲爾懂得溝通。

我印象最深刻的是他針對即將出戰的對手而做的球探報告。菲爾負責偵查的對象都是離芝加哥比較遠的球隊，而年長很多的泰克斯和強尼則是去比較近的地方。

菲爾的報告裡充滿了不計其數、大大小小的細節：

球員喜歡在球場上的哪一側發起攻勢、喜歡用哪一隻手運球，他們之中的哪個人可能不擅於在哪個區域防守，對手的教練在比賽不同的階段通常會使用哪些戰術。

能分享的還有很多。菲爾唯一沒告訴我們的細節就是對手早餐吃什麼，我確定他知道。

道格覺得自己的位置受到了菲爾的威脅，他會這麼想也在情理之中。

傑瑞不會把有著菲爾這樣的背景的人請來後，讓他永遠只當個助理教練。他曾在美國大陸籃球協會（CBA）這個曾經像是職籃小聯盟的聯賽中執教阿伯尼地主（Albany Patroons）並領軍奪冠，而在他的球員時代，也在效力尼克時拿過兩次冠軍。

一九八八年十二月中旬的一個夜晚，在一場作客密爾瓦基對決公鹿的比賽，道格遭到驅除出場。

菲爾接過他的職務，採取全場壓迫的策略，並給了球員在進攻端更大的自由，而不是照著道格喜歡的戰術打。道格每次練球時總是會想出一個新戰術來讓大家學，通常都是把前一場比賽對手用在我們身上很有效的戰術拿來依樣畫葫蘆。

由菲爾負責執教後，帶給了我們耳目一新的變化。我們在下半場的得分以六十六比三十八大勝公鹿，在客場揚長而去。

當道格發現菲爾的妻子瓊恩（June）在比賽中被安排坐在傑瑞與他的太太席瑪（Thelma）旁邊時，他大驚失色。他原本就已經如坐針氈，現在更是坐不住了。

他找上菲爾談了好幾個小時。道格很在意菲爾與傑瑞之間的關係會變得多緊密。事後證明，傑瑞常常和菲爾見面，藉此深入了解道格在工作上遇到壓力時會有什麼反應。

「他今天表現得如何？」傑瑞會這麼問菲爾，「在球隊輸球後他做了什麼？」

我想，答案應該不是什麼好話。

有一次，在一場苦戰失利後，道格在巴士上要司機停車。

「讓我下車，我到飯店再和你們會合。」

在一九八八—一九八九年球季，傑瑞在菲爾去邁阿密蒐集敵情時打電話給他。傑瑞擔心如果菲爾不在身邊，就沒有人能在道格脾氣暴走時拉他一把了。

「我希望你不要離球隊太遠，」傑瑞告訴菲爾，「如果這些情報真有這麼重要，你要去蒐集也得在休假的時候去。」

＊＊＊＊

在季後賽前的最後十場比賽，我們吞了八敗，以四十七勝三十五敗的戰績結束例行賽。這並不是我們想要的狀態。

有部分原因是出在我們的健康狀況上。霍勒斯的手腕有問題，同時布拉德、麥可、約翰·派克森和我都在處理各自惡化中的傷病。球隊在十二月從鳳凰城太陽交易來的得分後衛克雷格·哈吉斯（Craig Hodges），狀態也未達百分之百。

在這八場敗仗中，其中有兩場是輸給活塞、一場輸給騎士，後者將連續兩年成為我們首輪的對手。

騎士取得了長足的進步，他們贏得比前一年增加十五勝的五十七勝，而且我們六次與他們碰頭全吃下敗仗。布拉德·道爾提順利地成長茁壯，而馬克·普萊斯與榮恩·哈波的搭配，則成為了聯盟中最佳的後場組合之一。

魔術預言九〇年代將會是騎士的天下，說不定，九〇年代已經提前到來。也說不定，時候未到。

我們在克里夫蘭以九十五比八十八拿下首戰勝利，麥可拿下全場最高的三十一分。我得到二十二分，霍勒斯得到十三分、十三籃板。

在客場拿下一場季後賽的勝利，對我們來說是意義重大的一步。例行賽期間，我們作客的戰績是悲慘的十七勝二十四敗。在客場，你得在打球時更有智慧、選擇高命中率的方式投籃、避免不必要的犯規，並在每一次機會各半的球權爭奪中都打得比對手更拚。這四點我們都做到了。而普萊斯因大腿後肌拉傷而缺陣，也幫了我們很大的忙。

隨著他回歸戰線，騎士在第二戰扳回一城，以九十六比八十八拿下勝利。哈波則打得驚天動地，豪取三十一分、十一籃板、五抄截。來到芝加哥，兩隊在接下來的兩場比賽也各取一勝。

第四戰的落敗實在讓人難以下嚥。

在比賽還有九秒鐘時，麥可在罰球線上有機會將領先擴大為三分。他投進第一罰卻失手了第二罰，騎士接下來靠著道爾提的兩罰命中追平比數，並在延長賽拿下勝利，也讓系列賽要由在克里夫蘭進行的第五戰決定鹿死誰手。

這場比賽的結局，可能用不著我說，你也很清楚。

無論如何，事情經過是這樣的：

比賽最後三秒鐘，布拉德．塞勒斯把球發進場內，傳到好不容易擺脫防守的麥可手上。克雷格．伊洛（Craig Ehlo）正在防守他。麥可朝罰球線運了兩次球，然後高高躍起到空中，拉了兩次桿，然後在離籃框十八呎處出手。

球破網得乾淨俐落。

這場比賽，這個系列賽，就這樣被我們拿下。一名傳奇球星，也於焉誕生。

我沒有要針對「The Shot」說什麼壞話。我為什麼要這麼做呢？每次電視上播放這一球時，都會喚醒我心中最美好的回憶。鑑於當下的場面與情況有多危急，我想不出籃球史上還有哪名球員能做出和麥可一樣的表現。

這一刻真是不可思議，而且也將永遠令人難忘。

然而，在我回想起這個系列賽時，我關注的並不是麥可的英雄事蹟，而是想起芝加哥公牛作為一個團隊所取得的成就。若最終一路贏得總冠軍，這就是我們越過的第一道關卡。每支正在崛起的球隊，要達到這塊應許之地，就要跨過一道決定性的分水嶺。當你不再相信自己命中注定能成為一名偉大球員時，就是你知道自己沒能通過它的考驗的時候。

在下一個系列賽，我們花了六場比賽淘汰尼克。是的，又過了一關。

然後，在東區決賽的第一戰，我們爆出冷門，以九十四比八十八在客場擊退活塞。第三關也要被我們拿下了嗎？

沒這麼簡單。

藍比爾和其他暴徒們從逆勢中反彈贏得了第二戰，並在接下來的三場比賽中拿下兩勝，使得他們取得系列賽的三比二領先。我們的得分沒有一次突破一百分大關。他們的策略在過去這一年左右的時間中都沒什麼不同，也就是名聞遐邇的「喬丹法則」（Jordan Rules）。一九八八年四月，麥可在全國轉播的比賽中獨得五十九分羞辱了壞孩子軍團後，底特律的教練查克．戴利（Chuck Daly）便想出這個策略。

這個策略相當直截了當。只要麥可切進籃下，就派出二或三個人來對付他，把他壓倒在地。如果有必要的話，把他丟到火車前面也無妨。

重點是：不要讓他飛起來，為此不惜一切代價。一旦他飛起來了，就算了，讓他飛吧。根據他們的判斷，而且他們的判斷也沒有錯，一個球員再怎麼危險，也不可能隻手打敗五個人。或許這麼做可以贏一、兩場球，但靠這種方法沒辦法打贏一個七戰四勝的系列賽。

麥可並不是唯一的受害者。第六戰，在他們的明星控衛艾塞亞．湯瑪斯（Isiah Thomas）投進跳投替球隊取得二比零領先後不久，我在籃下被藍比爾的拐子打中了右眼。

這是個意外……我覺得應該是意外啦。但只要是這傢伙引起的事，沒有人能確定它是不是真的只是意外。

我被打得失去知覺。在坐回板凳上休息幾分鐘讓頭腦清醒過來後，我想要重新回到球場，但被醫生出言阻止。

即使我不在場上，我們在第四節初也一度從落後十分的逆境下急起直追，將比數縮小到僅有七十九比八十一落後。只是最終，沒有人守得住湯瑪斯。他得到三十三分，有十七分集中在第四節，活塞也以一百零三比九十四贏球。他們的板凳戰力就如同以往般地幫助他們度過難關，其中包括丹尼斯・羅德曼一個人就貢獻了九分、十五籃板。

我們失望嗎？

不完全如此。我們知道自己跟他們不在同一個水準上，至少現在還沒有平起平坐。

我們有天賦，這點無庸置疑。活塞隊擁有而我們沒有的，是一種知道什麼時候該保持耐心、什麼時候該積極進攻的感覺。這種智慧不是靠聽教練的指揮或是閱讀球探報告就能夠獲得的。你要有自己親身在重要比賽打球的經驗、體會過在關鍵戰役中落敗的滋味，才有辦法得到它。

＊＊＊＊

球季一結束，大夥便各自解散，從籃球中解放，也從總是與彼此在一起的生活中得到喘息。

從十月的第一個星期到隔年六月的第一個星期，我們花在與隊友相處上的時間，比花在家人上的時間還要多。

我搭上了飛往漢堡鎮的飛機，監督我買給父母的新家的建設工程。媽媽不太想搬家，所以我請人美化了周遭的景觀，在這塊地上蓋了一棟更大且走牧場風的房子，以及一個新的庭園和給其他家庭成員住的家。

七月初，從芝加哥傳來了大新聞：

道格．柯林斯下台了。

我已經漸漸習慣了隊友被交易的情形，但球隊撤換總教練則是完全不同的感覺。不管大家怎麼看這個人，他好歹也是一名剛剛帶領球隊打進東區決賽的總教練。這種事真的有可能發生嗎？

噢，是的，就是有可能，而且我越想就越覺得：他們怎麼拖這麼久才換？

對麥可百依百順、在球迷面前公開批評球員、在場邊跑來跑去，這些作為都不能把十二個擁有不同個性的人整合成一支爭奪總冠軍的球隊。在新球季開始時，我們陣中將有第六順位的史戴西．金恩、第十八順位的B．J．阿姆斯壯與第二十順位的傑夫．桑德斯（Jeff Sanders）三名首輪新秀，這可能也是個決定性的因素，道格並不是個擅長培養球員成長的教練。

即使如此，我並沒有敵視道格的意思。這些年來，每次遇到他，我都會祝他過得平安快樂。只是若論及誰能把芝加哥公牛帶往下一個層級，那答案就不會是他，而是菲爾．傑克森。當傑瑞・蘭斯朵夫和傑瑞・克勞斯將這個任務交給菲爾時，我一點都不意外，也相信沒有人會感到驚訝。

我不記得一九八九年秋天、我們在訓練營集合時，菲爾跟大家說了什麼，但我依然能清楚地記得當時的感覺。

一切都將有煥然一新的風貌。

芝加哥公牛將會成為一個團隊，而不再是麥可・喬丹秀了。

第七章 來自虛空的禪師

菲爾在他打球的時代並不是一名明星球員，差得遠了。

在一九六七到一九八〇年，他出戰了八百零七場例行賽，幾乎都是替尼克效力，而且大多是從板凳出發。菲爾就是我們所說的配角型球員。在尼克，他的任務就是挪動他粗壯的身軀去爭搶每一個球權。他搶到的球超乎預期地多，而他的身體也為此付出了代價。

紐約陣中有不少球員有辦法把球投進籃框，像是威利斯．里德（Willis Reed）、華特．佛雷澤（Walt Frazier）和厄爾．孟羅。但這還不夠。就像每一支想爭奪總冠軍的球隊一樣，尼克需要能打硬仗的球員，而這就是菲爾和陣中精壯的大前鋒戴夫．德巴薛爾（Dave DeBusschere）在每個夜晚所扮演的角色。

尼克在一九七〇年和一九七三年贏得總冠軍，兩次都是擊敗湖人，他們以無私聞名。過去五十年來，沒有一支球隊在傳球的意志上比他們還要堅定。他們的比賽是籃球該怎麼打的範本。他們在個人與團隊防守上的表現，同樣值得一看。

菲爾認為，公牛隊絕對有辦法打出與當年的尼克隊相仿的風格。

進入一九八九—一九九〇年球季，有些事情在等著我們解決。儘管我們是支優秀的球隊，卻還沒有優秀到足以擊敗活塞。幸運的是，菲爾這兩年在球隊擔任助理教練並親眼目睹道格做錯了什麼（這個問題的答案可以由他親手填上），他從第一天起就十分清楚應該實行哪些應變措施。

最重要的變革是說服麥可要少得一點分，才有辦法幫助球隊獲得成功。這簡直就像要畢卡索（Picasso）少畫幾幅肖像畫。

除了威爾特．張伯倫之外，麥可在籃球這項運動中堪稱史上最佳得分手。任何一種指出麥可並沒有著迷於這個頭銜的說法，都實在把他講得太客氣了。他擔心進攻方式的改變，將讓他無法發揮出……麥可．喬丹的本性。過去三個球季，他都是聯盟中的得分王，平均分別可得三十七點一、三十五點零與三十二點五分。

這些分數有很多是他靠著單打或快攻得到的，我們其他隊友都跟球迷一樣為他的表現驚嘆不已。

如今，他將必須透過一套戰術體系來得分，這需要一個不存在於他字典中的詞彙：信任。他必須相信他的隊友會在他想要球時把球傳給他，也必須相信他們會在因他自己被包夾而跑出空檔時有辦法把球投進。在他眼中，問題是出在其他人身上，他們的表現沒有好到值得他信任。

以比爾・卡特萊特為例。自從麥可告訴我們不要在關鍵時刻把球傳給比爾後，已經過了一年了，而這段期間似乎沒有任何事能讓他回心轉意。

如果麥可的目標是像魔術強森和「大鳥」柏德這兩位主要假想敵一樣贏得總冠軍，就必須相信他的隊友。如果他一場比賽還是出手二十五次左右，或許還是有辦法繼續在比賽中獲勝，繼續贏得得分王寶座和年度MVP（他在一九八七—一九八八年球季拿到了一次）。

但他就沒辦法贏得一枚冠軍戒指。

從第一天起，泰克斯就希望我們能打三角戰術。只有道格不愛，菲爾和傑瑞・克勞斯都對這個戰術很有信心。

如果菲爾在偶爾與傑瑞私下會面時，在傑瑞心中留下了由他來執掌球隊的話會實行三角戰術的印象，那我一點都不驚訝。昔日尼克在菲爾的前教練「紅頭」霍茲曼（Red Holzman）執教下打出分享球權的風格，這個戰術與它的概念極為類似。

所以，它跟三角形到底有什麼關係？

首先，這個名字起源於位處強邊的三名球員所連成的三角形。所謂的強邊，就是球當下所在的那一側。

一開始學這個體系，會覺得它很複雜。無怪乎我們花了一年半的時間才把它弄清楚，甚至有些球員更從來沒有搞懂過。

當然，它跟我們平常的打法不同，我們通常是交由控球後衛決定要執行哪一套戰術，三角戰術不同，是一種根據對方擺出的守備陣勢進行應變的打法。

舉例來說，如果防守方封鎖了把球傳到底角的動線或是運球切入的機會，便自然而然會給我們其它的進攻選擇。

你的工作便是以近乎本能的方式理解到有哪些進攻選擇，而這正是它之所以令人困惑的地方。你在引誘防守方掉進陷阱。多年來被稱作三重低位進攻（triple-post offense）的三角戰術，用拳擊術語來說，就是完美的反擊拳（counterpunch）。

三角戰術從根本上偏離了我們過去在這項運動中所學到的打球方式，因此有很長一段時間，除了麥可之外也還有其他人對它能不能發揮效果抱持著懷疑的態度。如果這套戰術真有如此神乎其技，為什麼其它球隊沒有採用？

在過去，球員只要注意他們自己在場上的位置，現在，他們將要注意其它人在球場上的位置，這兩者之間有很大的區別。

不管是誰，在三角戰術中持球時，就必須扮演著像是美式足球中四分衛的角色，得迅速地理解對手的防守策略並找出有空檔的接球者。在貫徹這套戰術時的目標，是讓球場上的每個人都能以同樣的思考模式觀察對手的防守陣勢。如果有人觀察的角度和其他人不同，你知道的，就一定會有問題產生，有可能會把球傳到不對的人手裡，或是移動到錯誤的位置。如此一來，就會消耗到進攻時間，只好以低投籃命中率的方式出手投籃。

現在要說它的優點：一旦你融會貫通，三角戰術就能製造出絕佳的進攻機會。每場比賽的目標，是要盡可能地製造出防守者鞭長莫及的出手機會。我們總是對自己說，在每個回合，只要把球傳三次後，防守陣型就會開始崩潰。

我們一開始很明顯地無法參透這套戰術體系。大家很難適應在接到球後不用運球的概念。傳球的時候，防守方便有如安插了一個內鬼，總是很清楚地能察覺到球要傳到哪裡去。

我們就像是開了一輛爆胎但沒有備胎可用的車。

在前半個小時的訓練中，泰克斯會一個接一個地講解基本動作，這個場景讓我覺得自己好像回到了高中時期。

雙手胸前傳球、地板傳球、傳球到內線、傳球到肘區。

在某些練習中，他不准我們運球。他想看到球的傳導與球員的跑位，其它都不重要。泰克斯相信自己常掛在嘴邊的四傳哲學。

這代表我們每回合在有人出手前，至少要先傳四次球。

我們到底是一支職業籃球隊，還是在翻拍《火爆教頭草地兵》（Hoosiers）電影的演員？

我一直在等，看金．哈克曼（Gene Hackman）*什麼時候會現身。

我們練習從球場上的每個位置傳球，體會我們中的某人可能會在比賽中被守得動彈不得而不知道該如何是好的情境。

泰克斯解釋，在一場典型四十八分鐘的比賽中，包括麥可在內，給一名球員持球的時間最多只有四分半鐘左右。如果只給他這麼點持球時間，人們自然會認為麥可在場上就沒有那麼大的危險性。

這也是錯的。他在無球跑動時繞過隊友的掩護、在節奏中接到球、做好進攻準備的時候更危險。

因為其它球隊都習於防守持球狀態的麥可，並為此制定了計畫。防守無球的他更是難上加難，尤其是在換防後，防守他的球員就會從原本負責盯防他的人切換成上來協防的人。而麥可最多在持球五秒之內，就會決定要跳投出手、切入禁區還是傳球給隊友。他不像詹姆斯．哈登（James Harden）持球時間長達十或十二秒。

有時我看著在休士頓火箭打球時的哈登，看到他在離籃框二十呎遠的地方不斷運球，都覺得在浪費自己的生命。看得我真想對電視大喊：「看在老天的份上，詹姆斯，別運球了！」

在一九八九—一九九〇年球季開始時，我們輸掉了一些本應能贏的比賽。在十一月結束了七場的客場之旅後，我們的戰績是不上不下的七勝六敗。

學習三角戰術跟學外語的感覺很像。就在我們自以為已經掌握到訣竅的時候，又會開始遇到麻煩。我們之中出現了少許希望菲爾應該要改變心意、不要採用三角戰術的聲浪。現在我可以明白，為什麼道格總是不願意做出改變了。

菲爾一點都沒有要放棄的意思。

「我們會一直打這個戰術，」菲爾告訴我們，「而你們要做的就是搞懂這個戰術要怎麼打。」

透過全然投入於反覆操練，我們終於辦到了。

大家越來越能有信心地找出防守漏洞，做決定前不會再過於猶豫。我們在十一月底到隔年一月初間拿下了十四勝三敗，或許是因為贏球，才使我們成為了三角戰術的信徒。也或許是因為我們相信這套戰術體系，才使我們能成為贏家。誰知道？誰在乎？

不管是哪個原因，我都愛上了三角戰術。

場上的每個球員在每個回合幾乎都能碰到球，無論是否最終是由自己出手，都能感覺到自己也是進攻中的一環。透過一同努力，我們學會了珍惜與信任彼此。相信彼此並為彼此犧牲的球員，才是能贏得冠軍的料。

菲爾會提出有建設性的建言。他不會在球迷或隊友面前羞辱我們，而是把球員拉到一邊，或

＊ 譯註：《火爆教頭草地兵》的導演。

是要一名助理教練來解釋我們做錯了什麼。我感受到自己被當成一名球員的尊重，更重要的是，感受到他有把我當人看。

我不太認同他引進球隊的某些禪學，像是燒鼠尾草或是讓我們閉上眼睛冥想。

抱歉，菲爾。我知道你這麼做是出於善意，只是對我這種鄉下小孩來說，它的奧秘實在是超出了我的理解範圍。

他每年送給我的書，我也都沒有讀過。

另一方面，我完全同意他強調的籃球是一個團隊，不是獨立個體的集合體。這超越了戰術的範疇，也是菲爾．傑克森給芝加哥公牛帶來的最大貢獻。

他將我們串聯在一起，打造成一個團隊。

比起單純地直接從飯店移動到球場進行訓練，他偶爾會把一些其他行程加進來，像是帶球隊造訪華盛頓的著名景點或是參觀自由女神像。與隊友在球場之外相處時所花的時間，在足夠與過量之間有一條細線。菲爾過去也當球員當了好幾年，他知道這條界線在哪裡。

至於戰術方面，泰克斯在訓練時負責進攻，防守端則交由強尼．巴赫負責。

在我們建立的這些豐功偉業中，強尼並沒有因此獲得他應有的讚譽。他之前和道格的關係很好，但菲爾並沒有因此讓他離開教練團。他做過許多明智之舉，這稱得上是其中之一。強尼極受球員愛戴，而且對防守的熟稔程度不會輸給聯盟中的任何人。他能在其他球隊行動之前察覺到他們要做什麼。

菲爾信任泰克斯、強尼和另一位助理教練吉姆．克萊蒙斯，他們在做份內的任務時，菲爾總是讓他們放手去做。不是每個NBA的教練對別人都這麼放心。

菲爾的背痛帶給了他很大的困擾，他不能在同一個地方站過太久。他在球場周圍走來走去，時不時提出一個能讓我以全新角度思考自身角色的建議。我學會怎麼自然而然地融入比賽的節奏，如果沒有好機會，就不要勉強行動。我再也不會沒頭沒腦地直闖籃下，而是會善用急停後從中距離跳投出手。

我們的訓練常常比正式比賽打得還激烈。身為先發球員，麥可和我常常同隊，藉此培養我們的默契與執行力。有時，菲爾會派我去和板凳球員組成一隊，和麥可、霍勒斯與其他先發球員對抗。

我喜歡這項挑戰，而且我並不孤單。

即使只是訓練又怎麼樣？只要能打敗擁有麥可的球隊，對板凳球員來說就是個證明自己的機會。在他們真的獲勝的時候，便會信心百倍。我相信這就是為什麼在一九九二年總冠軍賽第六戰，球隊在第四節打出一波驚人的攻勢時，他們能夠在這種重要時刻有所表現。在那個關鍵的三、四分鐘壓倒拓荒者的組合，就是偶爾在練球時能擊敗麥可那一隊的成員。他們知道自己辦得到。

我防守他的策略沒有什麼祕密：

迫使他遠離籃框，把他逼進所謂的**協防區域**，也就是另一名防守者能在換防後來補防的地帶。他可是麥可．喬丹，他不會傳球的。他也用同樣的方式在防守我。透過防守彼此，我們在進攻方面都獲得了成長。

菲爾並沒有把我們逼太緊，尤其是在大家的年齡邁入三十大關後，他更是會把大家的腿力保存到重要的時刻。

每一次訓練都有它的架構，每一個動作、每一項訓練也都有其目的。

「認真訓練，用最短的時間訓練，讓訓練產生效果。」他對我們這麼說。

這就是這個人另一個聰明的地方。在比賽開始時，我們迫不及待地想釋放出一直被抑制在體內的能量。

儘管他堅信著三角戰術，對菲爾而言，還有另一個更加無可動搖的信念，那就是贏球才是最重要的。

這代表著，如果在一場激烈比賽中的第四節不該拘泥於傳球和跑位，他也會放下他對三角戰術的堅持。球隊的進攻方式將會改回道格執教時期的打法。

翻譯一下：意思是球給麥可，其他人滾一邊去。

在大多時候，這對已經花了三節半的時間專注於應對三角戰術的對手而言是個麻煩。現在他們被迫突然全盤改變策略，改成專注於阻止一名球員。而這傢伙，可不是個普通人。

祝你好運。

＊　＊　＊　＊

一九九〇年一月，我首度獲選進入全明星隊，成為東區明星隊的七名替補球員之一，與「大鳥」柏德、派崔克．尤英與多明尼克．威金斯（Dominique Wilkins）等明星球員一起打球。當然，麥可也在。我興奮得不能再更興奮。

心中也充滿了感激。

一九八八年夏天，我在進行背部手術時並沒有想到自己有一天能打明星賽，我當時只希望自己能繼續打球就好。

明星賽在邁阿密舉行。我得到四分，附帶一籃板、一抄截、一阻攻。我這個週末最精彩的表現出現在灌籃大賽，我得到第五名。我的第一灌是從罰球線起跳灌籃，這讓我博得滿堂彩，也讓我在滿分五十分的評分中得到四十七點二分。第二灌，我試圖完成一記難度更高的三百六十度灌籃，但失敗了。噢，沒關係，光是能和足以名列史上最強灌籃高手之一的多明尼克同台競技，就已經很令人滿足了。

在那段時間，我和麥可還有進行另一項較量，那是我們某天想出來的比賽：比誰一整季抄到最多球。我們認為這會是一場有益無害的比賽，是一個能讓我們更專注在防守上的方法。

菲爾不這麼認為。他認為抄截的數據最終算在誰的身上，並不代表他就是製造出這次抄截機會的人。更重要的是，每次你逮到機會想要進行一次賭博性抄截而最後沒有成功時，球隊就可能會讓對手得到大空檔的投籃機會或是運球切入的空間。

他說得很有道理。我後來發現到，不管在什麼情況下，這都永遠不會是一場公平的對決。不是因為麥可是個更好的防守者。天啊，不是這個原因。而是因為麥可更擅於引導人們照著他想要的方向去做。從一九八七年的第一次季前訓練營到一九九八年最後一次的勝利遊行，我看著諸如此類的情況再三發生。

具體情形如下：

假設我干擾到球，然後把球拍給他，這個抄截應該算在我身上，對吧？並不是。通常，這記抄截會在數據表上被歸在他的名下，而我對此無可奈何。

某天晚上，一名記分員在比賽結束後走進休息室，把數據表交給菲爾和教練團。這張表上記錄了每名出賽球員的得分、籃板、助攻、抄截、阻攻、失誤等數據。

我不敢相信，我看到那傢伙對麥可使了個眼色，就像在說：「看吧，麥可，我們幫你搞定了。」

難怪在我們當隊友的九個完整球季間，我的平均抄截數只有兩個球季比他還高。即使如此，抄截也無法完全呈現出一名球員在防守端的影響力。在我心中，我在個人防守和團隊防守上的表現都毫無疑問地比麥可還好。不用說，由於媒體都覺得麥可是不會有瑕疵的，因此他每年都能競爭年度最佳防守球員獎，我卻沒辦法。

我被視為防守端的領頭羊，是指揮大家在防守時該怎麼站位的球員。我低沉的嗓音與這項任務完美契合，也夠大聲，能讓隊友們在球迷與場上對手的噪音中聽到我的聲音。有些聲音在這番鼓譟中是傳不出去的。

在球場上溝通得順暢於否，通常就會成為勝敗之間的分水嶺。你必須在對手上前掩護時提醒隊友注意背後的情形，或者若有某個隊友在換防時沒跟上他負責防守的對象，你就必須幫他補位。

我們球隊的防守講求的是相信彼此，這一點就和三角戰術一樣，或許比三角戰術著墨的還多。強尼．巴赫過去常說我們的防守是在一條線上，意思是每個人都和其他四個人連在一起。舉例來說，如果在防守打擋拆的對手時，後方補位的球員沒有移動到正確的地方，那麼整個防線就會崩潰，並很可能讓對手得分。

如果這種事在比賽中偶爾發生個一兩次，那還忍得下去。但如果頻繁發生，你就不會再信任這個人了，而這就會引發問題。

我並不是要貶低三角戰術的重要性，但這些年來，我們是靠著防守才能建立起如今的地位。我們採取全場壓迫時，並不一定是要迫使對手失誤，而是為了消耗對手的進攻時間。在他們終於準備好發動戰術時，留給他們的時間可能只剩十或十二秒，而不是十六或十八秒了，這通常會讓他們在這回合只能選擇以低命中率的方式出手投籃。

比起進攻，我更喜歡防守。相較於投進最後一擊，我更喜歡扮演守住對手最後一擊的角色。以正確的方式防守，往往能粉碎對手的精神層面。對手像隻無頭蒼蠅迷失自我的樣子，真是幅美麗的景色。

在防守時，我可以當「老大」，這是我在進攻時永遠無法擔任的角色。在一支擁有麥可．喬丹的球隊，這根本不可能發生。

我扮演的另一個角色，和我的好兄弟霍勒斯．葛蘭特有關。那陣子他不太快樂，這麼說還算輕描淡寫了。儘管他打得很好，但表現卻達不到麥可要求的高標準，誰達得到？而麥可對待隊友的方式與那部《ESPN》紀錄片中不斷呈現的畫面別無二致，麥可也不吝於讓他知道這一點。

至於霍勒斯，則是我所見過對輕視態度最為敏感的球員，無論這種態度是真實存在還是只在他的想像之中。他甚至比我對道格給麥可的差別待遇更不滿。一九八九年，在一場季後賽中敗給活塞後，麥可和霍勒斯發生了相當激烈的爭執。

錢也是一個問題，而且他會因此不高興也有非常充分的理由。

霍勒斯當時一年只賺三十二萬美元，他的年薪比除了艾德・尼利（Ed Nealy）和查爾斯・戴維斯（Charles Davis）之外的隊友都還要低，而這兩人的出賽時間遠遜於他。

一九九〇年四月，霍勒斯不再忍耐，公開提出交易請求。霍勒斯會感受到自己不受尊重的理由完全站得住腳。年僅二十四歲的他已經是聯盟中頂尖的大前鋒之一，而且他只會一直進步下去。

季後賽正要開鑼，這事發生的時間點不能再糟了。

如同以往，我在他的身邊支持他。我跟他說，屬於他的超級加薪日始終有到來的一天，而不論麥可對他有多麼苛刻，休息室裡包括菲爾在內的其他人都知道我們沒有他就拿不到冠軍。很快地，他便不再要求球隊交易自己了。事實上，這陣子我和霍勒斯已經開始漸漸疏遠了起來。雖然這還不足以造成嚴重的裂痕，但我們之間出現了對彼此和隊友們來說都顯而易見的變化。

我們在一九八七年秋天來到訓練營時，他和我在我們各自的旅程中都處於相似的位置，我們都希望能在這項我們喜愛的運動中打出名堂。在我們的新秀球季與第二年球季，這樣的情形都沒有改變，我們之間的連結依然緊密。

在第三季，一切都變了。

我成為一名明星球員，並在記者與球迷心中提升到僅次於麥可的水準。霍勒斯覺得自己被忽視了。身為一名雙胞胎——他的兄弟哈維（Harvey）在華盛頓子彈隊打球——他覺得人皆生而平等。每當我和麥可一起打牌，儘管我覺得這只不過就是個牌局，卻被他覺得是一種背叛。他覺得我想變成一個跟麥可一樣的人（be like Mike）。*

我沒有想變得像麥可一樣。我只是想和從麥可到板凳末端的每個隊友打好關係。就如菲爾對我們耳提面命的那樣，如果我們想要達成在一九八八與一九八九年都失敗的目標，就要每個人都能有所貢獻。

那就是打敗該死的活塞隊。

* 譯註：Be Like Mike是開特力在首次與喬丹合作推出廣告時的經典口號，原意為鼓勵其他人像喬丹一樣追求偉大，但顯然此處皮朋所說的像喬丹一樣並不是什麼好話。

第八章　使命必達

這一年來的變化真大。

我們以正旺的氣勢朝著一九九〇年季後賽邁進。自二月中起，我們打出二十六勝七敗的戰績，其中包括兩次九連勝。

我們以前所未有的效率在執行三角戰術，而在第四節，當比賽陷入危機時，麥可便會接管戰局，這個任務也只有他辦得到。球隊在一九八九—一九九〇年球季例行賽中贏得五十五勝，這是理查・尼克森（Richard Nixon）入主白宮後的隊史最多勝紀錄。然而這些勝利目前還不能代表什麼，如果沒能挺進總冠軍賽，那這個球季就算是以失敗收場。

在我來到芝加哥的前兩年，我們已經學到了夠多的教訓。現在是時候輪到我們來給別人上課了。

在五戰三勝制的季後賽首輪，我們在第四戰淘汰密爾瓦基公鹿，每場比賽都得到至少一百零九分。在第一戰，我締造生涯首次季後賽大三元紀錄，得到十七分、十籃板與十三助攻，還有三抄截與三阻攻的貢獻。

目前一切都進行得很順利。

接下來我們要出戰的對手是查爾斯．巴克利領軍的費城七六人，他後來會在一九九二年與一九九六年夏季的奧運中和我一同為國出征，並在休士頓火箭和我當一個球季的隊友。我們在主場拿下前兩戰的勝利，最後在第五戰將七六人淘汰出局。

這個系列賽的詳情我記不太清楚了，我當時有重要性遠大於籃球的事要操心。

第二戰前不久，我的哥哥打電話給我，跟我說爸爸只剩二十四小時可活。這並不是個讓人意外的消息，他的健康狀況已經有好長一段時間都處在持續衰退的狀態。我趕到阿肯色州的醫院時，父親的臉上掛著餵食管，也不知道我人到了現場。隔天，他便以六十九歲之齡離開人世。

失去他帶給我沉痛的打擊。自從中風後，他便難以繼續積極參與我人生中的大小事。然而他仍然是我的父親，而每次家裡有人告訴我他正在電視上看我比賽時，對我來說都有著重大的意義。我只希望在那最後的幾個鐘頭，能夠在這最後一次的機會中讓他知道我有多麼愛他。

我沒有在漢堡鎮停留太久。我的隊友們需要我。全隊正朝著贏得總冠軍的目標前進，而活塞隊將是我們的下一關。

我們已經準備好對付他們了。麥可不再是一名想靠自己一個人贏得比賽的球員，我們已經變得更強，成為活塞此前在季後賽中不曾見過的公牛隊。體能更優異，更能打硬仗，更有紀律，我們已非昔日吳下阿蒙。

或者我們本來是這麼以為的。

活塞在底特律贏得前兩戰。第一戰，麥可得到三十四分，但在第四節只投進一球、得到三分。約翰．派克森在訓練時扭傷了腳踝，他只打了十六分鐘且一分未得。我們的替補後衛B．J．阿姆斯壯在二十九分鐘的上場時間中只攻下四分，而且五次的失誤次數比他僅有兩次的助攻還多。最後的比數是八十六比七十七。

我並沒有要把錯都怪在B．J．身上的意思。我們會輸不是他的錯。這對一名新秀來說是個十分困難的挑戰。

第二戰，我們在半場打完落後十五分，全隊大概都想得到回到休息室要被罵了。我們的確被訓斥了一番。罵我們的人是麥可，不是菲爾或教練團的其他成員。

賽後媒體在報導時指出他的咆嘯是針對隊友，不過麥可也聲明自己應該為我們無力的表現負責。無論他開轟的對象是誰，他說的話都響亮且清晰地傳達到了。我們在第三節反撲，甚至一度取得領先。在季後賽中，每支球隊都希望能在客場二連戰時偷得一勝，而我們還有機會達成這個目標。

但我們領先得不久。在去年總冠軍賽橫掃湖人的活塞決心衛冕，以怒濤之勢反擊，並以一百零二比九十三拿下勝利。這支球隊的無名英雄、得分後衛喬・杜馬斯（Joe Dumars）獨得全場最高的三十一分。怒氣未消的麥可什麼話都沒有跟媒體說就離開了休息室，我覺得這不能怪他。

儘管如此，現在還不到慌張的時候。活塞隊做好了他們該做的事：保住發球局。

如今輪到我們了。

在芝加哥體育館連贏兩場，就能扳平系列賽。我在訓練時感到很放鬆，還把一隻橡膠蛇丟到麥可身上，他跟以往一樣嚇了一跳。麥可怕蛇怕得要死，我常常買玩具蛇，一有機會就把它們放進他的櫃子。他臉上的表情有夠經典，看得我笑到停不下來。

我們在第三戰第二節的表現可讓人笑不出來，壞孩子以三十二比十九輾壓我們。第三節，他們一度領先十四分，艾塞亞打得很好。如果我們不快點振作起來，那該慌張的時候就到了。我們最後成功反擊，麥可在這一節得到十三分，我也替球隊挹注十二分，並在第四節壓下活塞的反撲氣焰，以一百零七比一百零二贏球。

前兩場比賽，我被年度最佳防守球員丹尼斯・羅德曼擾亂了思緒。

羅德曼是個擅於移位與預測對手下一步的專家，我不該讓他影響我。第三戰，我打得更加積極，拿下二十九分、十一籃板、五助攻。我們在上半場打出了窒息式防守，這是我所見過最有壓迫性的防守表現，只讓底特律得到三十五分。現在，系列賽戰成平手，對兩隊來說一切又要從零開始。

這個均勢只維持了大概四十八小時。

在第五戰，輪到他們打出窒息式防守，將我們的投籃命中率壓制到只有百分之三十三。麥可和我總共出手三十九次只進十二球，球隊也以八十三比九十七落敗。比賽接近尾聲時，或許是因為挫折感太重的緣故，我在藍比爾切入籃下時抓著他的脖子把他了扯下來。當我們在芝加哥打得這麼拚命後，我原本期待隊友們與自己能有更好的表現。

我們又陷入了這個局面，連續三年在對決活塞的系列賽被逼到淘汰邊緣，而不論我們的教練是誰或跑什麼戰術，對他們來說似乎都沒什麼影響。或許純粹是因為他們太強了。

別急啦，小皮。

第六戰，靠著另一次頑強的防守以及克雷格·哈吉斯本季新高的十九分，我們以一百零九比九十一拿下一場毫無懸念的大勝。霍勒斯也貢獻良多，抓下十四記籃板球。不過我們也為這場勝利付出了代價，派克森在首戰前就已經存在的腳踝傷勢在此役過後變得更加嚴重，使他在第七戰只能高掛免戰牌，這是個重大的打擊。

在第七戰，我們還有另一名球員也沒有出現，就是在下。

噢，我有上場，對，還出賽了全隊第三多的四十二分鐘，僅次於都打了四十五分鐘的麥可與霍勒斯。然而那個穿著三十三號球衣的傢伙並不是史考提·皮朋，他是個冒牌貨。

賽前十五分鐘左右，我的頭在熱身時開始抽痛，視線也變得模糊了起來。

「燈光有問題嗎？」我問隊友，「是不是比平常還暗啊？」

他們說沒有，燈的亮度很正常。

我跟訓練員要了一點阿斯匹林。我的頭在前一天也有點痛，不過幾個小時後就好了。我在比賽當天起床時覺得休息得很充分，已經準備好上場比賽。

準備好替芝加哥公牛拿下首次NBA總冠軍賽之旅的門票。

我在雙方即將跳球時來到場上的瞬間，頭痛欲裂，眼睛也眨個不停，偏頭痛的症狀朝著我席捲而來。

或許我應該告訴菲爾讓其他人代替我上場，讓一個能幫助球隊的人上場，而不是派上一個會拖累球隊的人。為什麼我沒這麼做？因為我是一名職業運動選手，而忍痛上陣對職業選手來說是家常便飯，更不用說是像這麼重要的比賽。不要忘記，在一年前與底特律交手的系列賽最終戰，不論對方是否刻意為之，我都因為吃了藍比爾一拐而不得不脫離戰線。我寧死也不願再讓我的隊友們失望。

儘管如此，我們有一個不錯的開始，並在第一節打完時以十九比十七取得領先。然而這是活塞所擅長的低比分膠著戰，在這種節奏下打球，我們勢必會被追上。

在第二節，他們怎麼投怎麼進，投籃命中率高達百分之八十二，我們則只有百分之二十一。半場打完，他們領先十五分。我們在三節比賽打完後將落後的差距縮小到十分，然而最後仍未能威脅到他們的領先優勢，最終比數為九十三比七十四。

直到現在，我對這場比賽的印象都還是很模糊。

我只記得我的視覺判斷力一直在變差，我可以看見我的隊友在哪，但沒辦法判斷他們離我多遠，也沒辦法看清進攻計時器上的數字。在每次暫停時，我都會拿一條冰毛巾包在我的頭上，希望能夠因此令疼痛神奇地消失，但沒有任何效果。

我就像個在每個回合之間的休息時間等待鈴聲的職業拳擊手，一旦鈴聲響起，就得繼續回到擂台，讓對手繼續修理我。如果這場比賽真的是一場拳擊賽，那裁判在第一回合就會宣告比賽結束了。我整場比賽十投一中得到兩分，我甚至不知道自己是怎麼投進那一球的。

賽後的休息室就像太平間一樣。我們在一九八九年輸給活塞時，雖然灰心，但沒有這麼令人崩潰，和這次不一樣。

我不是在說如果派克森沒有傷到腳踝、我沒有偏頭痛或是十三投三中的哈吉斯和八投一中的B．J．手感沒這麼差的話，公牛隊就會贏球。只不過，我們第一次真的有了問鼎冠軍的機會，而它現在消失了。

活塞知道如何在季後賽中不斷取勝，我們還在學習當中。

傑瑞．克勞斯在休息室中大發雷霆。「不會再發生這種事了，」他告訴大家，「我們可以表現得更好，明年我們要打敗這支該死的球隊。」

我想傑瑞的立意是好的，只是球員們當下的心情根本聽不進去。麥可也說了幾句話，他對年輕球員特別嚴厲：「你們每天都要去重訓並精進自己的球技，若你們不能挺身而出，我們便過不了這一關。」

在去機場的路上，他在巴士上哭了出來。這是他第六個沒能挺進總冠軍賽的球季，他可不是為了這樣的結果而在一九八四年成為職業球員後與公牛簽約的。

同時，媒體則把我當成了砲轟的對象。一名記者甚至暗示偏頭痛是我裝出來的，指出我的症狀「沒有相關腫脹或敷藥包紮的公開資訊，只不過是皮朋的片面之詞。如果皮朋在前三場來到奧本山宮殿球場（The Palace of Auburn Hills）的季後賽沒有持續表現得這麼平凡，那這句話的可信度還不會那麼低。」

誰在乎媒體說什麼？反正我不信。自從我在新秀球季的背痛加劇，而他們選擇站在管理層那一邊後，我就不相信他們了。芝加哥的記者和道格沒什麼兩樣。麥可破天荒地替公牛隊的新聞報導賦予了意義，而且也讓沾到光的他們顯得重要了起來。

既然有麥可來當英雄了，那就有人要來當狗熊，想猜猜看他們選了誰來當這個角色嗎？

另外，我從來不覺得自己需要向這些「專家」證明什麼。我唯一需要向他們證明些什麼的對象，就是休息室裡的隊友。他們和我付出了相同的犧牲，並年復一年地嘗到同樣的挫敗。

即使如此，我還是不禁思索，**為什麼我會偏頭痛？而且為什麼挑現在發作，在這麼多可以挑**

的日子，居然挑上了第七戰的下午？

我回顧了過去二十四小時我做的每一件事，並沒有想到什麼不尋常的地方。我吃了晚餐、看了一部電影，然後就上床睡覺了。我有一瞬間想說該不會是食物中毒，但也不是。

幾天後，我的頭還是有在搏動的感覺，醫生便幫我安排一次腦部掃描。有哪裡怪怪的，我擔心我的頭裡有腫瘤。

掃描顯示沒有異常，感謝老天。

所以，我又重新開始思考，為什麼我會偏頭痛？

一種解釋是或許從我父親死後，這幾個星期以來產生了對我來說太大的壓力。我不會排除任何可能性，不管是什麼原因，我確定偏頭痛會纏著我很久很久，而且我的預感是對的。超過三十年後的現在，我還是在過著會被人們關心頭痛不痛的生活。

而我不僅因為偏頭痛缺席比賽，一年前也曾因腦震盪而未能上陣。

在連續兩場背水一戰、兩場都是關鍵的比賽發生這種事，有人會說，不管我有沒有合理的理由都無關緊要，結果就是我都沒能與隊友在場上生死與共。對許多球迷來說，這不可能是巧合。

也有人表示了同情。那年夏天，有許多人跟我說他們自己也患有偏頭痛，而我能在球場上打那麼久（四十二分鐘）實在很不簡單。我很感激他們的鼓勵。這段時間對我而言，稱不上是什麼輕鬆寫意的時期。

＊＊＊＊

我們在星期天輸掉這場與活塞對決的第七戰。

星期二，我人就來到了重訓室。

我的頭還是會痛，但我的心更痛。你可以說是想復仇，也可以說是想雪恥，都隨便你。我迫不及待地要回來訓練，而我不是唯一這麼想的人。

通常在一個球季結束後，球員會與教練團會面，討論他們在下一年須要加強比賽中的哪些面向，然後就放暑假了。

今年夏天不一樣。

大家一個接一個地出現在重訓室，隔天如此，後天也是。這樣的情形維持了好幾個星期。這不是某個教練或球員提出後、其他人響應的想法。

是每個人在同一時間得出的同一個結論：

如果我們要擊敗活塞，就得更努力一點，而且不能等到十月的訓練營後才開始努力，而是始於足下，從現在開始。

下一次，在羅德曼、藍比爾和其他壞孩子試圖推開我們時，我們會強壯得讓他們難以如願。不是要降低我們的格調來和他們用一樣的方式打球，這是他們想要的結果。我們將專注於打出我們的風格：展現出我們是更有技術且更具運動能力的球隊。

在訓練時，我們做了一些比鍛鍊力氣更重要的事，就是與彼此同心協力，打造一支更有團隊精神的球隊。

菲爾試圖藉由三角戰術、冥想以及反覆灌輸萬物一體論的方式來營造這個氛圍。某種程度上，他成功了。我們比在道格．柯林斯執教下打球時更加團結。然而，直到在第七戰敗給活塞後，我們這些球員自願為了團隊獻身，才真正地開始結合在一起。

任何羈絆都需要信任。相信你的隊友會出現在他應該出現的地方、相信他能在跑出空檔時把球投進、相信他會在對手甩開你的防守時幫你補防。

相信他願意犧牲一切，只因為他和你有一個共同的目標：贏得總冠軍。

＊　＊　＊　＊

一轉眼，一九九〇——一九九一年球季已經要開始了。

除了補進兩名關鍵球員之外，球隊陣容沒什麼變動：上季效力於亞特蘭大的大前鋒克里夫．雷文斯頓（Cliff Levingston）以及上季在紐澤西打球的丹尼斯．霍普森。雷文斯頓在面對羅德曼和藍比爾時不會退縮，他正是我們需要的人才。霍普森在前一季效力籃網時，平均一場能攻下近十六分。這兩名球員肯定會令我們的板凳戰力更加厚實。

在訓練營中，我們討論了在整個季後賽中確保主場優勢的重要性。如果第七戰是在芝加哥而非底特律舉行，我相信不管我的偏頭痛有多麼嚴重或是哈吉斯和B・J・投籃落空了多少次，我們都能打進總冠軍賽。球迷會支持並期望我們能夠贏得勝利。

我們希望能取得一個好的開始，然而事與願違。

例行賽一開始就吞下了三連敗，分別輸給費城、華盛頓與波士頓，而敗給費城與波士頓的比賽是在我們的主場進行的。塞爾提克在比賽進入第四節時落後十一分，但後來反敗為勝，贏了兩分。我們最後十一次出手有八球沒能命中。

我還沒完全擺脫偏頭痛的影響，那是精神上的陰影。我坐在板凳上時，總是在擔心我的頭可能隨時痛起來。這種恐懼一連好幾個月都沒有消失。

我煩惱的不只這個，還有我在現有合約中的處境。

我很沮喪，沮喪到曾經一時興起地想過乾脆在訓練營缺席幾天。我的經紀人勸我不要這麼做。我的年薪遠低於行情，只有七十六萬五千美元。我知道這聽起來是一大筆錢，事實上也的確如此，但和我同等級的球員賺到的錢比我多很多。瑞吉・米勒（Reggie Miller）在與溜馬簽下的第一份合約的最後一年領到六十五萬四千美金，接著他的年薪提升到了三百二十萬美金。替塞爾提克效力、已故的瑞吉・路易士（Reggie Lewis）的年薪也從四十萬漲到了三百萬。

這種好事輪不到我。我的老闆是傑瑞・蘭斯朵夫。他不會多給我一毛錢。

更扯的是，我賺的錢比我的隊友史戴西・金恩還少，他是個板凳球員，而且這只不過是他的第二個球季。他的年薪是一百萬美金。史戴西的前景看俏沒錯，但是，一百萬？你在跟我開玩笑嗎？這些年來，我因為把自己和管理階層之間的問題搬上檯面而飽受批評，我說不定是要求交易次數最多的隊史紀錄保持者，但一名職業籃球選手能賺大錢的機會稍縱即逝，你很可能在發覺前就已經錯失良機。

無論如何，隨著日子一週週的過去，零勝三敗的展開變得好像是好久以前的陳年往事。十二月底，我們的戰績是二十勝九敗，在同組只落後公鹿一場勝差，也只落後分區第一的塞爾提克三場半。

二月初，我們做好了本季第二次作客底特律出戰活塞的準備。

在十二月他們以一百零五比八十四擊潰我們的比賽中，十六投二中僅得四分的我，表現得就像那場第七戰一樣糟糕。只是這一次，我沒有任何藉口。我能夠掌握隊友與我之間的距離感，也看得清楚進攻計時器上的數字，我只是沒能把球放進籃框。

此番在宮殿球場與活塞二度碰頭，我有著無與倫比的動力。

如果我的表現還是像前兩次一樣，人們就會合理懷疑我是不是真的被底特律的球迷和丹尼斯・羅德曼嚇到了。作為一支球隊，公牛還有很多目標要證明。忘了我們其他的手下敗將吧，若我們不能在這座球場擊敗這支球隊，便會令眾人懷疑我們到底是不是真正的強隊。

比賽進行到只剩近三分鐘的時刻，這些疑慮看起來將會膨脹到前所未有的程度。活塞領先四分，而且他們陣中的最佳球員艾塞亞・湯瑪斯還因手腕傷勢缺陣。在麥可跳投沒進後，霍勒斯掌握了本場比賽最重要的一記籃板球，並將球回傳給麥可，讓他製造了一記三分打。下一波進攻，他又製造了兩罰的機會，幫助我們取得領先，而我們再也沒有落後過。最終比數：九十五比九十三。

我在投籃時毫不猶豫，最終斬獲二十分、八籃板。

丹尼斯算老幾？

現在，如果我的合約也能這麼輕鬆地搞定就好了。公牛在十月時保證他們會在聖誕節前解決我的問題。好的，聖誕節到了，也過了，但聖誕樹下什麼禮物都沒有，只有更多無法兌現的諾言。我是陣中第二好的球員，薪資待遇在球隊中卻只排第六。如果這不是一種不尊重，那我不知道什麼才是。

就在交易截止日前，我明確地表達了我的立場：善待我，不然現在就交易我。

同時，傑瑞・克勞斯正在遊說來自南斯拉夫（Yugoslavia）的六呎十一吋前鋒東尼・庫柯奇（Toni Kukoc）赴美，把他捧成了「大鳥」柏德的接班人。公牛把本來可以付給我的錢，都留給他們在一九九〇年選秀會第二輪選中的東尼。幾個月後，東尼決定現階段還是繼續留在歐洲打球。

傑瑞還是那個傑瑞，總是對自己沒有的更有興趣，不管是球員還是教練都是如此。

媒體把我說的話渲染成一件大事，他們會這麼做我也不意外。我本來可以更謹慎地選擇我的用詞，這是當然的，而且我公開發難的舉動對這件事也沒有幫助。我很徬徨，也不知道自己還能做什麼。

不論是當時還是以後，我都不希望自己被公牛交易。我只是試圖讓他們把我應得的錢付給我。看到這裡的人們可能會大翻白眼，但我是認真的。

我愛我的隊友，我愛芝加哥。對我來說，每一座城市都遠遠比不上它。如果我真的想離開，相信我，我可以給球隊惹出更多麻煩。看看像是安東尼．戴維斯（Anthony Davis）和詹姆斯．哈登等現役球星是用了哪些手段令球隊陷入別無選擇、只能將他們送走的處境吧。

沒過多久，隨著交易截止日過去，這個風波也就過去了，暫時平息。

二月二十三日，在公牛坐鎮主場以一百二十九比一百零八力克黃蜂的比賽，我十七投十六中，攻下職業生涯新高的四十三分與六抄截、六助攻。我這個球季表現得十分精采，甚至比前一年還要亮眼。

那麼，為什麼我沒有入選明星隊？

一種解釋是，我的偏頭痛尚未獲得人們的諒解。

就好像我的頭快要爆炸是我的錯一樣。另一種解釋是，這是我因為開季慢熱而受到的制裁。

不管是哪個原因，從此以後明星賽給我的感覺就不一樣了。對我來說，它只是一場人氣投票，就這樣。

總之，我們在戰勝黃蜂的同時締造了九連勝，在三月初被溜馬以二十一分之差擊敗前，我們贏得了十一連勝。我必須補充，那場敗仗，霍勒斯未能上陣。

可以說，我們並沒有因為輸了這場球而難過太久。

三天後，隨著戰勝公鹿，我們又打出一波連勝，直到連贏九場後才告終。這令我們的戰績提升到了五十勝十五敗，足足領先艾塞亞還沒能歸隊的活塞十場勝差，也在我們望眼欲穿的第一種子爭奪戰中領先塞爾提克一場半。不久後，我們就拿下了分區第一，並以六十一勝二十一敗的戰績刷新隊史紀錄。

芝加哥公牛將在季後賽中承受外界的壓力，這還是頭一遭。

儘管來吧。

第九章　第一支舞

魔術數字，十五。

再拿十五勝，我們就能成為一九九一年NBA的總冠軍。菲爾在休息室裡的白板寫上了一個潦草的十五，要我們不注意到它是不可能的事。

每當我們贏下一場比賽，他就會把原有的數字擦掉，寫上新的。這是他確保我們不會以為自己可以一步登天的方式。

我們第一輪的對手是由派崔克·尤英與前隊友查爾斯·歐克利領軍的紐約尼克，「橡樹」比誰都更想在我們面前扳回一城。我有時候會好奇在他離開公牛時心裡有什麼感覺，我也會好奇道格·柯林斯是怎麼想的。他們可能都不願意放下尊嚴承認這件事，但在想起自己錯過了什麼的時候，他們的內心深處應該都為此煎熬著。他們兩人加起來的總冠軍戒指數，是零。

尼克沒有半點機會。

我們以四十一分之差拿下首戰，尤英的犯規次數（五犯）幾乎跟他的得分（六分）一樣多，然後我們只花三場比賽就橫掃了他們。

接下來的對手是費城七六人，他們的表現比尼克好一點。

他們拿下一勝，我們贏得四勝。

現在白板上的數字變成了八。

我們更急切地想看到的數字變成四，因為要再拿四勝，我們才能在東區決賽跨越壞孩子這一關。我們在例行賽比他們多贏十一場球。那又如何？直到有人把他們打趴之前，他們都還是冠軍。

這並非易事。

首先，艾塞亞在因腕傷缺席三十二場比賽後回歸了，他是聯盟中最頂尖的控衛，僅次於魔術強森。

我在大學時是他的頭號球迷。艾塞亞是一名能讓人看得血脈賁張的球員。跟莫・齊克斯相似，他個子不高，只有六呎一吋，能夠隨心所欲地切入籃下。從遠處看他打球，他給我的印象是一個認真打球的人。

天哪，我錯了。

從近距離觀察他打球，我才發現他是有多髒的球員，也很會講出一些失禮至極的發言。就以一九八七年東區決賽他們出戰塞爾提克的第七戰為例，他當時就說「大鳥」柏德是一名「非常、非常棒的籃球選手」，但如果他是黑人，就只算是「另一名普通的好球員」。這位「另一名普通的好球員」，現在已經進名人堂了。

儘管如此，仍然處於巔峰的艾塞亞必定會帶給我們麻煩。再加上杜馬斯、羅德曼、藍比爾和另一名有天賦的長人詹姆斯．愛德華茲（James Edwards）以及包含得分後衛「微波爐」文尼．強森（Vinnie “the Microwave” Johnson）、馬克．阿奎爾（Mark Aguirre）與約翰．塞利（John Salley）在內的優異板凳戰力，這注定會是個漫長的系列賽。

至少第一戰和第二戰會在芝加哥進行，這還是頭一遭。

首戰，活塞把全部心力放在阻止麥可上並收到了效果。他在場上十五投僅六中，還發生六次失誤。以前要是麥可打出這種表現，就代表我們一定要輸了。

現在跟以前不一樣。

替補球員救了我們，他們得到三十分，讓球隊能以九十四比八十三輕鬆獲勝。不再是菜鳥的B．J．得到九分，雷文斯頓得八分、普度得六分。六投三中的哈吉斯也得了七分，這與他在去年第七戰的表現有如天壤之別。順便讓大家看看現在籃球賽演進得和過去有多大的不同，哈吉斯投進的這球三分是全隊在這場比賽中投進的唯一一球三分球，我們全場也只在外線出手了五次。

現在有些球隊在外線出手的次數可能在唱完國歌之前就超過這個數字了。

看當代的球員，尤其是史蒂芬・柯瑞（Stephen Curry），在外線開火對我來說是一種享受，而且三分球開始流行前的往日時期也已經一去不復返了，就像是現在也不可能再取消二十四秒進攻時限的規則一樣。

但是另一方面，現在三分球太過氾濫，這很不幸。在我那個年代，三分球就像是一把匕首般的暗器。

大家在第二戰再度發威，以一百零五比九十七再拿一勝。

在比賽開始前，麥可收下了今年球季的MVP獎盃，這是他生涯第二次獲獎。他接著證明了為什麼他是當之無愧的MVP，攻下三十五分並送出七助攻。我們的替補球員再度發揮作用，不僅在關鍵時刻把球投進，也在防守端繳出優異的表現。在前兩戰中，活塞一共只領先三分二十秒。各位，這就是所謂的一切都在掌控之中。

就算是這樣，這個系列賽還遠遠沒有結束。這支活塞隊是群鬥士，他們會戰鬥到最後一刻，而且現在要回到宮殿球場、他們的球迷面前打球，我們以前在那裡打比賽，都會打出一場災難。

這一次，我們的表現沒有受到影響。

第三戰，麥可表現得超群絕倫，攻下三十三分、七助攻與五阻攻。我自己的表現也並不差，得到二十六分與十籃板。霍勒斯貢獻十七分與八籃板，幸好公牛沒有如他所願地把他交易到別的球隊。一九九〇年夏天，他們與霍勒斯簽下一份六百萬美金的三年延長合約，可以說這項投資有了回報。

現在這個系列賽已經大勢底定了。沒有一支球隊能從零勝三敗的逆境中反敗為勝。兩天後，結果正式出爐：公牛一百一十五分，活塞九十四分，我們終於打敗了壞孩子，而且是以最大快人心的方式打敗他們，也就是橫掃。

當然，人們對這場周一下午在奧本山宮殿球場的比賽最深刻的印象，不是比賽本身。在比賽還有七點九秒時，數名活塞球員離開板凳區，從我們身邊經過並走回休息室。不等計時器響聲、不和我們握手、不恭喜我們表現得很棒，也沒有祝我們在總冠軍賽好運。沒有半點尊重。零互動。

換個角度來看，這種幼稚的行為，正是我們覺得一支由艾塞亞．湯瑪斯和比爾．藍比爾率領的球隊會幹得出來的事。他們沒辦法接受我們是更好的球隊以及他們君臨東區的時代已經結束。他們的時代沒有在一九九〇年就畫下休止符，算他們運氣好。

在《最後一舞》中，艾塞亞宣稱活塞的作法並不稀奇。他說塞爾提克在活塞即將在一九八八年東區決賽擊敗他們時，也做了相同的舉動。

「在那個時代，」艾塞亞指出，「你輸了，就離開……只是沒有流傳至今罷了。」

我不敢苟同。這絕對不是什麼沒有「流傳至今」的行為。

塞爾提克在最後幾秒時離場，是因為底特律的球迷開始衝進球場。塞爾提克在客場打球，活塞不同，那時可沒有人衝到場上。我們在一九八八、一九八九與一九九〇年輸給活塞後，和每個人握手，並祝他們在下一輪好好表現。

「這是運動家精神，」麥可在紀錄片中指出這一點，「不管你承受了多大的痛苦，都要保持風度。相信我，這真他媽的難熬。」

同意。

自從我的球員時代結束後，我與艾塞亞再也沒有交集，以後也會是如此。幾年前我在佛羅里達州（Florida）的某個活動與他巧遇時，沒有和他說過一個字。

二〇二〇年春天，紀錄片正在上映時，艾塞亞對我們宣布休戰的狀態很感興趣，便找上B．J．阿姆斯壯，接著後者就打了電話給我。

「你會想和他聊聊嗎？」B．J．問。

「兄弟，你在跟我開玩笑？自從我進入聯盟後，他從來沒有想跟我打好關係過。為什麼我現在會想和他見面？」

艾塞亞不是笨蛋。他比誰都清楚自己在《最後一舞》中的形象有多差，而且這也沒有冤枉他。我不打算讓他好過。

回到第四戰的比賽本身，我們在第二節領先八分時，羅德曼在我切入籃下時用雙手把我推出界外。真髒，毫無疑問，即使以他的標準來看也是如此。當時被罰了五千美元的羅德曼若在現代的NBA打球，會被驅逐出場並禁賽數場，也可能受到更重的處罰。我的隊友們衝來我身邊確認我的安危，我沒事，只不過是讓我下巴留下一道要縫六針的傷口罷了。

如果我立即起身去找羅德曼算帳，那就會把比賽搞得一團亂。反之，我坐在地上，回過神後，冷靜地回到球場。看我表現得如此平靜，隊友們也不想引發任何爭端，事情也因此往比較好的方向發展。假如我們報復回去，便正中活塞的下懷，比賽就會充滿更大的肢體動作，而這正是這些傢伙喜歡的比賽方式。

我們沒有反擊，他們便不知道該如何應對，於是他們就沒招了。

這一天對我個人而言也是個重要的日子。

十一個月前，我在同一座球場上只得到兩分。兩分。不管我有沒有偏頭痛，這都是我生涯中一個不能磨滅的污點。在這場比賽的一年前，我因為腦震盪而離場所造成的一切也已經覆水難收了。這兩個缺憾將會跟著我一輩子，直到我離開人世的那天。

至少現在有了別的回憶會跟著我。在第四戰，我得到二十三分並貢獻十助攻、六籃板與三抄截。

賽後在巴士上慶祝的場景，我將永生難忘。只有傑瑞・克勞斯在走道上跳舞的畫面是例外，我希望能把這件事忘掉。

撇開玩笑話不談，打敗底特律的感覺就像是拿到冠軍了一樣。整個例行賽，我們都把這支球隊視為目標，而不是西區諸隊。

我們的球迷興奮到了極點。星期一晚上，我們在歐海爾機場（O'Hare）著陸時，人們在圍欄旁列隊為我們歡呼。

大家都很感動，但我們還遠未完工。

這就是為什麼在當時的情況下，沒有人比菲爾．傑克森更適合擔任我們的教練。菲爾總是對我們耳提面命，告訴我們正在旅行，而這個旅程在我們贏得總冠軍之前都沒有結束。他常常把他在一九七三年效力尼克時贏得的總冠軍戒秀給我們看。

各位，想要一枚戒指嗎？那就上場去把它拚回來。

我們很有信心，這毫無疑問，但我們並不自大，而這兩者間有著很大的不同。有鑑於這支球隊在接下來的十年所取得的成就，人們很容易忘記，在一九九一年六月，我們還不是那支銘刻於人們心中的公牛隊，只是一支希望能實現夢想且飢渴的球隊。

白板上的數字，變成了四。

＊＊＊＊

以前羅尼·馬丁和我在漢堡鎮松樹街的球場上單挑時，並非總是想像自己是「J博士」、莫·齊克斯、「大鳥」柏德或「天勾」賈霸。

有時候，我也會想像自己是湖人六呎九吋的控衛，也就是魔術強森。他和「大鳥」柏德攜手在一九八〇年代初期將NBA帶領到一個全新的境界。魔術是籃球運動中前所未見的控衛，在比賽中，他能夠洞燭機先。我研究他打球研究了很多年。當球員要以麥可為榜樣？我比較想當魔術。

現在，我可以就近研究他。

湖人，抱歉，波士頓球迷，曾經是聯盟中最耀眼的球隊，他們在一九八〇年代贏得五座總冠軍。他們在八〇年代取得的成就，是我們在九〇年代渴望達成的目標。

這支湖人靠著魔術以飛快的速度在場上推進，替詹姆斯·渥錫（James Worthy）、麥可·庫柏（Michael Cooper）與拜倫·史考特（Byron Scott）找到輕鬆出手的機會，打響了舉世聞名的「Showtime」招牌。在他們沒能藉由快攻得分時，便會把球交到低位的賈霸手裡。天勾，他的獨門絕招，是不可能被守住的。

不過我們現在身處於九〇年代，「Showtime」的時代已經過去。

「Slowtime」（慢半拍時刻），才是更適合當代湖人的說法。魔術已經三十一歲了，不再能像二十幾歲的他一樣在球場上飛奔。賈霸已經退休，庫柏也已經轉戰義大利。

儘管如此，由渥錫、史考特、山姆・帕金斯（Sam Perkins）、A・C・葛林（A.C. Green）與瓦萊德・迪瓦茨（Vlade Divac）打出的半場進攻依然非常有效。湖人在一九九〇—一九九一年球季贏得五十八勝，只比我們少三場，並在六場比賽中擊敗第一種子的拓荒者而從西區脫穎而出。魔術在那個系列賽表現得驚天動地，平均攻下二十點七分、十二點七助攻與八籃板。

我們必須以最佳狀態迎戰。

不過，對將轉播總冠軍賽的NBC電視台來說，這不是芝加哥公牛與洛杉磯湖人的對決，而是麥可・喬丹與魔術強森的較量。每則廣告都把他們放在最前面與正中央，卻忽視公牛與湖人其他成員的存在。報紙上也都以同樣的角度在描寫這次的總冠軍賽，《芝加哥論壇報》（Chicago Tribune）有則頭條報導還下了個這樣的標題——《昭昭天命：麥可戰魔術》。

他們忘了最重要的一點。直到我嚥下最後一口氣之前，我都會一直強調這件事，籃球是團隊運動而非個人競技，並且也該從這個方向來推廣這項競賽。

此外，麥可和魔術打的不是同一個位置。魔術不會親自防守麥可，你等個一百萬年也等不到這一天。

在芝加哥體育館舉行的首戰，定於一九九一年六月二日展開。

慢慢地走上球場準備熱身的時刻，讓我想起第一次在NBA出賽的日子，一切都看起來既新奇又刺激。有幸站上這個舞台的球員一定很清楚我的意思，而那些沒能做到的人則永遠無法體會這番箇中滋味。

第一戰，麥可在第一節就得了十五分。他似乎想讓魔術與整個西半球的人看看誰才是最強的球員。然而，我們僅以三十比二十九領先。麥可有心的話可以攻下五十分，但他不可能以一己之力贏得這場比賽。

同時，魔術則打出了⋯⋯魔術的風範。

只要有隊友跑出空檔，就算只是一瞬間，魔術也能以最完美的節奏將球送到他的手裡。我敢發誓，這個人的後腦勺長了眼睛。他也在關鍵時刻做好他的本分，投進了幾記好球。在第三節結束前，他貢獻的兩顆三分球替球隊取得七十五比六十八的領先。

要守住魔術對麥可來說太困難了，應該要由我來對付他，只是麥可不想把這項任務拱手讓人，此事攸關他的面子。魔術在第四節前段休息了一下，我們在這時打出一波十比零的攻勢，取得三分領先。魔術坐回板凳的時候，就是湖人有麻煩的時候。一旦他回到場上，接下來的比賽又重新變得緊張了起來。

最後二十三點五秒，落後兩分的湖人握有球權。

在麥可的防守下，魔術在接近弧頂的位置運球，隨後把球傳給三分線外有大空檔的帕金斯。賓果！

湖人突然取得九十二比九十一的領先，此時比賽只剩最後十四秒鐘。我們喊了暫停，每個人都知道最後一擊會交給誰來出手。麥可在第二節與第三節一共只得到八分，但比賽進入第四節後他獨得了十四分。

我把球發進場內。麥可朝著籃框切入，在重重防守中，他把球傳給籃下的霍勒斯。這球被拍出界外，球權還在芝加哥手上。

我們再喊一次暫停，比賽還剩九秒。

球回到麥可手上，他在離籃框十七呎遠處得到一個絕妙的機會，當下的情形跟他在出戰喬治城大學時助隊贏得NCAA冠軍的那一球很像。

球在他出手的瞬間劃出優美的弧線。

結果並不美麗。這一球涮框而出。

拜倫·史考特二罰一中，把領先擴大為兩分。由於沒有暫停了，我們被迫從後場發球。比爾·卡特萊特把球丟給離半場還有幾步的我，我運了一下球，便把球投出。

沒進，比賽結束。

就這樣，我們珍貴的主場優勢消失了，現在我們至少要在洛杉磯贏一場才行。

我們沒有理由驚慌。我們打得這麼爛，最後還只輸兩分。如果這已經是湖人所能打出的最佳狀態，那一切都會沒問題的。此外，我們本來就不可能橫掃他們，湖人以前來過這個舞台，我們沒來過。隊中除了菲爾之外，沒半個人打過總冠軍賽。

麥可得到三十六分，我也得到十九分，問題是其他隊友沒有人的得分超過六分，這種情形不能再發生。同時，教練團要做出調整，這對季後賽輸球的球隊而言是例行公事。而我們做出的最大調整，就是讓我來守魔術。

他在第一戰繳出了大三元，攻下十九分、十一助攻、十籃板，宛如他依然是昔日的魔術。

我很興奮，我早就想迎接這項挑戰。

並不是說麥可在防守上有什麼不好，只是我相信我可以表現得更好。雖然比賽一開始魔術還是交給他來守，但我已被告知要做好接棒的準備。

我們做的另一項調整是改成在底線包夾渥錫與帕金斯，而不是原先在弧頂最靠近對方的球員所在的位置。這兩人都能在低位輕鬆得分。

第二戰一開始我們怎麼投怎麼進，然而即使如此，還是甩不開湖人。

然後，機會來臨。

第一節還剩四分鐘左右、公牛領先兩分，麥可在這時被判了第二次犯規，我們不能讓他在比賽還剩這麼多時間的情況下領到第三犯。

魔術現在要交給我了。

我很清楚自己想要守住他的話該做什麼：逼他不能再用右手持球。

右手持球的魔術是個神乎其技的大師，他可以在任何地方把球傳出去。從半場、全場，有需要的話，從帕莎蒂娜市（Pasadena）把球傳過來也沒問題。我待在他的右側，而且在他用右手運球時，我逼他轉向並且把球換到左手上，這是多年前愛爾蘭教練教給我的防守方法。魔術不用左手傳球，他也有偏好在運球時傳球的傾向，所以只要我能阻止他運球，他就沒辦法打得那麼高效。

我不希望魔術在靠近我時帶有任何前進力，他朝對手衝來的感覺就像是現在的勒布朗，也像一名進行四十碼衝刺的線衛，是不可能擋下來的。

相反地，我會衝上去找他。

魔術想方設法地送出了十次助攻，然而他在場上僅十三投四中。一百零六比八十七，我們帶著勝利揚長而去。麥可處於巔峰狀態，他一開始讓其他人參與進攻，然後在下半場接管戰局，連續投進十三球，最終攻下三十三分與十三助攻。

在這場比賽中，麥可留下了一記令眾人刻骨銘心的上籃，那一球的震撼度或許足以與「The Shot」相提並論。第四節，他朝籃框切入，伸展持球的右手。他打算把球扣進籃框，然而，帕金斯在底線離他很近，在半空中的麥可便把球換到左手，接著投出一記擦板上籃。

身為一名與他攜手四年的隊友，我本以為自己已經很清楚這個男人的所有能耐。顯然我錯了。這一球，「J博士」做不出來，彼得・馬拉維奇（Pete Maravich）或厄爾・孟羅也沒辦法。

只有籃球界的巴里什尼科夫（Mikhail Baryshnikov）*，也就是麥可．喬丹才投得出這種球，整座體育館為之瘋狂。

霍勒斯和派克森也在第二戰大顯身手。霍勒斯攻下二十分，阿派則有八投全中的表現。至於我的話，儘管我對於自己在守魔術時付出的努力感到相當驕傲，但並沒有得意忘形。魔術已經不是當年贏得三座MVP並領軍在九年內奪得五冠的他了。

感謝上帝，我不用防守當時的魔術。

同一時間，第二戰結束後，我簽下了球隊一開始便承諾要給我的延長合約，為期五年、總額一千八百萬美金。這份合約將令我在這支球隊效力到一九九七—一九九八年球季，屆時我已經三十二歲。

我終於安定下來了。

只是為什麼要急著在現在和我簽這份合約？公牛隊已經拖好幾個月，再多等幾天又有什麼差別？

差很多。

如果兩位傑瑞想運用他們一開始為東尼．庫柯奇預留的薪資空間，就必須在總冠軍賽最後一

---

* 譯註：二十世紀七、八〇年代的知名舞者。

戰的當天午夜前簽下我。如果我們或湖人在洛杉磯三戰全勝，這個時限就會在我們回到芝加哥之前生效。由於年僅二十二歲的東尼已經和一支義大利球隊簽約，因此公牛現在有錢可以簽我，之後也還有額外的薪資空間可以簽他。*

＊＊＊＊

我很高興能回到天使之城，再一次來到論壇獻技。

不好意思……我說的是大西部論壇球場（Great Western Forum）。

我記得小時候在電視上看湖人比賽時便總是聽到論壇球場的大小事，而這座球場也的確不負盛名。華麗的白色柱子組成了它的圓弧外牆，也帶來一種不言可喻的莊嚴感，就像是你在古羅馬時期會看到的建築。

就只差雙輪馬車而已。

論壇球場裡擠滿了富豪與名流，像是傑克．尼克遜（Jack Nicholson）、黛安．坎農（Dyan Cannon）和丹佐．華盛頓（Washington）等明星，都和魔術強森與詹姆斯．渥錫一樣是湖人國度的一份子。

有天晚上，我去《阿塞尼奧．霍爾秀》（The Arsenio Hall Show）的節目當來賓。儘管深夜電視之王強尼．卡森（Johnny Carson）掩蓋了他的鋒芒，也掩蓋不了阿塞尼奧的才華洋溢。

這些名字有喚起你的回憶嗎？

總之，我們把焦點轉回球場上的明星。

第三戰，湖人在第三節打出十八比二的攻勢，藉此取得十三分的領先。「Showtime」復活了，魔術繼續傳出只有他才傳得出來的好球，而才剛在聯盟打兩年球的瓦萊德．迪瓦茨也表現得不可思議，令觀眾看得熱血沸騰。

現在，問題是公牛隊能不能打出令人熱血沸騰的表現？

答案是：當然可以。

我們連得六分，在進入第四節前將落後縮小為六分。

我們才正要蓄勢待發。

在本節開始時打出一波八比二的攻勢後，雙方在比賽還剩近九分鐘時戰成七十四比七十四平手。從這時開始，這場比賽進入誰贏都不奇怪的局面。我們大概證明了一百萬兆次公牛絕非一支

＊譯註：由於庫柯奇沒有在該季來美國打球，因此公牛與皮朋簽下新合約的另一個目的在於重組皮朋尚在進行的六年新秀合約中的剩餘部份，將新合約的薪資攤算至新秀合約尚未行使完成的剩餘球季。藉由趕在這個球季結束前簽約，便能將薪資也分攤到一九九〇—一九九一年球季，這樣才不會浪費掉公牛替庫柯奇保留的薪資空間。而藉由「分期付款」的期數增加、使球隊每年支付給皮朋的費用減少，也增加了這些年球隊的薪資空間。

一個人隻手遮天的球隊，這也是其中一次。在第一節得到十一分後，麥可在接下來的三節比賽中總共只得十分。

在最後十點九秒，瓦萊德在被敵人犯上一規的同時在籃下把球放進籃框，這也是我的第六犯，令我本場比賽的工作就到此告一段落。瓦萊德命中罰球後，幫助湖人以九十二比九十領先。公牛隊喊暫停。

菲爾選擇暫停過後要從後場而不是從半場發球，他覺得這樣更能夠把球交到二十三號手裡。就算麥可目前二十四投八中又怎麼樣？他五十四投八中都無所謂。沒有人在比賽關鍵時刻的表現比他值得依靠。

阿派把球傳給麥可，被拜倫·史考特防守的他在球場上拔足狂奔。在衝到離籃框十四英呎遠處時，他在瓦萊德的面前起跳、把球投向空中。

這球在離手後的感覺也很棒，就和第一場比賽最後幾秒鐘的那一球一樣。

這一次，球進了。比數扳成九十二比九十二平手，剩最後三點四秒。

湖人在暫停後執行最後一擊，但這一球沒有製造出太好的機會，史考特投出一記失去平衡的跳投。比賽進入延長賽。

我很難過，因為我不能上場。事後證明，接下來的五分鐘是整個系列賽中最重要的五分鐘。謝天謝地，靠著麥可得到了我們延長賽十二分的其中六分，球隊以一百零四比九十六勝出。

如果我們輸了，我真的沒辦法原諒自己。這場勝利保證了若是接下來的比賽往最壞的方向發展，我們也只會帶著系列賽二比三的落後回芝加哥。

先別管芝加哥以及那些屆時不知會發生什麼事的狀況了，為什麼我們不乾脆就在這裡，在傑克、黛安和丹佐眼前，讓一切都結束呢？

第四戰，我們就是為了這個目標在奮戰，最後以九十七比八十二獲勝。以獨得二十八分的麥可為首，五名先發球員都得到十分以上。湖人不僅因此受到重挫，扭到左腳踝的渥錫更是受了重傷。

白板上現在有了新的數字：一。

人們總是說關門戰是最難贏的比賽，這句話會如此盛傳，是因為此話不假。

第五戰，湖人在未來名人堂球員渥錫不克出戰的情況下與我們僵持不下，比賽在進入第四節時打成八十比八十平手，埃爾登．坎貝爾（Elden Campbell）和托尼．史密斯（Tony Smith）這兩名新秀都打得很好。這一節的前六分鐘，麥可想靠自己的力量贏得比賽。他的確投進了幾球，但這並不足以帶領球隊獲勝。最後五分鐘左右，比數為九十三比九十三平手。菲爾對這樣的情形頗為不滿，並在一次暫停中問麥可，他在被湖人重重包圍時，誰有空檔？派克森，麥可回答。

「那就把球給他！」菲爾說。

麥可照著菲爾的話做了，而且藉由這番舉動，他也展現出自己對隊友有著一定程度的信任。

他以前從來沒有做到這一點，現在也是時候了。從那時起到整個九〇年代，麥可幾乎全盤接受了菲爾和泰克斯從最初便在灌輸他的觀念。

對方怎麼防守，你就怎麼反擊，找出有空檔的隊友。

派克斯接下來打得像是自動會把球投進籃框的機器人，他在比賽剩不到一分鐘時投進最關鍵的一球，這記十八英呎遠的投籃幫助球隊取得四分領先。在帕金斯的長距離跳投失手、我抓下籃板，並隨即在罰球線上兩罰俱中後，比賽就沒有懸念了。

最終比數：公牛一百零八分，湖人一百零一分。

在哨音響起時，我把球握在手裡，也不打算放手。有些球迷和幾個隊友想撬開我的手把球拿走，我沒給他們半點機會。這個寶物還跟著我一起上了回芝加哥的飛機。

MVP獎盃或許是屬於麥可的，但這顆球是我的，被我藏在一個安全的地方。和它一起好好保存下來的，還有我關於那個夜晚（我攻下三十二分、十三籃板、七助攻與五抄截）和我為了達成現今成就而走過的成長歷程的回憶。

看著我的哥哥與父親成為殘疾人士的回憶。

韋恩教練把我踢出球隊後逼我在看台上跑步的回憶。

在戴爾教練給我機會之前，被一所又一所大學視而不見的回憶。

我的背上傳來陣陣疼痛，害怕自己的職業生涯可能會就此結束的回憶。

關於腦震盪、偏頭痛以及球迷們質疑我能不能在重要時刻挺身而出的回憶。

這趟旅程能走到這一步經歷了許多艱辛，有時候也會遇到幾乎讓人無法承受的困難，但這些經驗都把我變得更強大，也讓我成為一名冠軍球員。

我常常想起一九九一年贏得的這座冠軍，畢竟是初體驗。那時的我們既是如此年輕，又是那麼的純粹。

這個球季並不如表面上看起來的順遂，包括我在內，總是有人會抱怨某些不重要的小事。在一個有八十二場比賽的球季，每支球隊都會經歷過這種時期，關鍵是你要如何面對它。而在處理這些狀況時，沒有人能做得比菲爾．傑克森更好。

他讓我們相信自己，也讓我們成為一個命運共同體。

第十章　再次並肩作戰

七月下旬，肯塔基大學（Kentucky）體育總監C．M．牛頓（C.M. Newton）打電話給我時，我還沉浸在贏得生涯首冠的喜悅之中。

我要爬到更高的境界了。

即將走馬上任為美國籃球協會理事長的牛頓問我，有沒有興趣參加一九九二年在西班牙巴塞隆納（Barcelona）舉行的奧運，成為代表隊的十二名球員之一。

我有沒有興趣？

請容我提醒你，這可不是什麼普通的籃球隊，NBA的明星球員首度獲得了參與奧運的許可，而這十二名球員日後將成為永遠留在人們心中的夢幻隊。

其他國家從好幾年前就已經在派職業球員來打奧運了，為什麼我們不跟著這麼做呢？

造就這個決定的最後一根稻草，發生在一九八八年在韓國舉辦的漢城奧運。當時由喬治城大學的約翰．湯普森（John Thompson）執教，陣中有大衛．羅賓森、丹尼．曼寧（Danny Manning）與史戴西．奧古蒙（Stacey Augmon）等球員的美國隊，在敗給蘇聯後被迫屈居銅牌。人們為此十分憤怒。美國籃球隊怎麼可以在奧運輸球，而且更不該輸給蘇聯……除非是像一九七二年一樣，發生某些滑稽的事。*

我在瞬間之內便答應牛頓。我可不想讓他有任何改變心意的機會。我很驚訝他會打電話給我，並不是說我覺得自己還不夠格，恰恰相反，我可是聯盟中最頂尖的球員之一。只是我才剛進這個聯盟四年而已，也只入選過一次明星賽。

還有其他球員的資歷比我更顯赫。

我只希望我的父親還在身邊，曾打過第二次世界大戰的他會為我感到驕傲的。

在我調整好心情後，牛頓和我聊了一些行程安排方面的問題。如果公牛隊再度打進總冠軍賽，這很有可能，那我就得在幾乎沒有時間休息的狀況下去加州拉霍亞（La Jolla）舉行的訓練營報到。比賽將會於七月二十五日展開。

好吧，畢竟這可不是在皮奧里亞市（Peoria）舉行的展覽，而是奧運！有必要的話，我甚至可以從格蘭特公園（Grant Park）直接趕去歐海爾機場。

出於各種原因，我問牛頓，麥可．喬丹或艾塞亞．湯瑪斯有沒有入選。

「有留個位子給麥可，」他說，「不過他還沒有給出會參加的承諾。」

牛頓要求我在美國籃球球員遴選委員會正式宣布名單前不要外流我們的談話內容。「沒問題，」我說，「我一個字都不會說。」

如果我沒有記錯，我當下唯一一個分享喜悅的對象是我的哥哥比利，他把這個好消息告訴了其他家人。他們是我百分之百信任的人。

然而，不久後，當委員會仍然在決定團隊成員時，我聯絡了麥可。實在沒辦法再保持沉默的我，告訴他牛頓打了電話給我的事。

「你會加入夢幻隊嗎？」我問。

「還不確定。」麥可說，「我還在考慮。」

在我們得知美國隊將派出職業球員出征巴塞隆納時，我也問過麥可這個問題。

＊譯註：一九七二年奧運籃球決賽的最後三秒，美國在道格．柯林斯罰進兩球後取得五十比四十九領先，不過在第二次罰球時有哨音響起，但計時器仍在罰球命中後開始計時，令蘇聯球員在罰球後便開始進攻。此時一名蘇聯的助理教練便向紀錄台爭辯，指出球隊已經在第二罰前喊了暫停，因此應該有重新佈署的機會，而FIBA秘書長威廉．瓊斯（William Jones）也給了蘇聯重新發球的權利。然而在重新進攻後，蘇聯還是沒能進球，此時威廉．瓊斯再次認定留給蘇聯的進攻時間應為第二次罰球命中後的三秒，而不是蘇聯教練團上前抗議而中斷比賽後的一秒，所以不僅再讓蘇聯重新發一次球，還給了他們三秒的時間，最終蘇聯成功得分，也令不願接受這種輸球方式的美國隊至今仍拒領這面銀牌。值得一提的是，這位罰球替美國取得領先的道格．柯林斯就是本書中第一位執教皮朋的公牛總教練，而在這場比賽中數次出面干預的威廉．瓊斯，也是台灣籃壇知名賽事瓊斯盃的紀念對象。

「別鬧了吧？」那時的他說，「我已經拿過一面金牌了，我想好好享受我的夏天。」他已經在一九八四年加入巴比．奈特（Bobby Knight）執教的美國隊，出戰過洛杉磯奧運。

最後，麥可決定加入。

不是因為他突然覺得自己對「山姆大叔」有什麼責任，他是為了打響這項運動以及，我明說吧，他的品牌的知名度。贊助他最多的其中兩家廠商，麥當勞與開特力，也是奧運的贊助商。如果他待在家，那曝光效果便會大打折扣。

至於艾塞亞，我也問了牛頓關於他的狀況，因為如果說有誰是我希望能待在家的球員，那就是他。

「他沒有入選。」他對我這麼說，而針對這件事，他也只能告訴我這麼多。有這句話，就夠了。

九月下旬，夢幻隊的名單終於正式公布。

名單中有我、麥可、派崔克．尤英、大衛．羅賓森、「大鳥」柏德、查爾斯．巴克利、魔術強森、約翰．史塔克頓、卡爾．馬龍和克里斯．穆林（Chris Mullin）。另外兩名球員則在幾天後才被公布出來，一人來自ＮＢＡ，另一名則是大學球員。這兩名最終人選是克萊德．崔斯勒與來自杜克大學的年輕人克里斯蒂安．雷特納（Christian Laettner）。

除了雷特納之外，我認同委員會挑選的每一名球員。我不覺得他適任，而我是對的。委員會應該挑選另一名NBA球員，而且很多人都有資格獲選。我覺得更該獲選的球員是人稱「人類精華影片」（Human Highlight Reel）的多明尼克．威金斯，多明尼克當時只有三十一歲，狀態仍在巔峰。

這些年來，人們已經寫過很多有關為什麼艾塞亞沒能入選球隊的文章。事實上，如果他被選中，那毫無疑問會讓包括我和麥可在內的很多人不願參加。牛頓和其他委員會成員知道我們的想法。

就連這支球隊的總教練，也是從一九八三年起便執教艾塞亞的查克．戴利也沒有幫他求情。你看出什麼端倪了嗎？

看看艾塞亞令人信服的成績，他夠格在夢幻隊有一席之地。他十度入選明星隊、兩度贏得總冠軍，而且也絕對會入選名人堂。然而在打造一支籃球隊時，還有比數據更重要的事，那就是化學效應。而如果艾塞亞成為夢幻隊的一員，那化學效應絕對會是一場糊塗。

我已經等不及要打奧運了。

＊＊＊＊

首先，還有另一個球季要打與另一件震驚世人的消息等著我們消化。

這個消息在十一月七日星期四從洛杉磯傳來。

魔術強森被診斷出罹患愛滋病，並表示他將立刻退休。

就在五個月前，我們才剛在NBA總冠軍賽和他與湖人對決，他看起來健康得不得了。

現在，他卻在步向死亡，至少我們當時都替他擔心這個危機。

我非常震驚，希望自己可以和他聊聊、希望自己相信他和我們能度過這個難關。不過魔術和我沒有熟到這個程度，他比我早八年進這個聯盟，對NBA來說，八年就是一個世代之差。

對我來說，他染上愛滋病這件事再次提醒我，一個人有可能在電光石火之間失去一切。並不是說我還需要更多類似的體悟，我只是不禁想到了自己的家人。

無論是當時還是現在，都沒有人跟魔術強森一樣熱情、真誠地流露出自己對比賽的純粹熱愛。

他在球場上的表現精采絕倫，但我更欽佩他在球場之外的言行舉止。罹患愛滋病對他而言會是個死刑判決嗎？難說。我從來沒有見過比他還更有活力的人。

在那個時代，我們對愛滋病的了解不多。諷刺的是，就在一星期前，菲爾還特別提醒我們在與異性交遊時要格外小心，當時還有幾個人在開玩笑。年輕人在聊到這方面的事時，總是喜歡起鬨。

這一次可不好笑了。

每個人都很關心這件事。與大多數人相仿，大家本來以為只有同性戀才會被這個病毒感染。現在，連魔術這位異性戀的代表人物都被病毒的魔爪給捕獲，這令人們有如大夢初醒，瞭解到原來任何人都可能染上愛滋病。

大約一星期後，球場外出現了更多風波。一本記載著我們這個冠軍球季點點滴滴的新書《喬丹法則》上架了。直到現在，這本山姆・史密斯寫的書我都還沒有讀過半個字，而我以後既不會讀這本書，也沒有必要，我可是當事人。

此外，書中的內容我也時常有所耳聞，讓我覺得自己好像已經看過了。

麥可和威爾・普度的糾紛、麥可希望我們每個人在關鍵時刻不要把球傳給比爾・卡特萊特、麥可在陷入投籃低潮時去找了一個靈媒……等等。（最後一個是我掰的。）

這本書把事情渲染得太過頭了。書中提及在球員之間、球員與管理層之間存在的緊張關係，其實在每支球隊……甚至每個球季，都存在著類似的情形。

這份特別的紀錄之所以有新聞價值，可以歸因於四個字：麥可・喬丹。

至於這些消息是誰透露的，是多年來人們不斷在猜測的話題。在《最後一舞》中，麥可指出霍勒斯是該書的主要情報來源，不過我一點都不這麼認為。在《芝加哥論壇報》負責報導公牛新聞的山姆・史密斯從幾名球員、教練和球隊相關人士口中獲得了他的勁爆花絮，而且，對，傑瑞．克勞斯也成了他的資料來源。

這沒有道理啊，不是嗎？

傑瑞在媒體面前是出了名的保密到家，而不是以大嘴巴聞名。更何況還有報導指出他對書中的內容非常憤怒，氣得標記了幾十個他覺得是在公然說謊的部分耶？

這並不能改變我的看法。

想想看：傑瑞花了好幾年的時間在努力打造一支冠軍隊，現在他的夢想實現了，卻沒有因此得到認同。人們把榮耀全歸給麥可。傑瑞是我所認識的人中最沒有安全感的一個，這使他努力工作，成為一名出色的總經理，也使他變得心胸狹隘、睚眥必報。

所以他決定把麥可拉下神壇，拉下一個台階就好。

傑瑞以為他可以控制山姆筆下的內容，他錯了。他和媒體打交道打了這麼多年，應該更清楚自己想得太美。

不論如何，這本書都沒有把麥可拉下來，差得遠了。對，他不是個聖人，但又有誰是呢？他或許是除了穆罕默德．阿里之外，在這個世界上最受歡迎的運動選手。光憑一本記者自說自話的書，不可能有任何內容動搖得到他的地位。

而且，這本書也沒有因此讓球隊分崩離析。正好相反，因為有菲爾在。

菲爾總是有辦法讓我們相信自己在與整個世界對抗，在我們贏得第一座總冠軍之後更是如此。你站上頂點後，人們就想要摧毀你，這是常理。我們常常覺得在和自家球團成員、媒體針鋒相對的感覺，就像是在場上和其他球隊交鋒。

事後證明，這本書的出現對我們而言是一件好事。在這之後，我們對彼此以及對媒體所說的話都更加小心，這也當然令我們少惹了很多麻煩。

這本書有幾段令麥可感到不快的篇幅。他有好長一段時間沒有再和山姆說過話。我一點都不怪麥可，如果是我，我或許再也不會跟山姆聊任何事了。說實在的，山姆跟其他第四權的工作者沒什麼兩樣，總是在尋找下一個祭品。

那年秋天，麥可經歷的麻煩事已經夠多了。

十月初，球隊拜訪了白宮，接受喬治・布希（George Bush）總統的表揚。我得說，這種感覺很酷。我從未想像過自己會有見到自由世界領導人的一天。

值得一提的是，有個人沒有出現，就是麥可。

這本來沒什麼問題，直到霍勒斯的話把這件事擴大成一個問題。「大鳥」柏德在一九八四年也錯過了這個行程，我不記得那件事有嚴重到導致西方文明因此終結。

「我非常失望，因為這對芝加哥這個城市以及公牛球團來說是個莫大的榮耀，」霍勒斯說，「沒有讓球隊中的最佳球員兼領袖出面，就像是讓別人代替喬治・布希去參訪沙烏地阿拉伯一樣。」

現在我明白到霍勒斯的世界要允許麥可和其他隊友之間存在著雙重標準對他而言是個多大的困擾，我理解道格是個兩套標準間的差異有多大的人，而且某種程度上，菲爾也會對人有差別待遇。只是在這個場合，當然還有其他場合，他應該把這些意見藏在自己的心裡。這個球季還沒開始，而麥可已經贏得了用自己的時間做自己想做的事的權利，不去賓夕法尼亞大道（**Pennsylvania Avenue**）一千六百號也是其中之一。*

不久，麥可和霍勒斯言歸於好，這件事就被淡忘了。這起事件後來也被用來提醒我們，現在我們身為冠軍，一點芝麻綠豆大的小事都有可能被渲染成軒然大波。

我們在一九九一——一九九二年球季面對了艱鉅的挑戰。試圖保衛王座的衛冕軍，都會遇到這些難關。球員們能否付出同樣的努力？大家會不會繼續把團隊置於個人之上？有沒有人會抱怨自己拿到的合約？

最重要的是，球員能不能保持健康？在一九九〇——一九九一年球季，我們陣中有十名球員至少出賽七十三場，麥可、我、派克森與B．J．四人更是八十二場全勤。這是難以置信的順境，而且也是絕不會再在當代出現的出賽狀況。

負荷管理（**Load management**）？在一九九〇年代初期還沒有這個詞咧。

球員能保持這樣的出賽頻率，可不只是因為運氣而已。我們拉開空間，因此避開了許多碰撞，至少減少了我們主動造成的碰撞。而且有人受傷時，他也會在包紮過後便立刻回到場上。

菲爾會在每個球季想出一個口號，前一年是獻身（Commitment），這一次，則是再次並肩作戰（Together Again）。

並肩作戰，確實如此。

除了與我簽下五年延長合約之外，公牛也與卡特萊特和阿派這兩名三十幾歲的球員簽了約，這顯示出球隊維持球隊核心完整的信念。菲爾不喜歡進行太多人員方面的更動，因為要讓新成員精通三角戰術，得花不少時間。

唯一真正有影響到球隊的改變，是球隊在十一月初把一直都沒能融入球隊的丹尼斯・哈普森送到沙加緬度國王，換回在聯盟征戰八年的資深球員鮑比・漢森。漢森雖然得分能力並不出眾，但以防守見長，而我們能得分的球員已經夠多了。

或我們本來是這麼想的。

就在同一天，克雷格・哈吉斯就因為在練習時與史戴西・金恩碰撞而傷到左膝，哈吉斯後來缺席了十九場比賽。不久後，比爾的左手骨折，他也因此要休兵一段時間。我想，這或許就是風水輪流轉吧。

---

* 譯註：白宮地址。

＊＊＊＊

在那個球季初，我與我的「好兄弟」艾塞亞．湯瑪斯狹路相逢。

艾塞亞還是死性不改，我們在主場以一百一十比九十三得勝的比賽中，他無緣無故地從背後推了我一把，使兩隊差點又打了起來，我們都被隊友架開。我好奇這是不是因為他沒有入選夢幻隊才把氣出在我身上，但我懶得問。

無論如何，拿下這場勝利也讓我們贏得了四連勝，而我們在十二月初以三分之差輸給七六人之前，已經締造過十四連勝。新的一年剛開始不久，我們又掀起一波連勝浪潮，這次的連勝在馬刺以一百零九比一百零四擊敗我們後告終。大衛．羅賓森打得像頭野獸，繳出二十一分、十三籃板與八阻攻的成績。

我們現在的戰績是三十七勝六敗，有望成為第一支七十勝的球隊。

但這能證明什麼？聯盟不會因為我們打破最多勝紀錄而頒發獎盃，因此調整我們的節奏才是上策，讓球員偶爾喘口氣，並為五、六月這個聯盟才會頒獎盃的時刻做好準備。

同一時間，我也打出了人生中的最佳表現。

在三月初，我是聯盟中唯一一位在得分、助攻與抄截榜都能排進前十五名的球員，也是唯一一個平均超過二十分、七助攻與七籃板的人。有人說我很有可能贏得MVP，我可不這麼認為，就算我每個夜晚都繳出大三元，記者們也絕對不會把票投給我，而是會投給麥可。

看吧，麥可五年內三度贏得這座獎項，我在票選中只排第九。

在我們以六十七勝十五敗的戰績結束例行賽後，季後賽首輪的對手是邁阿密熱火。我們只用三場比賽，便將他們橫掃出局。

下一個對手是紐約尼克。他們已經脫胎換骨，不再是去年被我們橫掃的那支尼克隊了。他們的新教練是昔日在執教「Showtime」湖人時贏得四枚冠軍戒的派特・萊里，他和菲爾一樣，是一個很會激勵球員的人。在他來到紐約執教的第一個球季，尼克贏得五十一勝，足足比前一年多了十二場勝利。

他們的中鋒派崔克・尤英在我們防守過的球員中是最難守的對象之一。他能在中距離跳投，也能在禁區給予對手沉重的打擊，就算是包夾防守也似乎不會給他造成什麼困擾。歐克利是另一個麻煩，和「橡樹」打球就像在打仗，你知道他會為了每一顆籃板球而和你爭個你死我活。他們的另一名大個子、在聯盟打了三年的安東尼・梅森（Anthony Mason）也是一名猛將。

尼克的本質就是新一代的活塞，幸好，我們最近才剛找出了擊敗上一代活塞的方法。

即使如此，我們在主場迎接第一戰時還是非常有信心。

或許太有信心了。

尼克以九十四比八十九擊敗我們。第四節攻下十六分的尤英得到三十四分，並抓下十六籃板、送出六記阻攻。

如果在主場輸球還不夠慘，那再告訴你一個壞消息，我在這場比賽也扭傷了腳踝。受了這個傷，將影響到我在這個系列賽中接下來的表現。我在投籃時沒辦法像平常一樣地起跳，而跳躍能力之於籃球可說是最重要的一環。第二戰，我十二投二中、僅得六分。在那場偏頭痛的比賽後，我還沒在季後賽中打得這麼差過。幸運的是，我們以八十六比七十八贏球，把系列賽追成平手。

第三戰，將腳傷拋諸腦後的我從谷底翻身攻下二十六分，其中有十二分是在第四節拿下的。我們在麥迪遜花園以九十四比八十六獲勝，也奪回主場優勢。紐約以九十三比八十六拿下第四戰，使系列賽再度打平。菲爾在第三節後段因為抱怨裁判容許尼克恣意推擠霍勒斯和我的行為，而遭到驅逐出場。

他們的確是新一代的活塞。

在第四戰與第五戰之間，另一場戰鬥也如火如荼地進行著。這是一場兩名教練在媒體上的戰爭。

這場戰爭是菲爾起的頭。

在麥迪遜花園接受賽後採訪時，還在生氣的他對ＮＢＡ開火。

「我想第五大道的他們可能正暗自竊喜吧，」菲爾指的是聯盟總部在紐約的所在地，「我不想說有人在幕後搞鬼，這聽起來很蠢，但他們確實能決定誰來擔任執法裁判。如果這個系列賽能打到第七戰，那就是一件皆大歡喜的事，大家都能得到夢寐以求的電視收視率與收益。」

第二天，萊里回應了，他可不只是個擺好看的花瓶：「他對裁判抱怨與哭訴的行為，事實上對我們球員在比賽中的努力與追求勝利的渴望是一種侮辱。」

以前的比賽就是這麼有火花，對吧？

兩隊在接下來的兩場比賽中各取一勝，也讓系列賽的勝者要交由在芝加哥體育館舉行的第七戰來決定。

壓力全在我們這邊，例行賽只輸十五場的我們，現在突然只要再輸一場就會被淘汰了。另一方面，把系列賽逼進第七戰的尼克，已經表現得超乎預期。

我身上也有壓力。

這個系列賽進行到現在，我平均得不到十六分，投籃命中率也只有百分之三十七。例行賽期間，我平均攻下二十一分，投籃命中率也有百分之五十一的水準。

蝙蝠俠麥可身邊的羅賓？我打得更像謎語人（Riddler）好嗎。這幾場比賽打下來，沒人知道能期待三十三號在場上打出什麼樣的表現，就連我自己也沒有頭緒。

講到反派角色，尼克有一個真正的惡人，就是光頭的小前鋒夏維耶·麥克丹尼爾（Xavier McDaniel）。人稱「X-Man」的他在系列賽中不停地推擠我，然而我們都沒讓他得到應有的判罰。

這種情形不會再發生。

在第七戰第一節還剩三分鐘時，麥克丹尼爾被判了進攻犯規。在雙方球隊走向球場的另一端時，他和我說了幾句話。我不記得我們說了什麼，這麼說吧，反正我問的不是他夏天有什麼計畫之類的問題。

這時麥可衝到麥克丹尼爾的面前，真的是「面前」，兩人的額頭都快碰到對方了，就算沒碰到，也非常地接近。後來兩人都被吹了技術犯規。

麥可的這個舉動和他當天得到的四十二分一樣重要。他是我們的得分主力，不是我們的「捍衛戰士」。在「橡樹」離開後，我們就一直缺一個類似的角色。麥可這次接下這個任務，對尼克傳遞出一個強而有力的訊息：這是我們的球場、我們的比賽，我們一秒鐘也不會在你們這群暴徒面前退讓。

尼克也沒有退讓。第三節開始沒多久，他們把十一分的落後縮小成三分，逼得菲爾喊出暫停。菲爾不喜歡在球隊找不到節奏時喊暫停，他比較喜歡讓球員自己解決問題。

但這是第七戰，我們可以挑別的時候來花時間思考怎麼解決問題。

我不記得他在集合球員時給了我們什麼指示，不管他說了什麼，都產生了效果。

我們打出了一波攻勢，並在三節打完後取得十五分的領先。我們的防守如過往一般嚴密，在進攻端不輕易選擇在外線跳投，而是打得更有侵略性。這場比賽，NBA派出比較資深的裁判來執法也對比賽產生了正面的影響。最終比數：一百一十比八十一。

尼克給我們的挑戰比預期中艱困得多，能搬開這塊大石，真是一種解脫。

對我來說，這場勝利也洗刷了我的汙名。如果說我讓你覺得我很在意這件事，那是因為我受到太多媒體「好朋友」的批評了。最終我繳出十七分、十一籃板、十一助攻的大三元。

這讓他們閉上嘴巴。就目前而言是如此。

進入東區決賽，我們遇上另一個熟悉的對手，克里夫蘭騎士。在去年僅贏得三十三勝後，五十七勝二十五敗的騎士在本季重返聯盟強權之林。他們仍有布拉德・道爾提坐鎮內線、馬克・普萊斯控球，並在不久前展現出淘汰塞爾提克的實力。

第一場比賽很輕鬆，一百零三比八十九，我攻下二十九分、十二籃板、九助攻，差點又拿一次大三元。而最讓人振奮的，或許是我們在罰球線上的表現：十九罰十九中。在與尼克交手的系列賽，我們的罰球命中率只有百分之七十。

接連贏得兩場大勝，看起來我們又要踏上另一次爭奪冠軍戒指的舞台了。

好吧，讓我們腳踏實地重頭來過。

我無須對第二場比賽中發生的事情多做說明，這句話便足以說明一切：我們爛透了。我們前十三次出手全數落空，第一節的投籃命中率只有百分之十四。騎士在上半場便領先二十六分，而且這還是我們的主場。

菲爾說得最好：「這支球隊應該被大家用噓聲轟下球場才對。」

幸運的是，季後賽的氣勢流向是可以在轉眼之中扭轉過來的。在第三戰，輪到我們打出氣勢了。

在第一節，公牛一度以二十六比四領先。除了麥可和我，攻下十五分、十一籃板與四阻攻的霍勒斯、六投五中的阿派和斬獲十分、六籃板的史考特・威廉斯也對這場一百零五比九十六的勝利做出極大貢獻。

重新獲得主場優勢後，我們準備在第四戰粉碎騎士可能懷有的任何希望。

想太多了。比賽從一開始就在他們的掌握之中，他們也以九十九比八十五獲勝。

更糟的是，我覺得我們打出了昔日比賽的風格。麥可出手三十三球，其他四名先發球員一共只出手二十九次。在整個下半場，我只投了三次籃，沒打錯字，就是這個數字。最終，我攻下了十三分。

泰克斯大概很想舉槍斃了自己，或把我們給斃了。

與過往相仿，每當我們輸掉一場重要的比賽，我都會遭到批評。因為我的表現，也因為我居然有膽在被問及為什麼我在得分上沒有更多貢獻時，告訴記者我沒有得到「任何機會」。

他們覺得我在批評教練，我沒有。

隔天，有一場記者會我沒有參加。有差嗎？不管我有沒有出現，他們都會找到一些有關我的負面素材來寫。

壓力再度壓到了我們與我的身上。

我也再度克服了它。

第五戰，我們以一百一十二比八十九勝出，我得到十四分並抓下全隊最高的十五籃板。

第六戰，我們在克里夫蘭以九十九比九十四將騎士淘汰出局。我繳出二十九分、十二籃板、五助攻、四抄截、四阻攻的成績。

一九九一—一九九二年球季給我一種風波不斷的感覺。

魔術被診斷出罹患愛滋病而不得不退休，《喬丹法則》上市而引起的爭議，與尼克的比賽，比起打球，更像在打架。

然而我們還是撐到了六月，已經很令人滿意，不能再要求什麼了。

第十一章　另一個夢想

這次ＮＢＡ總冠軍賽的對手不是湖人，而是波特蘭拓荒者。

拓荒者沒有像魔術強森一般的傳奇球星，也沒有輝煌的歷史。在一九七〇年因為聯盟擴編而加入後，這支球隊只在一九七六—一九七七年球隊贏得一冠。他們本來有機會贏得更多冠軍，但他們的明星中鋒比爾・華頓（Bill Walton）在一九七八年傷了腳，便無法再找回過往身手。這支在一九七七—一九七八年球季一度贏得五十勝十敗的球隊，又旋即回到了在華頓到來前對聯盟態勢無足輕重的狀態。

這正是我們希望避免的命運。在古往今來的ＮＢＡ總冠軍中，有很多球隊就像靠著單曲爆紅的歌手一樣，快速竄起後也快速地殞落。

拓荒者在西區決賽擊敗猶他爵士，他們的體能比湖人更好，而且球隊戰力也很雄厚，陣中有中鋒凱文・達克沃斯（Kevin Duckworth）、後衛泰瑞・波特、丹尼・安吉（Danny Ainge）以及前鋒傑若姆．柯西、克里夫．羅賓森（Cliff Robinson）與巴克．威廉斯（Buck Williams）等人。

噢，當然，還有克萊德。

六呎七吋的克萊德．崔斯勒，將是我盯防的目標。一如往常，我期待著這項挑戰。我研究他的比賽多年，就跟我研究魔術的比賽一樣。克萊德是一名擅用右手切入的球員，很少往左方運球。我們在每個系列賽的任務，如菲爾所說，就是擒賊先擒王。在拓荒者，克萊德就是他們的王。他在那個球季平均攻下二十五分，在MVP票選中僅次於麥可。有些人認為他們旗鼓相當。

如你所知，麥可不想被拿來和克萊德相提並論。

被拿來與任何人相提並論，麥可都不滿意。

諷刺的是，他最終會來到公牛的唯一原因，是因為拓荒者在一九八四年擁有的選秀權比公牛還高一個順位，而他們在一年前已經選了克萊德，因此認為不需要另一名球風相似的球員。

要想清楚耶。

不論如何，在芝加哥體育館的首戰，麥可沒有花太多時間來證明自己不認為兩人平起平坐的理由。看著他在與克萊德正面交鋒時投進一顆接一顆的三分球，看得我目不轉睛。他總是能想出一些我們從沒見過的新招。

在我們以一百二十二比八十九大勝的比賽中，投進六記三分球的他攻下三十九分。在投進最後一顆三分球後，他做出那個聲名遠播的聳肩動作。在這個聳肩與他火力全開的表現下，人們往往忽視了敝人我還繳出了二十四分、十助攻、九籃板的準大三元成績，此外，我也對自己將克萊德守到十四投五中、僅得十六分的表現很滿意。這下子，他們群龍無首了。

拓荒者是被這個大場面給震懾得慌了手腳嗎？

可能吧。不過我覺得就算麥可投進十六顆三分球，也不能拿來當成在ＮＢＡ總冠軍賽首戰慘敗三十三分的理由。

兩天後的第二戰，我們在第三節以三十二比十六大勝拓荒者，並得到七分領先。比賽最後四分半鐘，領先的優勢達到了十分，克萊德也犯滿離場，比賽差不多就這樣了。

別這麼快下定論。

柯西上籃得分、波特跳投得手、波特命中兩記罰球、安吉拋投命中、柯西再補上一記上籃，突然間，比數被不可思議地追成了九十五比了九十五平手。

比賽最後幾秒鐘，雙方仍然僵持不下，麥可在罰球線右側幾英呎處出手，沒進，比賽要在延長賽見真章。

更令人沮喪的事還在後頭，波特蘭在延長賽的五分鐘以十八比七的比數擊倒了我們，並將系列賽扳成平手。安吉是球隊的致勝英雄，這十八分有一半是他的貢獻。拓荒者在大場面下打得綁手綁腳？是啊，他們也只不過是在最後十七波進攻中有十六次投籃得分嘛。就我印象所及，我實在想不出我們還曾在哪一場比賽中把這麼大的領先優勢給搞砸過。

我們不能沉浸在失敗的情緒中太久。再過兩天，第三場比賽就要在波特蘭開打了。一年前，在我們要去洛杉磯贏得至少一勝來讓球季得以延續的情況下，我們贏得了三勝。

只要做出適當的調整，在波特蘭贏得三勝就不是不可能的任務。

我們不再在他們的後衛運球時壓迫他們，而是從內線施壓，逼得拓荒者只能從遠處出手。幸運的是，他們手感不佳。第三戰，投籃命中率百分之三十六的他們只得到八十四分，我們則得到九十四分。此前他們打過的十七場季後賽中，拓荒者的平均得分超過了一百一十三分。

拿下兩勝，還差兩勝，現在我們的氣勢正旺。

而在有起有落的季後賽中，這種氣勢也理所當然地不會長久。

第四戰的勝利者是拓荒者，比數是九十三比八十八。

這場敗戰可以抓很多戰犯，而我肯定是其中之一。在比賽還剩四分多鐘時，站上罰球線的我有機會將領先擴大為四分卻兩罰盡墨。在這之後，拓荒者打出十三比六的攻勢，將系列賽追成二比二平手。

讓麥可和我來解圍吧。在我們以一百一十九比一百零六勝出的第五戰，麥可攻下四十六分，我也有二十四分與十一籃板、九助攻進帳。讓拓荒者撐了這麼久，令我們全隊成了怒氣沖天的鬥牛。而帶著憤怒打球，往往也是你打得最好的時候。

現在，是時候把他們一舉收拾掉了。

我和其他人一樣，很興奮有機會可以在主場搞定這件事。這是我們在一九九一年奪冠時唯一的缺憾。我們並沒有覺得贏得這座冠軍是水到渠成的事，湖人即使在去年的背水一戰缺了詹姆斯．渥錫，也依然從第一分鐘奮戰到了最後一刻。我們期待拓荒者也有著一樣的鬥志。

我們的期待沒有落空。

從跳球後，拓荒者一直都打得比我們更奔放、更有準備，看起來像他們才是要把我們淘汰出局的一方。

上半場打完，很幸運他們只領先六分。情況在第三節也沒有好轉，在我們注意到前，他們已經建立了多達兩位數的領先。比賽進入第四節，我們落後十五分。球迷們看得心浮氣躁，我們也如坐針氈。

菲爾在這一節開始時派上了我和第二陣容的組合。包含麥可在內的第一陣容都找不到感覺。然而，我從來不覺得這場比賽已經無力回天了。

在訓練中，我和第二陣容的B．J．阿姆斯壯、鮑比．漢森、史戴西．金恩、史考特．威廉斯搭配過無數次，我知道他們有什麼能耐。每名球員都知道，要打贏一場比賽，尤其是要打贏一場這麼重要的比賽，要做好哪些小事—或我該說是大事：製造進攻犯規、做好掩護、無私地傳出能讓隊友輕鬆得分的好球。

最重要的是：相信自己並相信彼此。

我們的計畫是讓拓荒者手足無措，如果我們辦到了，球迷的鼓譟會讓他們更加慌亂。我們要把每一個球權都當成最後一個回合在打，攻守兩端都是如此。每當我們落後多達兩位數時都會抱持這個心態，就是如果能連續五次阻止對手得分，並在這五次攻守互換中至少得分四次，那我們就能迎頭趕上。

我從來不是負責精神喊話的人，這是菲爾或麥可的工作。

不過這一次，我的確有個建議要給大家。

「要是得到出手的機會，」我在大家圍成一圈時說，「球來就投！」

鮑比・漢森完美地執行了這個作戰方針。這一節我們的第一次進攻，他就投進一記底角三分球，並在防守時抄到球。這讓比賽出現了轉捩點，而史戴西・金恩的表現極為關鍵。

史戴西昔日是奧克拉荷馬大學的明星球員，但他的成長幅度卻不如我們預期。或許是因為我們沒有給他足夠的上場時間，也可能是因為在他得到的上場時間中沒有做出足夠的貢獻。不巧的是，他入隊的時候剛好強碰霍勒斯成長為聯盟頂尖大前鋒之一的時段，我也不知道他還能做什麼來突破這個困境。

不管是什麼原因造就了他現在的處境，我們現在都需要他挺身而出，而他做到了。他強勢地進攻籃下，逼得柯西粗暴地把他擋下來，結果被裁判吹了惡性犯規。史戴西得到兩罰的機會，而我們還能在他罰球後保有球權，球迷們為此欣喜若狂。在史戴西兩罰一中後，我在籃下得分，將落後差距縮小為九分。兩個回合後，我在內線再次得分，隨後克萊德則發生了失誤。

比賽還剩不到十分鐘，通常菲爾會在這個時候讓麥可回到場上，但他這次沒這麼做。第二陣容的手風正順，他不想打斷它，現在還不是時候。

我並不意外，菲爾從不懼於做出驚人之舉。

B・J・跳投得分。在巴克・威廉斯進攻犯規後，史戴西也補上一記跳投。現在拓荒者真的陣腳大亂，他們的領先只剩三分。

比賽還剩八分半鐘左右，麥可終於回到了場上。第二陣容不僅完成任務，還表現得比想像中好。剩下，就是籃球賽中最佳終結者麥可和我的事了，最後的比數是九十七比九十三。最後一節得到十二分的麥可攻下三十三分，第四節五投五中的我則有二十六分進帳。

比賽一結束，我便直奔休息室準備狂歡。這一次我沒有把球帶走，紀念品有一個就夠了。

至於要說這座冠軍對我而言有什麼意義的話，那意義可大了。我贏得的每一座冠軍都很有意義，而我不會把任何一座冠軍的意義放大到掩蓋另一座，它們各有各的獨特之處。這一座冠軍之所以令人印象深刻，在於第二陣容在第四節關鍵的三分半鐘所做的一切。如果沒有他們跳出來削減波特蘭的領先，比賽很可能已經無法挽回。

誰知道在第七戰會有什麼發展，我很慶幸，我們無須知道到底會發生什麼事。

休息室裡，在我們以各種方式沉浸於喜悅中時，有一個消息很快地傳到我們的耳裡：「他們不打算回家了。」

「他們」指的是球迷，幾乎沒有人往出口的方向移動。

此時該做的事只有一件：離開休息室，和他們同樂。我和霍勒斯、麥可一起跳上計分台，我們的手臂勾在一起，隨興地跳了一下舞。我們在那裡待了半個小時，也可能更久，我希望這個夜晚永遠不會結束。

兩天後，在一個陽光明媚的午後，一場更正式的慶祝活動在芝加哥市中心的格蘭特公園展開，人多到感覺就好像整個伊利諾州（Illinois）的人都來了。

隊中的幾個人走上講台說了幾句話，輪到我時，我說出了一句話，相信每個人的心中都跟我有一樣的念頭：

「讓我們來拚三連霸。」

＊＊＊

在與教練團進行例行性的季末面談後，大家都去放暑假了，只有麥可和我是例外。一個星期後，我們便要前往位在拉霍亞的訓練營報到。

金牌在等著我們。

訓練營第一天的情形我到現在都還記得很清楚。我望向身邊的新隊友、也是過去與未來的對手的臉時，簡直不敢相信自己有這個福氣。能和這些好手，甚至其中幾位還是傳奇人物的球員們共度明星周末已經是很難得的體驗了，而明白到我們在球場上、在球場外、在任何地方，將有足足六星期的時間都會待在一起，更是一件特別的事。

我不怎麼了解這些人，但我了解他們的球風，對，我對他們的了解程度不會輸給任何人。我了解他們喜歡在哪裡接球、他們如何防守自己的盯防對象、他們最喜歡的投籃方式，諸如此類。我不知道的是他們的為人、他們為何而戰、他們如何成就偉大、是什麼因素造就現在的他們。

我對他們充滿好奇，像是，他們有沒有辦法放下他們的自負？

想想看：你現在是在要求全宇宙中最有天賦的籃球選手（除了雷特納之外，日後他們都因個人成就而進入名人堂）不要太過自我，不要做他們當初為了成為明星球員而做的事。

第一次訓練只進行到一半，我便停止了我的臆測。事實上，他們太無私了，不斷地為了尋找隊友而放棄輕鬆得分的機會。這種情形就算是在訓練時也並不常見，泰克斯要是看到的話，一定會快樂到覺得自己置身天堂。

幾天後，戴利安排了我們的第一場練習賽，對手是一批大學球員，有鮑比・赫利（Bobby Hurley）、葛蘭特・希爾（Grant Hill）、克里斯・韋伯（Chris Webber）、「一分錢」哈德威

（Penny Hardaway）、艾倫・休斯頓（Allan Houston）與賈莫・馬許本（Jamal Mashburn）等人。執教這支球隊的是羅伊・威廉斯（Roy Williams），他是堪薩斯大學（University of Kansas）的教練。

這些孩子們都天賦異稟，在聯盟中有著光明的未來。

當然，他們怎麼會是夢幻隊的對手……想不到吧，這些孩子們贏了我們十分左右。休斯頓怎麼投怎麼進，我也不記得他們隊中有哪個人投籃失準。老天，你要是看到他們事後驕傲的模樣，會以為他們剛剛贏得了一面金牌呢。

包含助理教練、在杜克大學執教的麥克・薛塞夫斯基（Mike Krzyzewski）在內的某些人，一直認為戴利教練是故意輸掉比賽的。

這就解釋了為什麼在勝負還不明朗的時候，他沒有把包含麥可在內的最佳五人派上球場。依他們的看法來看，戴利教練想藉此機會傳遞一個重要的訊息：

「如果有一天你們打得不夠認真，任何人都有可能擊敗你們。」

我們清楚明瞭地接收到了這個訊息。隔天，我們在另一場練習賽中以五十分左右的差距痛宰了一樣的對手。

我直截了當地說吧：我們在離開巴塞隆納時，一定會把金牌給帶回家。

我們知道這一點，我們的對手也知道，甚至他們看起來一點也不介意，反而表現得更像是球迷而不是對手。許多人在賽後，也有時是在賽前，跟我們要簽名或合照。不過這並沒有影響我們，夢幻隊的每個人都認真地對待自己的任務。在NBA，當教練在認真確認球探報告的細節的同時，委婉地說吧，球員們大多沒有把全部的心力放在這件事上。

這樣的情形沒有發生在我們身上，不管對手的水準如何，我們都把每一場比賽當作是NBA總冠軍賽的第七戰。

說到我自己，我並不在意自己會得到多少出賽時間。我告訴戴利教練與助理教練團，不管你們是在關鍵時刻還是垃圾時間需要我，我都樂於接受任務。二十六歲的我年紀只比雷特納還大，能加入這支特別到不可思議的球隊，已經令我感到十分幸運，就像是到了天堂一樣。

戴利教練在第一場比賽決定讓「大鳥」柏德先發時，我完全沒有異議。

他可是「大鳥」柏德、史上最佳的球員之一。最後，我平均得到二十一分鐘左右的出賽時間，僅次於麥可和克里斯．穆林。我們有很多能把球投進籃框的人，戴利教練在防守端需要我的貢獻。

不用在每個晚上當老大的感覺，讓每個人都覺得很新鮮。大家只要上場並執行任務，我們就能在場上出現第一次暫停前獲得三十分的領先。顯然我說得太誇張了，但也與現實情況相去不遠。

有時候還是有某些人太過於力求表現。我記得克萊德．崔斯勒就是這樣。

克萊德還沒走出在總冠軍賽敗給公牛的陰影，想要證明自己和麥可並駕齊驅，就好像兩隊剛打完的六場比賽並不足以驗證事實並非如此。

應該有人要跟他說這些話才對：

克萊德，你應該感到慶幸自己是世界上最好的籃球選手之一，你只不過跟任何人一樣，都不是麥可．喬丹罷了，這不是什麼罪過。

他的狀態很差，總是低著頭，並表現得像麥可和我是他的對手而不是隊友。克萊德沒有融入這支球隊，真是可惜。

夢幻隊與其他球隊相仿，隊中有建立起明確的等級制度：魔術與「大鳥」在最上層，麥可次之。

必須要稱讚麥可，他服從於魔術與「大鳥」，讓他們享有擔任共同隊長的榮耀。麥可是最棒的籃球選手，但是替他鋪路的是魔術與「大鳥」。NBA在這兩人到來的一九七九年秋天之前並不熱門，總冠軍賽，是總冠軍賽喔，常常都等到十一點的新聞播完後才透過播放錄影帶的方式進行延播。直到一九八二年湖人出戰七六人的總冠軍賽，這種情況才徹底改變。

看到魔術再度站上球場這個屬於他的舞台，讓每個人都感到振奮。曾有一段時間，我們都認為這是不可能發生的事。

他依然是那個被診斷出罹患愛滋病之前的魔術，一如往常般地激勵隊友、講垃圾話、送出那些別人做不出來的背後傳球。

在籃球比賽中，享受著超越常人的樂趣。

另一方面，「大鳥」每天都身處於痛苦之中，有時候他甚至動彈不得。我也經歷過背傷的困擾，以我的角度來看，他能上場簡直是個奇蹟。不久後，三十五歲的他就在那年夏天退休了。和魔術一樣，「大鳥」也是個垃圾話大師。他常常拿我們之中誰有冠軍戒、誰指上猶虛來當成挖苦的題材。感謝老天，我當時已經有兩枚了，所以不會成為他的攻擊對象之一。

在夢幻隊的十一名資深球員中有七名沒有冠軍戒，派崔克·尤英是其中之一。然而「大鳥」和派崔克成為了好朋友，一名來自印地安那州的白人和一位來自牙買加的黑人建立起了情誼，多神奇。他們每天早上都會在早餐室坐在一起，用一些無聊的小事把彼此逗得哈哈大笑。我們其他人都把他們的搞笑對話稱作「哈利與賴瑞秀」（the Harry and Larry Show），不過派崔克為什麼會得到哈利這個名字，我就不清楚了。

我也交到了一個新朋友：卡爾·馬龍。

我們有很多共通點。卡爾也是出身於一個南方的小鎮、路易斯安那州的沙曼菲爾德（Summerfield），有八名兄姊的他也是家中的么子，並去了路易斯安那理工（Louisiana Tech）這所也提不起NBA球探興趣的大學。

他是聯盟中最強的大前鋒，而這並非偶然。我從未見過有別人的身體和他一樣，彷彿是用岩石雕刻出來的。卡爾沒有一天鬆懈過，和我一起在體育館訓練時，他讓我見識到了什麼才叫認真訓練，我從沒看過這麼勤奮的人。在賽前準備方面，我實在沒辦法做得比他更充分。

不久前才剛打完總冠軍賽對我的準備有些幫助，我來訓練營報到時，身體正處於絕佳的狀態。

我也必須這麼做。正如C．M．牛頓某天跟我解釋的情形：「『大鳥』和魔術已經有點年紀了，所以我們必須仰賴像你、麥可和查爾斯這些年輕球員來扛起這支球隊。」

沒問題，牛頓先生，我們會準備好的。

不過，不管我們有多麼認真，也還是會確保要在該休息的時候度過一段愉快的時光。

結束訓練後，查爾斯、麥可、魔術和我有好幾天點了餐後到魔術的房間去玩唐克。我們一打牌就打了好幾個小時，有時候會玩到凌晨五點。每局賭五百美金，我沒大贏，也沒慘輸。儘管這個組合實在太夢幻了，但我心裡沒有產生過要捏自己一把、確定自己是不是在作夢的衝動，因為我在球場上的表現足以與他們相提並論，夠格成為這個團體中的一份子。

在南加州待了幾天後，我們前往波特蘭，在美洲錦標賽（Tournament of the Americas）打六場比賽。只有成績優異的球隊，才能取得參加奧運的資格。

第一戰的對手是古巴，我們贏了七十九分。

如果我說我很驚訝，那就是在騙人，我們與其他人之間的差距就是這麼大。隔天，我們出戰加拿大，這場比數比較接近，我們贏四十四分。在上半場快結束時只領先九分後——我們在搞什麼啊？——球隊打出一波十三比五的攻勢，獲得十七分的領先。下半場開打後沒多久，我們便馬力全開，讓加拿大再也追不上我們。接下來四場比賽，對決巴拿馬、阿根廷、波多黎各和委內瑞拉，我們平均贏對手四十六分。在六戰全勝後，我們拿下了前往巴塞隆納的入場券。

令人驚訝的是：我們還在學習怎麼和彼此配合。想想看，如果再多練一、兩個星期，我們會有多大的優勢。

在拉霍亞與波特蘭，雖然我已經有了和卡爾·路易斯（Carl Lewis）與奧斯卡·德·拉·霍亞（Oscar De La Hoya）一樣是奧運選手的自覺，不過直到我踏出這個國家，才徹底體會到加入夢幻隊是多麼重要的任務。我不是在為芝加哥公牛打球，是在為美利堅合眾國而戰。

無論走到哪裡，都會有只為了看我們這些美國風雲人物一眼的人群。我覺得自己不像是一名籃球選手，更像是一位搖滾巨星。

在蒙地卡羅（Monte Carlo）的某天晚上，全隊獲邀參加蘭尼埃王子（Prince Rainier）舉辦的晚宴。他可是與已故美國女演員葛麗絲·凱莉（Grace Kelly）結婚的男人，我敢說，對一個來自阿肯色州漢堡鎮的孩子而言，不是每天都有機會遇到一位真正的王子。

大家花了不少時間在賭場玩二十一點或是在海灘上閒逛。我以前從來沒有去過海灘，不敢相信那裡的女人這麼漂亮，甚至很多人上半身還一絲不掛。

然而，當我回想起蒙地卡羅的時光，我想到的不是王子、賭場，更不是那些女子。

我想到的是某天進行的練習賽，魔術率領巴克利、穆林、羅賓森與雷特納等人的藍隊與麥可領軍的白隊交手的比賽。在從拉霍亞到巴塞隆納的旅途中，這場在蒙地卡羅的比賽，水準比其他比賽都還要高。

《最後一舞》精準地捕捉到了這場比賽的重點：魔術與麥可之間的垃圾話，以及有我與「大鳥」、卡爾和派崔克三人在的麥可隊如何反敗為勝。這部紀錄片沒有捕捉到的，是看著世界上最棒的籃球選手們把他們的心與靈魂投入到一場勝敗無關緊要卻又意義重大的比賽中有什麼感覺，沒有任何影片捕捉得到這一點。

我們彷彿回到過去，回到那個我們還是孩子的時光，帶著對籃球的熱愛在像松樹街附近的那座球場上打球。籃球給了我們一個比夢想中的生活還要多采多姿的人生。

我們從蒙地卡羅出發去巴塞隆納，我永遠不會忘記在我們在到達目的地時見到的一切。

我們計劃從一個偏遠的地區進入這座城市，藉此避開人群。正如同你的想像，大家最重視的就是安全問題，而且那可是在九一一事件發生之前近十年的時代。沒有警察陪同，我們就哪裡都不能去。

這個計畫沒有成功。

我們抵達這個大約離市中心有一小時路程的機場時，迎接我們的是人山人海。官方粗估大約來了四千人，我倒覺得，更像是出現了四十萬人。

我們在大約六輛警車與一架警用直升機的護送下搭上巴士前往選手村。下車後，我們去了領證件的大樓。不管你是夢幻隊還是有什麼來頭，我們都要和其他奧運選手一樣按照相同的程序行事，我也不希望得到任何特殊待遇。

巴塞隆納很熱鬧。幾天晚上，查爾斯和我沿著蘭布拉大道（Las Ramblas）漫步，這是一條位於市中心、兩旁樹木林立、僅供步行的著名街道，擠滿了當地人和觀光客。我在芝加哥散步時從未遇過這樣的情形。

七月二十六日，我們進行首戰，對手是安哥拉，一個位於南非洲西海岸的國家。每當我想起查爾斯的那句名言，都會忍不住笑出來。

「我對安哥拉一無所知，」他在一次記者會中這麼說，「但安哥拉有麻煩了。」

大麻煩。

夢幻隊以一百一十六比四十八擊敗安哥拉，比賽中還打出一波四十六比一的攻勢。會造成這個結果是因為我們打得太好，也因為安哥拉，嗯，打得很「安哥拉」。

此外，查爾斯的手肘在這場比賽擊中賀蘭德・科英布拉（Herlander Coimbra）的胸口，這名球員只有一百七十四磅。查爾斯因此飽受批評，但我認為這起事件被過度放大檢視了，查爾斯打到他的時候並沒有很用力。

下一個對手，克羅埃西亞。

自從賽程在七月初公布後，我一直期盼著這場比賽。東尼・庫柯奇是克羅埃西亞的球員，你知道的，他也是傑瑞・克勞斯心心念念的人。

就如同艾塞亞・湯瑪斯的風波，這也是夢幻隊的另一段支線劇情，它因此得到大量的報導，幾乎和比賽本身所佔的篇幅不相上下。

這些年來的報導都與事實無誤，麥可和我在東尼每次接到球後都會包夾他，讓他難以施展。他十一投二中、只得到四分並有七次失誤，最終山姆大叔再次擊潰對手，比數是一百零三比七十。

然而，東尼與我之間並沒有私人恩怨。怎麼可能有？我那時還不認識他，而且我們在一九九三年成為隊友後，我與東尼也相處得很好。人們不明白他是一名多麼優秀的球員，沒有他，我們就沒辦法完成第二次三連霸。

和我有私人恩怨的是傑瑞，我們結下的樑子可大了。

他飛去歐洲遊說東尼卻把我的合約晾在一邊的行為依然讓我很不爽。傑瑞羞辱我的方式千變萬化、永無止盡，而這件事對麥可來說也是一種侮辱。日復一日、年復一年地為芝加哥公牛拚命的人是我們，不是東尼・庫柯奇。

接下來與德國、巴西、西班牙、波多黎各與立陶宛交手的五場比賽，戰局都是大同小異的一面倒，只有波多黎各輸不到四十分。

這個大日子終於來了，我們要拿到金牌，只差跨越與克羅埃西亞再度對決的這道障礙。一樣，兵不血刃，一百一十七比八十五。

必須稱讚東尼，他走出十一投二中的陰霾，這場打得不錯，攻下十六分、九助攻。至於我們，麥可得到二十二分，派崔克挹注十五分與六籃板，我則拿下十二分、四助攻與二抄截。

不久後，我便與隊友們站上頒獎台，我把金牌掛在脖子上，聽著《星條旗之歌》（The Star-Spangled Banner），心情十分激動。多年以來，我在看夏季與冬季奧運的頒獎典禮時，都會觀察這些男性或女性運動員並好奇他們內心有什麼感受。

現在我知道了。這是一種無可比擬的心情，就連贏得NBA總冠軍也比不上。

我為我在夢幻隊所扮演的角色感到驕傲，我在助攻方面領先全隊，平均送出近六次助攻，而且在防守端也表現得很強硬。我不只想讓東尼熄火，還想封鎖每一名對手。

更重要的是，我更為我們作為一支球隊所扮演的角色感到自豪，我們把這項運動推向了全球。我們留下來的這份資產，比我們帶回家的金牌更重要。許多在一九九〇年代末及之後進入NBA的國際球員，都是因為看了我們在一九九二年奧運的比賽才愛上籃球的。

在近三十年後的現在，每當我巧遇其他夢幻隊成員，都會一起重溫往昔時光。哈利與賴瑞秀、在魔術的房間打牌、在蒙地卡羅打的練習賽。

我們贏得金牌的那個夜晚。

大夥都把彼此當成隊友，儘管我們並肩作戰的時間並不長。

那段日子，真是美好啊。

第十二章　無三不成禮

美國在巴塞隆納奪取金牌的這段旅程中，還發生了另一件事，我從某人的口中得到了尊重，十分難得。

這個人就是麥可．喬丹。

他認為我是球隊中最全能的球員——而且有時候甚至打得比他還要好。他從來沒有當面告訴我這些話，這不是他的風格。這番話是一九九二年秋天他在訓練營告訴菲爾的，而我是在多年之後才聽說了這件事。不管怎樣，能從一位贏得三度MVP的人口中得到這麼高的讚美，直到今天都對我有著很重大的意義。

同時，我也必須不斷強調，這不是我在球場上的全部意義。

我在一九八七年加入公牛時，目標是在我力所能及的範圍內成為最好的籃球選手，不是為了獲得麥可的認可，也不是為了獲得其他人的認可。即使是在夢幻隊打球時，我也秉持著相同的態度。

我兩度獲選為明星球員，且手上有兩枚冠軍戒，我這一生獲得的認可已經夠多了。無論麥可的評價是否精準，有一件事是肯定的：我從在巴塞隆納的比賽中得到了極大的信心，並期待著在一九九二—一九九三年球季把這番信心帶上球場。

但我並不急。

上季例行賽，和每個球季的例行賽一樣，是一段漫長的考驗。還在季後賽多打了四輪、足足二十二場比賽，接著又有六個星期在替夢幻隊效力，中間只有一個星期的休息時間。說到這，你就可以理解為什麼我會精疲力盡了，這是比賽打到六月中的唯一缺點。

然而到了十月，我還是必須打起精神，NBA是不等人的。

至少多虧了菲爾，麥可和我在訓練營中不必跟往常一樣投入。在每天的兩次練球中，我們只要參加上午的訓練。

菲爾在籃壇打滾多年，知道無論一名球員有多麼健康，都會受到出賽時間的累積以及長途跋涉影響。比爾．羅素（Bill Russell）於一九五〇年代末至一九六〇年代帶領塞爾提克締造八連霸後，至今還沒有球隊達成過三連霸。菲爾明白，如果公牛想完成這項霸業，麥可和我就必須要在十月至六月間調整好步調。

否則，我們倆都會遇上撞牆期並崩潰。

菲爾這次也沒有把確保主場優勢當作首要目標，這是他的另一個聰明之舉。我們已經在季後賽證明球隊能在客場贏球，這兩年的總冠軍賽中，我們在客場贏得五勝一負的成績，相較之下，在主場則只有三勝二敗。有時候，大夥在做客時反而更加專注。

無須煩惱家庭事務，也不用急急忙忙地幫好幾年沒和你聯絡的朋友和親人搶票，你只要管好眼前的任務：贏得總冠軍。

我看得出來，其他球員對於麥可和我可以在訓練營放鬆的情形有些怨氣，我不怪他們，如果立場互換，我也會有一樣的感覺。

他們沒有發表意見，都把話吞到了肚子裡。

只有霍勒斯是例外。

他總是在抱怨麥可享有的特權，那麼，現在我顯然也符合被他抱怨的條件。他會有這種感覺我並不意外，我們倆比起過去又更加疏遠了。現在已經不再是一九八七年，而是一九九二年。

他大錯特錯，完全沒有考慮到在過去十二個月裡，麥可和我為我們的球隊、我們的國家付出了多大的心力。他可以享受完整的暑假，我們沒有。先澄清，我不是在抱怨，我願意用十年的暑假來換參加夢幻隊的機會。

我沒有和霍勒斯爭論，我知道他是個頑固起來有多難溝通的人。

從他的新秀球季起，有好幾個夜晚我都在聽他抱怨這個、抱怨那個，我再也聽不下去了。我相信，他就是在那年秋天決定，無論球隊願意給多少錢，都不會在一九九三—一九九四年球季續約。他已經被羞辱得夠久了。

有一天，霍勒斯在進行所謂的「海華沙訓練」（Hiawatha drill）時直接罷練走人，這是每個人跑步時排成一列，在哨音響起時，最後一個人就必須跑到最前方、在下一段路帶頭跑的訓練。

麥可和我沒有參加這項訓練，我猜這就是逼得他做這麼過頭的原因。

無論我們有沒有做好準備，很快地，一九九二—一九九三年球季就要開始了。

在例行賽首戰於克里夫蘭取勝後，我們飛回芝加哥，在迎戰亞特蘭大老鷹之前領取冠軍戒。

我對戒指之夜的期待大過例行賽的任何夜晚，它的意義甚至比格蘭特公園的慶祝遊行還要大。我並不是對格蘭特公園有意見，看著萬頭鑽動的人群延伸到感覺有好幾英哩遠的地方，令我樂在其中。不過，收下一枚戒指、一個我隨時可以觸碰並欣賞的物品，使我們的成就變得無比真實。它也提醒我們每個人為此付出了大大小小的犧牲。

美中不足的是，這天晚上以九十九比一百惜敗。

老鷹一度領先二十二分，我們在第四節開始追分，在比賽還剩一分半鐘時，我跳投得分替球隊取得一分領先，而這也是我們整場比賽最後一次得分。我們犯下的二十次失誤（麥可六次、我五次）搞砸了比賽，如果我們繼續照這樣打，明年就不會有頒發冠軍戒的儀式了。

大約一星期後，家鄉傳來不幸的消息，祖母離開了人世。

實在難以相信，這位所向無敵的女性無所畏懼，包括死亡在內。在漢堡鎮的墓地，我還期待過她從棺材裡站起來，嚴厲地警告每個來弔唁的人：

「離我的墳遠一點！」

＊＊＊＊

十一月一波六連勝、十二月和一月初贏得七連勝，這對我們來說已經司空見慣。就算如此，我們在一月底時的戰績只有二十八勝十五負，這對其他球隊來說都已經是可以接受的成績。

但芝加哥公牛不是其他球隊，我們是二連霸的衛冕軍，去年整個球季我們只輸了十五場比賽。傷病是個很大的因素，在一九九二—一九九三年球季，陣中十一名球員一共缺席一百一十九場比賽。前一個球季，我們的八名球員缺陣四十五場，是聯盟中第二少。

派克森和卡特萊特都逐漸邁向生涯遲暮之年，他們都有膝蓋的問題要處理，並在夏天動了手術。那年，他們分別缺席二十三場與十九場比賽，阿派的先發之位交由B．J．暫代，比爾的先發任務則交給威爾和史戴西分擔。

我當時的狀態也不好。

我在一九九二年季後賽出戰尼克隊時傷到的腳踝，已經惡化成慢性肌腱炎。我現在進攻籃框的爆發力已經不復以往，而這是我在打球時不可或缺的一部分。

幸運的是，隨著季後賽到來，大家開始恢復狀態，同時，我們也在十八場比賽中贏得十五勝。最後兩場比賽，對手是黃蜂和尼克，我們現在戰績是五十七勝二十三敗，把這兩場比賽贏下來，我們便能連續三年成為東區第一種子。這次沒這麼順利，黃蜂在最後一分多鐘還落後四分時後來居上，以一百零四比一百零三擊敗我們。兩天後，我們又以八十四比八十九敗給尼克。

跟尼克的比賽並不影響種子排序，然而比賽結束後，菲爾還是憂心忡忡，令麥可覺得有必要讓他安心：

「別擔心，我們會在季後賽時振作起來的。」

我們真的做得到嗎？很難說。

第一輪，我們出戰亞特蘭大老鷹，第一戰在星期五開打，星期二，系列賽就結束了。或許麥可知道一些我不知道的事。

下一個對手是克里夫蘭騎士，這些傢伙一定暗自在想，就不能換個對手嗎？騎士在一九八八、一九八九和一九九二年都輸給了公牛。

這個系列賽也沒什麼張力，除了在我們快把他們橫掃出局的第四戰。距離比賽結束還有十八點五秒，雙方戰成一百零一比一百零一平手，公牛喊暫停讓你猜猜，誰接下了出手最後一擊的任務。

麥可被多明尼克的弟弟傑拉德・威金斯（Gerald Wilkins）嚴防，傑拉德對麥可的防守跟任何人比都毫不遜色，他有一瞬間還把球給拍掉，但麥可重新拿穩球後，在哨音響起前於離籃框十八英呎處將球投出。

再見，克里夫蘭。

四年後，在幾乎同一個位置、在同一座球場、面對同一個對手，「The Shot」重演，然後，我們要去打東區決賽了。

我們的對手，是另一個再熟悉不過的宿敵。

這一次，在例行賽贏得六十勝的尼克隊將擁有主場優勢，這絕對會是個令人煩惱的因子。尼克在麥迪遜花園廣場這個籃球聖地幾乎是所向無敵（例行賽三十七勝四敗、季後賽五勝零敗）。擔任總教練第二個球季的萊里，絕對很想為前一年季後賽的失利報仇雪恨。

我也想要報仇。尤英、歐克利、梅森和麥克丹尼爾在一九九二年的季後賽不斷地對我推擠碰撞，儘管我們從系列賽中勝出，但我有時卻打得搖擺不定。雖然這有部分原因是我的腳踝有傷，我還是要打得更強硬，就像是在第七戰衝到麥克丹尼爾面前的麥可一樣。

我們這次不必管「X-Man」了，他在休賽季與塞爾提克簽約，他的小前鋒位置被查爾斯・史密斯（Charles Smith）頂上，而史密斯的威嚇力沒那麼大。儘管如此，尼克還是有辦法派上很多大塊頭來對付我們，這個系列賽很可能又成為一場橄欖球賽。活塞認為，打得有侵略性與在有機會時來陰的，是擊敗麥可．喬丹與公牛的方程式。有一段時間，它確實是。尼克也對此有著相同的看法。

不過，一九九三年春天的我已經不再是過去的我，有人推我，我就推回去。我決心擺脫尼克與媒體——片面斷定我是個技巧派球員、但遇到高強度的硬仗就會立刻打退堂鼓的認知。如果這麼打有什麼問題的話，就是我用力過頭了。

第一戰，紐約的老牌後衛達克．瑞佛斯（Doc Rivers）在第三節中段準備突破上籃時被我撞倒在地。這無庸置疑是犯規，但在這種高強度的比賽中，這只不過是個普通犯規罷了。尼克和主場球迷都不這麼認為，他們希望裁判吹惡性犯規，但裁判並沒有做出這個判決。而從這時起，比賽的激烈程度便又提升了一個層級。

這看起來也讓尼克在此時打出了氣勢，他們靠著尤英與棘手的後衛約翰．史塔克斯（John Starks）各得二十五分，以九十八比九十獲勝。史塔克斯在三分線外七投五中。尼克也在籃板方面痛宰我們，他們抓四十八籃板，我們只抓二十個，而且麥可在最後六分半鐘完全沒投進一球。

我並不怎麼擔心，菲爾和教練團會做出必要調整。

但是沒有用。尼克拿下第二戰，九十六比九十一。在一九九〇年與活塞在季後賽交手後，我們還從未在系列賽輸掉前兩場比賽過。

輸球已經很惱人了，我還在場上失去冷靜，這不常發生。第四節進行五分鐘左右，尼克領先十二分，我被裁判比爾・奧克斯（Bill Oakes）吹了二次運球。這個吹判太離譜了，我要讓他知道這有多誇張。這件事本身沒什麼問題，問題是，我把球丟給他的時候，顯然丟得有點大力。

然後就成了大問題。

球傳到他下巴的正下方，然後我這個晚上就不用再上場了。

我被驅除出場反倒幫了球隊，我們打出一波十二比三的攻勢，將落後縮小為三分，比賽鹿死誰手還不知道。比賽最後五十秒，史塔克斯得到了一點空檔，並大力在霍勒斯與麥可身上將球扣進籃框，引爆整座花園球場。球迷們都盼望著球隊能贏得冠軍，他們已經等了足足二十年，等好久了。

然而，現在還沒有灰心喪志的理由，這個系列賽離結束還早著呢。除非我們在芝加哥被打得潰不成軍，不然我們將回到紐約再和這些傢伙交手一次，或是兩次。

首先，我們必須處理大西洋城（Atlantic City）的事，我指的不是電影，雖然這件事也充滿戲劇性就是了。*

---

* 譯註：大西洋城是美國東岸最著名的賭城，而在一九八〇年，有一部以這座城市為題材並命名的電影上映。

《紐約時報》（New York Times）報導，根據不具名的消息來源指出，麥可在第二場比賽前被人目擊在巴利大賭場（Bally's Grand Casino）賭到凌晨兩點半。麥可澄清時間點不對，他在晚上十一點離開大西洋城，凌晨一點便已就寢。

他幾點離開對我來說根本不重要，就算他在賭桌旁待了一整晚我也不在乎。我的老天，他是個成年人了，如果他因為想發洩一下，便搭豪華名車到大西洋城賭個幾小時，不管是我還是別人，特別是媒體，又有什麼資格去指責他？沒有人能了解他日復一日、年復一年以來所承受的壓力。

此外，麥可隔天早上準時參加投籃訓練，且手感火熱如常，這才是重點。

的確，第二戰三十二投十二中的他不在最佳狀態。那又如何？這不是他第一次在季後賽投籃失準，也不會是最後一次。而且這不是我們輸球的唯一因素，霍勒斯只得兩分、兩籃板還犯規四次，我七次罰球有四次失手，原因不勝枚舉。

總之，在《紐約時報》刊出這篇文章後，感覺全國其他媒體也都把焦點放在了麥可的這件事上，其他事都沒人在乎。

這個「爭議」跟兩年前《喬丹法則》上市的情形很像，有人想把正處於巔峰的我們給拉下來。那一次，他們失敗了，這一次，也會是一樣的結果。如果這件事真有對我們造成什麼影響，那就是跟一九九一年一樣，讓這支球隊更加團結。麥可在抵制媒體時，我們其他人有段時間也與他同進退。我不覺得避開記者有什麼損失，這反而是件好事。

第三戰，我們打得和前兩場截然不同。我們的全場壓迫防守和半場包圍防守迫使他們發生了二十次失誤，最後比數是一百零三比八十三。

麥可表現得十分出色，儘管他可能不是以你想像中的方式做出貢獻。他的投籃依然找不到準星，十八投僅三中，但他讓大家都融入到進攻中，送出全隊最高的十一次助攻。同時，我也火力全開，十二投十中，攻下二十九分。兩天後，我們以一百零五比九十五克敵制勝，將系列賽追成二比二。麥可的手感回溫，用回溫來形容他發燙的手感實在太客氣了。外線九投五中、全場三十投十八中的他攻下了五十四分。

這場勝利很關鍵，尤英賽後的評論也是。

「我們沒有在芝加哥贏球的必要。」他對記者這麼說。

好好想想，你這麼說幾乎是承認你放棄了在對手主場贏球的可能性，在言談中施加壓力給你的球隊，對他們下達主場必勝令。

聽到尤英這麼說，我們心想，現在我們逮到他們的破綻了。

在麥迪遜花園的第五戰從頭到尾都打得很激烈，而結局更是精彩無比。

尼克在比賽還剩十三秒時落後一分，查爾斯·史密斯在離籃框幾英呎處接到尤英的傳球。在他試圖把球放進籃框時，霍勒斯賞了他一記大火鍋。史密斯拿回球後想要再次投籃，這一次，球被麥可拍下。重新拿回球權並三度挑戰籃框的的史密斯，則遭到我的封阻。他的第四次出手，也被我蓋了下來。

最後，麥可帶著球擺脫人群，我們守住九十七比九十四的勝利，取得三比二領先。

這場比賽比任何一場都更能體現出芝加哥公牛的本色。不只是這個系列賽，也不只是那年球季，整個九〇年代之所以會被我們主宰，就是因為我們以這種方式在打球。

在迫切地要把球守住時，我們能夠達成任務。做好防守的關鍵是永遠不要放棄任何一球，絕對不能放棄。我們並沒有一名像哈金．歐拉朱萬或迪坎貝．穆湯波（Dikembe Mutombo）的正統火鍋好手，卻有重要性與此平起平坐的事物。在油漆區拚搏的大家就像在賭命一樣，強尼．巴赫說霍勒斯、麥可和我就像是「杜賓犬」，這形容得恰到好處。

在全隊走進休息室時，我在麥迪遜廣場花園聽到了一種我從未聽過的聲音，那就是寂靜無聲。這在我耳中簡直像音樂。

兩天後，我們在芝加哥以九十六比八十八將尼克淘汰出局，真是一大解脫。我以十八投九中攻下二十四分，並有七助攻、六籃板的貢獻。我在一九九二—一九九三年球季例行賽的表現並非最佳狀態，我的平均得分從二十一點零下滑到十八點六分。或許是因為腳踝狀況造成的，或許是因為奧運後累積的疲勞，也可能是有其他原因。

不管是什麼原因，在我的隊友們最需要我的時候，我便會挺身而出。而現在，我們還有工作要做。

＊　＊　＊　＊

我很慶幸我能夠重返NBA總冠軍賽。

即使是在一支有麥可・喬丹的球隊，也沒有任何人能保證我能打到總冠軍賽，更不用說三年打三次了。未來一定會進名人堂的克里斯・保羅（Chris Paul），直到生涯第十六季才打進總冠軍賽。

我們的對手是鳳凰城太陽，他們打敗湖人、馬刺與超音速後來到了這裡。

太陽隊在我的奧運隊友查爾斯・巴克利領軍下贏得六十二勝，是聯盟最多勝的球隊。查爾斯是這年球季的MVP，平均攻下二十五點六分和十二點二籃板。在我進入聯盟的時期，查爾斯幾乎是一名不可能阻擋的球員。他身手矯健，可以越過你的防守，也可以在你面前把球投進。我們的策略是把他逼到禁區之外、大約離籃框十七呎遠的地方，這樣派一名防守者去對付他就夠了。然後在比賽張力提高的最後幾分鐘，我們會包夾他，藉此讓他措手不及。

我們還要守住他們的飛毛腿控衛凱文・強森（Kevin Johnson），他身上住著一個得分手的靈魂，以及他們的前鋒群，丹・馬爾利（Dan Majerle）和理查・杜馬斯（Richard Dumas）。老天，我們真的很想打垮馬爾利，他和東尼．庫柯奇一樣，是傑瑞．克勞斯喜歡的球員，我們想盡可能地羞辱他。

太陽的得分火力非常旺盛，平均可攻下聯盟最高的一百一十三點四分。這不是問題。要和一支偏好滿場飛奔、不愛肢體碰撞球風的球隊交手，令我們鬆了一口氣。在與尼克的戰鬥中，我們也受了不少傷。我知道在出戰太陽的比賽中，我們的胸口不會在強行切入時受到對手肩膀的撞擊。

我迫不及待地期待總冠軍賽開打。

不只是因為想上場比賽，也是因為希望大家別再談論麥可．喬丹和他的賭博風雲錄，但這次又有了一樁與此有關的大新聞。

在聖地牙哥（San Diego）一名商人理查．艾斯奎納斯（Richard Esquinas）出的一本新書中，提到麥可因為在打高爾夫球時賭輸而積欠了他超過一百萬美金的賭債。麥可並不否認有輸錢給這個人，但根據他的說法，報導上提及的金額「太荒唐」。

對我來說，這件事和麥可去大西洋城的賭場沒什麼差別。我並不關心其中細節，就算他輸掉一千萬美金也不是什麼大事。在高爾夫球場上打賭並不違法，而且別忘了，不管他輸了多少錢，那都是他的錢。

查爾斯說得很對：「如果你付得出輸掉的錢，就不算是賭博。」

這個故事最終沒有繼續佔據人們的心頭，是時候把心思放在籃球上了。我們再次把目標放在結束客場之旅時至少打成一比一平手。

任務完成。第一場比賽，我們以一百比九十二擊敗太陽。

第二節，我們領先二十分，太陽急起直追，將差距縮小為三分，但也就僅只於此了。這場比賽的關鍵在於兩大明星之間的差別：查爾斯二十五投九中，麥可則以二十八投十四中攻下三十一分，還得到七籃板、五助攻與五抄截。

現在我們確保了前兩戰打完至少一比一平手的目標，接下來我們要爭取更大的戰果。

在第二戰，太陽在第四節中段仍與我們打得難分難解，直到麥可受夠了這個局面。他再拿十分，幫助我們在比賽剩一分半鐘左右時取得八分領先。我們最後以三分之差贏球，麥可得到四十二分、十二籃板與九助攻，我則繳出十五分、十二籃板與十二助攻的大三元。

我們回到芝加哥，人們認為我們有機會在這裡登上冠軍寶座。

只有太陽隊不這麼想。

第三戰，他們在三度延長賽中以一百二十九比一百二十一擊敗我們。人來瘋的馬爾利投進六記三分球，查爾斯和凱文．強森也挺身而出。在自己的主場輸掉前兩戰後，還能打出這麼精采的表現，證明了他們的實力。

我們隨後也予以反擊，靠著麥可獨得五十五分與霍勒斯攻下十七分、十六籃板與三阻攻，我們以一百一十一比一百零五拿下第四戰。

香檳冰好了，總裁也到現場了，觀眾也準備好慶祝了。

第五戰，萬事俱備。

好吧，不是每件事都準備好了。

我們沒有把心思放在正確的位置上，我們腦海中想的是我們的歷史排名以及比賽後要去哪裡慶祝，卻沒有想到比賽還沒打。

而結果展示出了這一點。

太陽在第五戰以一百零八比九十八鎖定勝利，杜馬斯十四投十二中、得到二十五分，二十五分、八助攻的強森與二十四分、六助攻、六籃板的查爾斯也表現得十分優異，這代表我們要飛回鳳凰城再打一場或兩場比賽，我們沒有料到要再多飛這一趟。

往好處想的任務就交給麥可吧。他在歐海爾機場登機時，嘴裡叼了一根雪茄，手臂下還夾著一整盒。他說這是勝利雪茄，還說自己只為這趟旅程準備了一套球衣。

幫他翻譯一下：這代表不會有第七戰。

我是沒這麼有信心啦。

隨著第六戰進入最後關頭，我就更沒有信心了。在比賽還剩五十秒時，握有球權的太陽領先四分，整個第四節我們總共只得七分（都是麥可得的分）。

嘿，麥可，剛剛是你說只帶一套球衣的吧？

在替補後衛法蘭克．強森（Frank Johnson）跳投失手後，麥可抓下籃板直奔前場上籃得分。他們只剩兩分領先，我們還有活路。

在下一回合，鳳凰城傳球傳得很順，把球從一個人手上精準地送到另一個人手裡，最後馬爾利拿到了球，他在離籃框十五呎處的底線位置得到大空檔。

在百分之六十的時間裡，馬爾利都能把球投進。

但這次沒有。

球甚至沒有打到籃框，造成二十四秒違例。比賽還剩十四點一秒，公牛喊暫停。

太陽認為麥可會負責最後一擊，哪次不是他？

裁判把球交給麥可，他把球發進界內、傳給B．J；後者馬上又把球回傳給他。

麥可朝著半場運球，在凱文．強森的緊盯下，他把球傳給了弧頂位置後幾步的我。我切入甩開查爾斯，然後把球塞給霍勒斯，他得到一條通往左側底線上籃的康莊大道。他沒有出手，而是把球傳給了剛好站在三分線外、無人防守的派克森。

這一切就像是慢動作。

然後，從那時起，這一切也以慢動作深植在我的腦海裡。

阿派接到球，並以絕佳的節奏跳了起來，將球投出。

碰！原本落後兩分的我們現在反倒領先一分，比賽還剩三點九秒。

在我們的神奇之旅投進的數千球中，這可能是最重要的一球。

正是因為這球不是出於一九九三年總冠軍賽平均得到四十一分、創下ＮＢＡ紀錄的麥可之手，而是一名在整個系列賽中只得三十五分的球員投進的，才讓它如此重要。在這波延續十幾秒的進攻中，每名球員都碰到了球。球在轉移、人在跑動、空檔出手。

這是泰克斯在一九八九年秋天跟我們說明的打球方式，他不厭其煩地不斷灌輸我們這個概念，直到最後，我們終於將它理解透徹。

太陽隊還有機會。

暫停過後，凱文．強森把球傳給他們的中鋒奧利佛．米勒（Oliver Miller），後者馬上把球回傳。強森運球到弧頂位置，出手投籃。

球被霍勒斯搧掉，哨音響起，公牛隊九十九分，太陽隊九十八分，我們又成功了，連續三年贏得最後的勝利。

霍勒斯．葛蘭特這一連串的表現實在精彩，這一攻一守的貢獻（傳球給派克森與那記火鍋）堪稱是我們勝利與落敗之間的分水嶺，現在我們不必打第七戰了。這是他在第五戰出賽三十八分鐘只得了一分後繳出的成績單。說到將功贖罪，霍勒斯在我們首度三連霸的過程中並沒有得到足夠的認可，然而沒有他的話，我們一冠都贏不到。我心裡有數，大家知道，麥可也心知肚明。

在第六戰最後五十秒左右發生的一切實在太了不起了，我們必須做對每一件事才有辦法贏得勝利，而每件事也都如我們所願地成真了。

我們在休息室噴完香檳後回到飯店。我們住的是麗茲酒店（Ritz），原本計畫在鳳凰城待一個晚上後，隔天早上搭飛機回芝加哥。

現在計畫有變，為什麼我們要浪費多餘的時間停留此處？我們已經完成任務。我們打包行李，往機場前進時，還聞得到彼此身上香檳的味道。

不久後，每個人都在雲端上以一種前所未有的方式慶祝。我們沒有被想成為經典畫面中一分子的陌生人包圍，飛機上只有球員和教練，這實在太適合這一刻，也太美妙了。

在這裡的人都明白要贏得冠軍需要什麼條件，沒有其他閒雜人等。

很多時候，在飛機上、巴士上、飯店裡，大家大都會分成小團體。不是每個人都與所有人關係密切，每支球隊都有一樣的情況，這沒有什麼不對。我們有不同的背景與價值觀，不像大學，每個人的年紀都差不多。NBA的球員有二十出頭的年輕人，也有三十幾歲、年近四十的老將。大家如何看待自己、彼此與世界的差異十分巨大。

這次沒有人搞小圈圈，我們用同樣的方式慶祝我們的勝利，一起慶祝，作為一個團隊。

第三奪冠的感覺有別於前兩次，我們不只又贏得一枚冠軍戒，更在歷史上贏得了自己的一席之地。

第十三章　一點八秒

一九九三年以一個完美到不能再完美的方式展開，我和家人、朋友在漢堡鎮一同度過了好幾個星期。

和我的哥哥羅尼開開玩笑。

和羅尼・馬丁兜風。

確定媽媽需要的東西都準備齊全了。

無論我在大城市生活得多快樂，都比不上回家。很感謝這段時間能讓我擺脫總是被品頭論足的感覺，如果你問我那是什麼感覺，我會跟你說太尖銳了，而且那些人根本不知道自己在說什麼。

我能夠重新回顧我這十二個月以來取得的成就。

戰勝拓荒者、奧運金牌、戰勝太陽，我沒有片刻閒暇可以放慢腳步審視這一切的經過。

然而，在八月到來時，我再次被提醒了生命很脆弱的這個事實。

人們在南卡羅萊納州（South Carolina）的一塊沼澤發現了麥可父親詹姆斯．喬丹的屍體。幾週前他在北卡羅萊納州失蹤時，儘管人們都擔心會發生最壞的情況，都還有他能活著回來的希望。現在這個希望已經破滅，他在洲際公路邊睡在車裡時遭到槍殺，以五十六歲之齡離開人世。詹姆斯．喬丹是人們見過最善良的人，他花很多時間跟著球隊行動，不管是主場還是客場都看得到他，就算麥可沒有隨隊也一樣。我不記得他有錯過任何一場季後賽，我跟他的交流可能比跟他兒子還來得頻繁，這可不是誇飾法。

他是個穩重、不求成為人群中焦點的人。

麥可很幸運能有他這個父親，在這個每個人都想從他身上撈點好處的世界，父親是值得他信任的人。人們想要從他身上佔用時間、獲取金錢、得到認可，對麥可的索求永無止境。我在好幾場比賽結束後，看到他們倆個人在飯店開彼此玩笑、一起吃東西。有父親陪在身邊讓麥可很高興，父親是他最好的朋友。

我一聽到這個消息，便馬上聯絡公牛隊的公關提姆．霍倫（Tim Hallem）。我希望提姆能讓麥可知道我對他和家人所遭遇的事故有多麼難過。我沒辦法打電話給麥可，我沒有他的電話號碼。另外，他身邊支持他的力量夠強大了，有沒有我的問候都沒差，我能說出什麼別人想不到的發言嗎？

提姆告訴我，球團裡沒有人聯絡得到麥可。我聽到這個消息時，應該立刻嘗試其他方式。我認識很多可以輕易地捎個訊息給他的人。

但我沒這麼做，而是告訴自己我的責任已經解套，因為我已經「試過了」。我可以在我們下次見面時，也就是十月訓練營展開時，對他致上我的哀悼。

回頭想想這件事，我真希望可以責備年輕的自己，怎麼可以麻木到這種不可思議的地步。很不應該，沒有任何藉口。我的朋友失去了他的父親，我卻什麼話都沒跟他說，我將會在餘生中永遠承受這件事帶給我的痛苦。

為什麼我沒有多做一點表示？

也許是因為我不想面對麥可的悲痛情緒，就像我在三年前自己的父親過世時也沒有處理好自己的悲傷一樣，我總是擅於逃避這種痛苦，太擅長了。在十月終於到來時，我等待著一個適當的時機與麥可攀談。

這個時機不會到來，因為又有一件大事發生了。

一九九三年十月五日星期二晚上，我正在前往科米斯基公園球場（Comiskey Park）私人包廂，準備觀看芝加哥白襪出戰多倫多藍鳥的美聯冠軍賽首戰。芝加哥南區的人們興高采烈，白襪已經十年沒有打進季後賽了。

記者們問我，有沒有聽說麥可要退休的傳聞。

「喔，有啊。」我跟他們說，我等等還要擔任白襪的先發三壘手咧。不是開玩笑，是真的，他們說，球場中都在傳這件事。

我還是不相信，但我決定不管怎樣，先問問麥可。完成開球儀式的他在另一個私人包廂，如果沒有意外的話，這絕對是件值得拿來當笑料的事。他和我總是從人們散佈的瘋狂謠言中找樂子。

這次可不是謠傳。

「這是真的，」麥可跟我說，「我明天就會宣布這件事。」

我很震驚，震驚到沒辦法看完整場比賽，我的心根本沒辦法放在比賽上。

我和球隊中的其他成員一樣，目睹著過去這個球季對他造成的傷害——除了比賽中累積的傷勢，還有那些憑空冒出來的賭博軼事。而賭博的事是在他父親被殺害之前流傳出來的風波，有些記者居然還大膽暗示了這件謀殺案可能與麥可的賭債有關。就在我覺得媒體的格調已經低到不能再低的時候，事實再次證明我錯了。

然而在例行賽與季後賽中，我從來沒有發現他考慮高掛球鞋的任何一絲跡象。這項競技對他而言有著重大的意義，而且我們都相信還有更多冠軍在未來等著我們。

隔天早上，我們全隊在麥可對媒體發表宣言前不久聚在一起，菲爾覺得有件事很重要，那就是每個人都該有個機會告訴麥可，他在我們的心中佔有多大的份量。我感謝他用他的貢獻以及不屈態度，替我指明了前路。

記者會在迪爾菲爾德鎮的伯托中心（Berto Center）舉行，這是我們去年練習的球場所在地。體育館裡擠滿了人，他的退休是件大事，重要到進行全美轉播。《NBC》派出了夜間新聞的扛霸子湯姆．布羅考（Tom Brokaw）來主持節目，其他體育選手都沒有辦法興起這麼大的波瀾。

麥可與他的妻子胡安妮塔（Juanita）以及菲爾、傑瑞．克勞斯、傑瑞．蘭斯朵夫和總裁史騰坐在前桌，我和幾名隊友戴著墨鏡站在後面。我有一種預感，在這一天結束之前，我可能會掉下幾滴眼淚。

就算麥可和我在球場外並不如人們想像中親密又如何？身處一支達成三連霸的球隊，我們兩人將永遠被連結在一起。在我聽他解釋著為什麼要離開球場時，我的心中充滿了一種深深的失落感，感覺也有一部分的自己要離開了。

我在那天注意到麥可有點不一樣。他很開心。我以前當然也見過他快樂的模樣，只是兩者不一樣。他彷彿已經從某些事物中得到了解脫，也確實如此。

不用再練習、不用再參加記者會、不用再搭飛機飛到這個國家的另一端，他現在可以想怎麼做就怎麼做、享受他的財富和時間。

我可以想像麥可所承受的一切，我指的顯然不是他每天面臨的要求，也不是他每天晚上背負著要表現得出類拔萃的期望，他可是麥可・喬丹。

我指的是他身心上的疲勞。我覺得這和NFL的跑衛在長年職業生涯中所必須承受的事物很像，你身上累積的碰撞次數會越來越多，到了某種程度，你的身體會告訴你它已經受夠了，而身體是不會騙人的。

幸運的是，我因為右腳踝與左手腕的手術延後進行而多得到了一點休息時間。在一九九二年出戰尼克的系列賽後，這個腳踝的傷就一直困擾著我。我一直等到八月底才動刀，因為我覺得是時候要為自己做打算，而不是事事替芝加哥公牛著想。我為他們付出的已經夠多了，如期動手術就代表我這個夏天又泡湯了，而且有好幾個星期都要手持拐杖才能走路。

那就不叫休息，而是掙扎。

另外，我確定我能在十一月五日的例行賽首戰做好準備。我那個時候覺得麥可會在，球隊在沒有我的情況下也沒問題的。

但這並不是我延後動手術的唯一原因。在我和耐克簽下的合約中有個義務，那就是到世界各地宣傳下個球季將會上架的鞋款。如果我腳上穿著石膏靴，就不可能做好這項工作。有鑑於我的日常收入實在太低薪高就了，我在耐克合約中能獲得的錢是一筆很重要的金錢來源。

在我了解麥可不會回歸球隊時，我開始思考這對我自己與球隊會有什麼影響。

老實說，儘管我會想念麥可，但我心中也有一部分期待著看看沒有他的時候我們會打得如何。早在他退休之前，我就已經覺得自己是球隊中最全能的球員。

在你激烈地反駁我前，請聽我解釋一下。

我指的是球員，不是得分手，兩者間有很大的不同。我是進攻端的串聯者，也是防守端的支柱——是一名幫助大家打得更好的人，就像是在湖人打球的魔術一樣。團隊默契、在乎彼此、分享球權——這是我，而不是麥可創造與培養的文化。當然，如果沒有他留下的那些英雄事蹟，我們沒辦法奠定現在的地位。

我並不是唯一一個在他離開這件事上看到好的一面的人，傑瑞．克勞斯也是。

傑瑞永遠不會承認，他們想把他趕出這裡。想想這件事：如果麥可沒有在傑瑞於一九八五年成為總經理前就已經來到這支球隊，傑瑞就可以宣稱打造出這支球隊的人是自己。所以如果我們這支由他一手打造的球隊獲得像是連番打進總冠軍賽的成功，那麼在這一結果下獲得讚譽的就是他，而不是麥可。

同時，菲爾也做出了正確的發言，說明了他對於我在擔任球隊的新領袖時有什麼期望。我不僅和比爾．卡特萊特被任命為隊長，在休息室中原本屬於麥可的衣櫃，也將交接給我來使用。

然而同一時間，我也從未感受到菲爾對我的信任。他沒有像相信麥可一般地相信我，會為其他人設計戰術。

他很少為我設計戰術，他的說法是：「球一直在你手裡，你可以決定進攻時要怎麼打，你在球場上可以想打什麼戰術就怎麼打。」或許是這樣沒錯，但如果他能多為我設計幾次專屬於我的戰術，而不是兩、三場比賽一次的話就更好了。別的姑且不論，這是一種尊重。

我沒有計較這件事，我沒有計較的事可多了。直到——我知道我在這時候講這件事太早了——那個出戰尼克的關鍵回合。那件事，我永遠沒辦法不計較。

至於球隊本身，我對其保持著樂觀的態度。

除了有霍勒斯、派克森和我，我們現在還有終於決定離開歐洲的東尼・庫柯奇，以及得分後衛史蒂夫・柯爾、中鋒比爾・威寧頓和我在阿肯色州的朋友彼得・邁爾斯，他將接替麥可留下的先發位置，不是取代，沒有人能取代他。

他們都是優秀的補強，休息室有他們在對球隊很有幫助。史蒂夫是聯盟中最好的射手之一，比爾可以在攻守兩端做出貢獻。同時，彼得也繼續讓人驚豔。此前在替義大利的佩薩羅斯卡沃里尼隊（Scavolini Pesaro）打球的他，在闊別ＮＢＡ三年後還能重返聯盟，如果這不叫毅力，什麼才叫毅力？

我們是有辦法競爭總冠軍的球隊嗎？

可能不是，你不能在失去麥可等級的球員後還期望球隊能維持同樣的水準。但另一方面，依然在陣中的球員知道為冠軍打拚要付出什麼代價，這肯定對球隊有所幫助。

東尼和我一開始談了巴塞隆納的事，把這件事情開誠布公地討論是件好事。我們之間沒有敵意，我也鬆了一口氣，現在我們是同一戰線的成員了。

我在訓練時對東尼的要求或許比對其他人都來得高，這是我從麥可身上學到的，他每天都會把我修理一頓。必須稱讚東尼，他從來沒有因此對我有所怨言。他承受著很大的壓力，傑瑞一直在努力讓他成為公牛的一員，現在這一天終於到來了。

他能成為一位名副其實的球員嗎？

我們很快就會知道了。

＊＊＊＊

一九九三年十一月六日的冠軍戒指之夜，感覺起來和前兩次有著很大的不同。

怎麼可能會沒有不同？那個每次都奪得總冠軍賽MVP的男人，穿的是西裝而不是球衣。我想了很多麥可之所以退休的理由，而且每一個看起來都有其道理。

只是我當時還是忍不住會想，現在也會想，是不是還有別的原因？

我從來沒有鼓足過問麥可的勇氣，而且，我也不相信聯盟打算因為他賭博而把他禁賽的謠言。說真的，NBA為什麼要封印自己的頭號吸票機，而且他當時還處於巔峰？

無論如何，拿到我們的戒指，一直都是個特別的時刻。

贏得這座冠軍和另外兩座冠軍的過程一樣艱困，甚至有過之而無不及。

這是當晚最值得慶祝的時刻，在那之後便每況愈下，而且是急轉直下。邁阿密熱火以九十五比九十一擊潰我們，我們在第二節僅得六分，創下隊史新低，半場只得二十五分，又寫下一項最低紀錄。有些球迷在第三節就離開球場了，我希望自己可以加入他們。如果比賽的結果還不夠屈辱，那聽聽幾位熱火球員怎麼不斷地嘲弄我們的……芝加哥公牛，三屆總冠軍是吧。

「你就是個廢物，皮朋。」甚至沒有穿球衣上場的葛蘭特．隆恩（Grant Long）都這麼說。而前活塞隊的約翰．塞利則補了一句：「孩子們，現在沒有麥可幫你們了。」

就算沒有麥可，我們也不能拿這個來當藉口。

輸給熱火稱不上是什麼麻煩，兩天後，我被放進傷兵名單，最後缺席十場比賽。大家一致認為我動完手術後太早回到場上了，我的腳踝仍然不對勁。在例行賽開幕戰來到夏洛特（Charlotte）時，我的腳也因為被史考特．威廉斯不小心踩到而受傷。在我缺席的十場比賽，球隊輸了六場。

我在十一月三十日在主場出戰太陽隊時回歸戰線，太陽肯定想為總冠軍賽的失利報一箭之仇。

他們得找別的機會了。

公牛隊以一百三十二比一百一十三大勝，這或許是後喬丹時代的體育館第一次如此歡聲雷動。我得到二十九分、十一籃板與六助攻。

這只是開始而已。

接下來的一個月，我們在十三戰中只輸一場，在費城輸掉一場延長賽。我們在十二月底打贏紐澤西籃網，寫下了十連勝。我們在一九九二——一九九三年球季最長只贏得過七連勝。

沒有麥可又怎樣？

對我來說，我們為什麼會打這麼好並沒有什麼神秘的原因，大家用前所未有的方式在傳導球，直到發現有空檔的人之前都不會停下。

從一場比賽到另一場比賽、從一個回合到另一個回合，對手不知道他們該擔心哪名球員，這與過去相比天差地遠。我們在休賽季引進的球員是有著高籃球智商的沙場老將，他們比一九八九年的隊員更快地掌握了三角戰術的精髓。只有四、五個人要學新體系，而不是十二個人，也對此有所幫助。

我從未獲得過這麼大的樂趣。沒有麥可在一旁對每個舉動指指點點，沒有人害怕犯錯了。霍勒斯改變得最顯著，他打得更有信心了。儘管他在球季後成為自由球員時還是幾乎肯定會離開，但我不記得他有再抱怨過任何事。球團給他造成太大的傷害，而且傑瑞．克勞斯也沒有要離開的跡象。

我的目標從來不是要取代麥可成為一名得分手，我的平均出手次數比前一個球季減少了近兩次（從十七點八次到十六點四次）。我的目標一如往常是要成為球隊的催化劑，把球推進前場，在轉換進攻時得到輕鬆的投籃機會。

沒有球隊阻擋得了我們，這下子泰克斯應該也沒什麼好挑剔的了。

大家在防守端也會互相支援，就拿史蒂夫．柯爾來說吧，他為嚴重的左膝傷勢所困，守不住像是凱文．強森或蓋瑞．裴頓（Gary Payton）等速度型後衛。這時候就需要球場上其他四名球員和史蒂夫互通有無：**逼他走右路，我會幫你。**

我們的球迷也對我們的成功帶來了助益。他們總是狂熱地支持我們。不過現在，在將於秋天搬到新球場聯合中心（United Center）的我們以芝加哥體育館作為主場的最後一個球季，他們感受到沒有麥可在場上做出眾人習以為常的精彩表演，必須靠自己來提供球隊一點能量。而他們確實做到了。

一月到來時，我開始相信我們真的很有機會可以去奪取另一座總冠軍。我們需要的只不過是再補上一、兩片拼圖，而這也不是一定要靠明星球員才補得上的缺口。就像尼克不久前從達拉斯小牛得到了經驗豐富的控球後衛狄瑞克．哈波（Derek Harper）一樣。

好的，日子一天天過去，而傑瑞．克勞斯還是毫無作為。我開始感到沮喪，我把這種心情藏在心裡，直到我再也忍不住為止。

「如果人們期許公牛隊去爭奪總冠軍，」我對記者們說，「我們就要有打這場戰役的本錢。」

我也對傑瑞在客場之旅和球隊一起行動的行為發表了意見，大夥對此早就有很多怨言了。

「我們希望他有事可以透過打電話告訴我們，而不是在休息室跟我們待在一起。」我說。

我說的話沒有發揮任何作用。（二月下旬，其他有力競爭者在進行補強時，公牛隊幾乎可說是按兵不動。我確定這會令我們將來因此受害。唯一一項有意義的作為，是把史戴西．金恩送到明尼蘇達，換來七呎二的中鋒盧克．隆利。）

我在那年冬天還上了一次頭條——但這次並不是我刻意為之。

某天晚上，我們在主場擊敗華盛頓子彈後，我去了芝加哥市北區一家P.J. Clarke's餐廳，和幾個朋友一起消磨時間。半夜時，某個人跟我說，有事要我出去處理。

一名警官搜索了我的車，一輛一九九四年產、黑色四門的荒原路華（Range Rover）。這名警官說，這輛車違停，一定要拖吊。然而由於車被鎖住無法移動，他便跟我要鑰匙。我把鑰匙給他後，他宣稱在前座和儀錶板間一眼便發現了一把零點三八零英吋口徑的半自動手槍。

我被逮捕並被帶到當地的分局，遭指控犯下一項輕微的罪刑：非法使用武器。因為儘管我已經註冊持有了一把槍，但這並不代表允許我攜帶槍枝，最高可判處入獄一年與一千美元的罰金。在我支付一百美元的保釋金後，他們便放我走了。

我被逮捕在芝加哥當地是一樁延燒好幾天的大事件，甚至連理查．戴利（Richard Daley）市長也加入了批評我的行列。大家都太誇張了。

首先，我買槍是為了保護自己。身為一名公眾人物，我是個明顯的靶子。請記得，那時距離麥可的父親被謀殺，只過了不到半年的時間，而我生活在一個每天都有人被射殺的城市。

第二，這個武器並不是在警官所說的位置。出於顯而易見的原因，我把槍藏在儀表板裡面。

大約一個月後，法官宣判警察沒有搜查我車內的法律權限，因此這項控訴也被撤銷。這位法官重建了我對司法體系的信心。

在某種程度上。

更重要的是，這起事件再次提醒我們，種族歧視的現象在芝加哥非常氾濫，當時如此，現在亦如是。

如果我是白人，我的天，絕對不會遭受上銬的對待。在我走出餐廳後，這位警官嘴裡吐出一句種族歧視的髒話。我什麼話都沒說，說了又有什麼好處？我以前又不是沒聽過類似的羞辱言詞。

我來自南方，聽得可多了。

二月底，騎士在我們主場以八十九比八十一踢館成功的比賽，也是一次提醒。

球迷們開始發出噓聲。我對此很不滿，在第三節騎士領先十八分的某次暫停中，我對板凳後方的一個人比出了中指。這些傢伙怎麼敢背棄我們？難道他們沒有注意到我們每個晚上都很努力在打球嗎？我們當時的戰績是三十七勝十八敗，在東區排名第二。如果你問我，那我會說，在失去一名三度奪得MVP的球員後，這個戰績還不算太難看。

對，我們今晚熄火，那又如何？每支球隊都有不順的夜晚。此外，人們會覺得，都達成三連霸了，應該有段時間可以讓當地球迷滿意了吧？

顯然不行。

比賽過後，我被記者問及是否會對噓聲感到不滿時，我沒有把話憋在心裡：

「我個人覺得唯一讓人不爽的是，過去七年我在這裡打球時，從來沒看一個白人在這座體育館裡被噓過……東尼今晚不知道幾投零中，而我沒聽到半個球迷找他的碴。（東尼九投零中，附帶四失誤。）」

我一點也不後悔我說了這些話。如果真有什麼後悔的，那就是我應該早點說。

公牛球團，正如你的預期，大發雷霆。我說的話是真是假，對他們來說根本不重要。他們只想以最快的速度大事化小、小事化無。

傑瑞．克勞斯替我草擬了一份道歉聲明，部分內容如下：

「在我賽後的評論中，絕對沒有暗示此事與種族歧視有任何關聯。那些對公牛球員噓聲以對的極少數球迷，在過去幾年對黑人白人都噓過。」

這份聲明中有幾處我不同意的地方，但我還是簽名了。我和傑瑞一樣很想趕快把這件事處理掉。我的工作不是為了對抗種族主義而仗義執言，是為了幫助公牛打贏籃球比賽。

說到這，這項工作上，我們突然遇到了點困難。

從明星賽到三月的第二個星期，球隊在十三戰中吞下九敗。我說對了，球隊在交易截止日前沒有獲得任何有影響力的補強，這件事現在回過頭來讓我們受害了。我們本來可以從快艇引進榮恩．哈波或是從費城得到傑夫．何納塞克（Jeff Hornacek），他們都非常有能耐，而且這麼做也並不會影響到我們核心的完整性。幹得好啊，傑瑞。

我們在進攻端打得掙扎，這是委婉的說法。在那十三場比賽，我們有六場比賽得分未滿九十分，其中有一場更以六十八比八十六敗給尼克。我們輸拓荒者十九分、輸金塊二十五分，還有一場輸老鷹三十一分。

我是造就這一困境的原因之一。我在這段期間中的幾場比賽繳出了以下「精彩數據」：

對陣熱火，二十四投七中。

出戰金塊，十九投五中。

對決騎士，十投三中。

我不知道怎麼會打成這樣，在我們陷入低潮前，我打得和以前一樣出色。在二月中的明星賽，贏得MVP的我以二十九分、十一籃板、三分球九投五中的表現，幫助東區明星隊在明尼亞波里斯（Minneapolis）以一百二十七比一百一十八戰勝西區明星隊。

這一次，很高興我能贏得屬於自己的事物，而不是看麥可又帶走一座獎盃。

那是個瘋狂的一天。比賽前，我在飯店房間和一個名叫麥可．克拉克（Michael Clarke）的朋友一起玩。他是昔日彼得．邁爾斯在小石城分校的隊友。克拉克和我玩唐克，輸的人要喝一杯啤酒。我們打牌打了好幾個小時，我喝的量大概有三瓶啤酒。

突然，就到了要上場比賽的時間。

我是有點醉了，但又有何妨？我並不打算在這場頂多算是表演賽的比賽中投入太多精力，而且，你可能還記得，自從我在一九九一年明星賽成為遺珠後，我便開始不怎麼在乎明星賽。

然後最讓人不解的事發生了。在我上場熱身時，我的專注度突然高到破表。包含三分球在內，我怎麼投怎麼進。我想到在我的職業生涯中還有一次類似的經驗，一場季前賽前，麥可和我喝了幾杯啤酒。我們兩人都很厭倦這些比賽，它們也都沒什麼意義，而我在那場比賽中也是百發百中。

幸運的是，全隊在三月中旬找回了共同的步調，包含一波十連勝在內，在接下來取得十七勝五敗，讓我們以五十五勝二十七敗的戰績結束例行賽。沒有人覺得我們能贏這麼多場球，就連菲爾也沒有這麼想過。

如果我們最後兩場比賽也能贏就好了。

然而在倒數第二戰，主場出賽的我們在二度延長賽中敗給塞爾提克，輸給一支展望樂透選秀的球隊，也大大地打擊了我們確保第一種子的機會。第一次延長賽，我在剩下不到三十秒時先是錯失了兩記罰球，接著壓哨的跳投也落空。那天晚上，我三十一次出手只投進十一球。

輸掉這場球，加上兩天後敗給尼克，令我們成為第三種子。

＊＊＊＊

在季後賽，我們會非常想念二十三號。

不過在第一輪出戰克里夫蘭騎士時反而沒這麼想念，我們三戰全勝、將他們橫掃出局。這支魔術口中將會稱霸九〇年代的天選之隊，直到二〇〇七年才會打進總冠軍賽。

但在下一輪出戰派崔克．尤英與尼克的系列賽時，就真的會很想念他了。

尼克有著十足的動力，他們不僅在一九九一、一九九二年敗給我們，更在一九九三年手握系列賽二比零的領先時被我們逆轉。我們是擋住他們去路的障礙物，就像是當年的活塞擋住我們的路一樣……好像永遠在前方陰魂不散。

在花園球場拿下前兩戰後，尼克再度掌握系列賽的先機。

日期：一九九四年五月十三日。地點：芝加哥體育館。

我這麼寫，好像在描述一個重大犯罪現場的時空背景。而在許多人眼中，這也的確是一件罪大惡極的事。

快轉到第三場比賽的最後階段。我們有球權，在最後不到十八秒的時間以一百零二比一百領先。我們在第三節後段最多領先過二十二分。此時，公牛隊喊出暫停。

我很激動，這個戰術與以往不同，是為我設計的。其他人會離開右側、清出空間，我就可以在這個區域跳投或切入籃下。然而東尼還是待在和我同一側接近底角的位置。我揮手示意，要他離開，但他文風不動。我被迫孤注一擲，最終連籃框都沒碰到，造成進攻二十四秒違例。

尼克叫暫停，還剩五點五秒。

東尼在關鍵時刻搞砸了，更糟糕的是，尤英在底線勾射命中，把比賽追成平手。比賽再次暫停，最後一點八秒。

一點八、一點八、一點八……在過去二十七年中，我已經數不清被提醒過這一點八秒的事幾次。我幾乎肯定我走到哪它就會跟到哪，不誇張，最後會跟到我的墓碑上：

史考提・莫里斯・皮朋

備受喜愛的丈夫與父親

一九六五—

七屆明星球員

六屆NBA冠軍隊成員
在芝加哥公牛與紐約尼克交手的一場季後賽中最後一點八秒拒絕上場

來，請容許我一次把這件事說清楚、講明白。

首先，我不覺得這是我職業生涯中最低潮的一刻，反而認為它是最精彩的時刻之一。不管你不信，我都無所謂。

在暫停時，如果你不知道的話，菲爾要把執行最後一擊的任務交給東尼，就是搞砸上一波進攻的東尼。我則被告知要負責把球傳進場內。

我很生氣，也讓菲爾知道我的憤怒。

「我說什麼你就做什麼！」他咆哮。

「幹！」我回應。

在我選擇不在那最後一點八秒回到場上後，比爾．卡特萊特和強尼．巴赫催促我改變心意。想都別想。菲爾派上了彼得．邁爾斯來進行界外發球。

就像俗話說的一樣，接下來的就是歷史了。東尼在安東尼．梅森面前投進一記十八呎遠的球，公牛以一百零四比一百零二戰勝尼克。

休息室的氛圍簡直像太平間。人們絕對想不到，這支球隊才剛剛贏下了一場為了不讓系列賽一面倒而不能輸的比賽。在我的隊友、教練的心中……以及我猜世界各地的籃球迷也都這麼想，我犯下了一個職業體育選手所能犯下的罪中最不可饒恕的過錯。

我拋棄了我的球隊。

共同擔任隊長的卡特萊特淚眼盈眶地對休息室裡的每個人說：

「這是我們證明沒有麥可也能度過難關的機會，而你用你的自私把它搞砸了。我這一生從來沒有這麼失望過。」

我很害怕，不是因為我在最後關頭拒絕上場，我永遠不會操心這件事。我怕的是那些人的反應。我努力了這麼多年才贏得他們的信任，而現在我已經失去它了。

我唯一能做的，就是道歉。

我覺得我們，以球隊的立場來看，要盡快從這起事件中走出來。距離第四場比賽開始只剩不到四十八小時，我們不能在系列賽要回到花園球場進行時，背負著一比三的落後。我並沒有生比爾或是其他球員的氣，如果我是他們，也會有一樣的感覺。

不過有一個人實在讓我火冒三丈，就是菲爾・傑克森。

麥可已經離開了，現在這是我的球隊，這個成為英雄的機會也是屬於我的。然而菲爾卻把這個機會給了……東尼・庫柯奇？你沒在開玩笑吧？東尼只不過是個菜鳥、手上一枚冠軍戒都沒有。我在聯盟闖蕩七個年頭，贏得三枚冠軍戒。另外，順道一提，在這年球季的MVP評選榜上，我排名第三，僅次於哈金．歐拉朱萬與大衛．羅賓森。

最羞辱人的部分是菲爾要我來負責發界外球。如果待在場上的話，我至少還能當個誘餌。尼克會派兩名球員來防守我，這樣就有人會得到一個好機會。

我做了一件正確的事，藉由拒絕上場，我不僅為自己而戰、捍衛我的尊嚴，也幫助在我之後進入聯盟的球員。有一天，他們很可能會發現自己遇到相同的處境。

隔天，菲爾和我討論這件事。他在話中解釋我是球隊中最擅長傳球的人，也提到東尼在例行賽投進了三次致勝一擊。

他說的這些話都沒辦法改變我的想法。

「你是在跟我說，如果麥可也有打這場比賽，你會因為東尼投進了那幾球而叫他把球交出來？」我問道。

我不記得他回答什麼。我只記得，我和菲爾．傑克森已經玩完了。

當然，不是完全決裂。

只要我還在芝加哥公牛，我就會繼續在他麾下努力奮戰，達成他交給我的任務。我依然心繫著隊友與球迷。然而無論未來我們贏得多少勝利，我們的關係都將永遠改變。事實擺在眼前，他已經把我當過一次棄子，有第一次，有什麼理由能保證不會有第二次？

附帶一提，就算我沒投進，我們也不會輸。比賽是平手局面，最糟也不過就是打延長賽。

我好奇，如果東尼沒投進的話會發生什麼事？菲爾會希望我打延長賽嗎？我自己還會想上場嗎？如果我們輸掉第三戰，尼克會乘勝追擊、橫掃我們嗎？之後的事態又會如何演變？

我知道會發生什麼事。

芝加哥的球迷會要求公牛隊把我送走，越快越好，然後傑瑞．克勞斯會欣然同意。他一直在想辦法擺脫我。

有時我會想、如果那年夏天我被交易走，從長遠來看可能再好不過。這樣我就能遠離這兩個傑瑞、遠離菲爾、遠離這些只因為唯一一個原因就不喜歡我的媒體：因為我不是麥可．喬丹。

說到麥可，他在賽後的隔天聯絡了菲爾。

「我不確定史考提會不會慢慢淡忘這件事。」麥可說。

麥可打電話給菲爾，我沒有意見，不過，如果他也有打電話給我就好了。我才是在電視上和報紙上被攻訐的人，不是菲爾。我想盡可能地獲得他人的聲援。

我並不期待麥可打給我，他不是這種人。話說回來，之前我也沒有打電話給他。

看了《最後一舞》的人在聽到我提到一點八秒事件時表態「如果有機會重來，我可能不會改變心意」後，都覺得很驚訝。

讓我修正這個說法。

我絕對不會回心轉意。我為自己挺身而出。如果我沒這麼做，永遠不會原諒自己。

在六月的幾次採訪中，我暗示菲爾是個種族主義者，所以才指派東尼進行最後一擊。這個說法也讓很多人感到驚訝。

他選擇東尼而不是我的時候傷透了我的心。對於為什麼沒有選擇我這件事，我需要一個解釋。為什麼在我為芝加哥公牛付出一切後，不被允許擁有一個屬於自己的經典時刻。所以當時我告訴自己，菲爾做出這個決定，一定是基於種族歧視的動機。近三十年的時間，我說服自己相信這個謊言。直到我看見自己的話被印刷出來時，才恍然大悟，發現自己錯得有多離譜。

不論如何，還有第四戰要打。這就是NBA的美妙之處，永遠有下一場比賽，直到一切塵埃落定。

尼克後衛狄瑞克．哈波因與我們的一名替補球員喬．喬．英格利許（Jo Jo English）爭吵而遭聯盟禁賽兩場，我們把握住這個機會。不管機會是從哪來的，你都要去把握它。

為了證明我有多麼努力在擺脫第三戰的陰霾，我攻下全隊的前八分，最後得到二十五分與八籃板和六助攻。儘管尼克一度取得十二比零的領先，我們還是以九十五比八十三拿下勝利。球迷們從跳球開始就站在我這邊、鼓勵著我，這對我而言非常重要，因為賽前我不知道他們會有什麼反應。

回到花園球場進行另一場第五戰，又是一場難忘的第五戰。恐怕對我而言，它實在太難以忘懷了。

比賽還剩大約十秒，公牛以八十六比八十五領先。B・J・在弧頂跳投失手後，尼克喊出暫停。再守住一次，我們只要做好這件事。再守住這波該死的進攻。

梅森把球傳給史塔克斯，吸引到幾名防守者的他，把球傳給後場搭檔休伯特・戴維斯（Hubert Davis），後者在弧頂得到大空檔。我急忙跑去干擾這顆球。此時，戴維斯出手投籃。

沒進！

接下來發生一件當下難以置信的事，現在想起，也還是覺得不可思議。

休・霍林斯（Hue Hollins）裁判吹了犯規，指出我打到戴維斯的右前臂，判給戴維斯兩次罰球機會。

我想不出有哪一個更糟糕的吹判出現在比這個更糟糕的時間點，不管是吹在我還是其他人身上。

對，有接觸，然而這是在戴維斯出手後發生的接觸。重點是：這沒有影響到他投籃。嚴格來說，一名球員在雙腳碰到地板之前，投籃動作都還沒有結束，然而在那個時代，一旦球離開球員的手，就很少有人會響哨。

在這麼重要的比賽中，會響哨的人就更少了。

戴維斯在比賽還剩二點一秒時兩罰俱中，助尼克取得八十七比八十六的領先，這也是比賽的最終比數。我們隊裡的每個人都覺得被搶走一場勝利，就連當晚另一名負責吹判的裁判達瑞爾・

蓋瑞森（Darell Garretson）在幾個月後也承認霍林斯鑄下大錯。

「我只能說這是個糟糕的判罰。」蓋瑞森說。

我們不能再繼續抱怨霍林斯了，兩天後，第六戰便會在芝加哥舉行，這將是決定這個球季能否延續的一刻。

我們成功挽救了球季，公牛以九十三比七十九勝出。B．J．攻下全隊最高的二十分，霍勒斯也得到十六分並抓下十二籃板。

在這場比賽中，我在第三節中段從尤英頭上單手灌進氣勢磅礴的一球，並因我跨過他倒在地板上的身體這個看起來像在挑釁他的動作而遭判技術犯規。這不該被吹技術犯規，我沒有在挑釁他。我當時很亢奮，如果連這種比賽都沒辦法讓你熱血沸騰，那就沒有任何事能點燃你的激情了。

然後我和尼克的頭號粉絲、史派克．李（Spike Lee）導演吵了起來，他坐在前排，穿著一件約翰．史塔克斯的球衣。我也沒做錯什麼，是史派克先跟我吵的。

「把你的屁股放回椅子上。」我對他說。

嗯，我應該少寫了一或兩個不好聽的字眼。

最後一次，回到花園球場。

壓力在尼克隊身上，如果連續四年輸給公牛，球迷們不會原諒他們。尤其是現在二十三號還去打棒球了。

在第七戰，我們當然也有機會。在第三節還剩兩分半鐘時，我們以六十三比五十九領先。然而尼克打出一波八比零的攻勢，帶著四分領先進入最後的十二分鐘。

可以的話，我真想把這十二分鐘給忘了。

我們只得了十四分。必須稱讚帶著八十七比七十七的勝利揚長而去的尼克。上半場沒有得分的尤英，最後繳出十八分與十七籃板的成績，歐克利也斬獲十七分與二十籃板。

我幾乎不記得輸球是什麼感覺。

而它帶給我的痛苦消失後，最終被驕傲取代。

沒有人想得到我們能走得這麼遠。如果霍林斯沒做出那個判決而我們在系列賽中獲勝，我相信我們可以在東區冠軍賽打贏溜馬。那個球季，我們遇上他們的戰績是四勝一負。

火箭將是我們在總冠軍賽中的對手，我也相信我們可以擊敗他們。

在沒有麥可．喬丹的情況下贏得總冠軍，不是一件很了不起的事嗎？我好奇，這會如何影響他的歷史定位，以及我的歷史定位。

第十四章　他回來了

我在一九九三—一九九四年球季繳出了MVP等級的成績，公牛隊做了什麼來獎勵我的表現？

用他們唯一知道怎麼做的事。也就是從我來到芝加哥的第一天起，他們就展現出來的不尊重。

他們想踢走我。

最糟的是，他們沒有親口告訴我的勇氣。我還得拐個彎從媒體「朋友」的口中了解這件事。我當面與傑瑞．克勞斯對談時，他否認了公牛正在積極尋求交易。這不是重點，就算公牛只是聽取報價的一方，也夠令人生氣了。一支球隊不會送走他們陣中最好的球員，我是說，大多數的球隊。而且不管出於什麼理由，如果他們決定這麼做，至少也會禮貌性地知會對方，讓他知道接下來會發生什麼事。

根據各方媒體報導，公牛希望把我送到西雅圖超音速，換回前鋒肖恩・坎普（Shawn Kemp）和後衛瑞奇・皮爾斯（Ricky Pierce）。兩隊也會同時進行一些選秀權的交易。一切看起來都已經準備就緒——直到西雅圖的老闆貝瑞・艾克利（Barry Ackerley）否決了這筆交易。

有傳言指出太平洋西北地區的球迷並不樂見球隊放棄年僅二十四歲的坎普，而我將在九月滿二十九歲。

對我來說，這沒什麼區別，就算最後交易沒有成真，傷害也已經造成。

之後的幾個月裡，我還真的希望有交易發生，讓我轉往聯盟中的其他球隊。哪裡都可以，只要是需要我的地方就好，而芝加哥顯然不符合這個條件。

每天似乎都有不同的傳聞出現，我自己也製造了一個流言，說我會被送往太陽隊交易丹・馬爾利、新秀衛斯理・波森（Wesley Person），可能還會要幾個選秀權。這個消息很快就傳開了。

無庸置疑，離開芝加哥公牛後，日子也還是過得下去。

問問霍勒斯就知道了，他在一九九四年七月與奧蘭多魔術簽下一份六年兩千兩百三十萬的合約。我替他高興，他終於獲得應有的尊重。有人問我有沒有試圖勸說他留在芝加哥，當然沒有。我永遠不會阻擋一個球員的發展與他的財路。

約翰・派克森、比爾・卡特萊特和史考特・威廉斯也在那年夏天離開球隊。派克森退休、身為自由球員的比爾與超音速簽約、史考特去了七六人。

我熟悉的團體正在解體，參與過這三次奪冠的成員只剩下我、B・J・阿姆斯壯和威爾・普度。

就連強尼・巴赫也沒有留下。雖然這不是他選的，他被菲爾開除，我一直都不清楚事情的詳細經過。大家都知道，強尼和傑瑞早已不和多年。我很確定山姆・史密斯的書跟這件事有關，傑瑞一口咬定強尼是山姆的情報來源。多麼表裡不一的人。

這麼多球員離開，代表我們有引進一批新血的需要。

這批新成員有前鋒賴瑞・克里斯柯維亞克（Larry Krystkowiak）、雅德・布徹勒（Jud Buechler）與普羅維登斯大學（Providence）的菜鳥迪奇・辛普金斯（Dickey Simpkins），以及最重要的，我在一年前就希望球隊引進的人，榮恩・哈波。老哈是一名後衛，成為自由球員的他以五年一千九百二十萬的合約與球隊簽約。在一九九〇年撕裂了十字韌帶後，他的體能便不若當年，但這並沒有使他的價值降低。

然而，公牛所做的另一個舉動實在讓我興奮不起來。

就是與東尼簽下一份六年兩千六百萬美金的新合約，這是隊史最大的合約。如我所料。他們年復一年地給我遠遠配不上表現的低薪，然後給了東尼一大筆錢。先是把最後一擊的任務交給他，現在又搞出這件事。

媒體以及——毫無疑問的——傑瑞・克勞斯，都在等我發飆。他們知道，我以前也有生氣過的紀錄。

這次沒有。我知道說什麼都沒用，而且此時我確信我的加薪日終究會有到來的一天，就算不是在公牛領到這筆錢，也會有別人願意付，就像霍勒斯也等到了這一刻一樣。

在暑假結束之前，還有一件事要做，也就是告別預計於一九九五年拆毀的芝加哥體育館。我喜歡這棟建築與它的聲音和氣味。比起體育館，它更像是一個舞台，有許許多多不只是體育方面的歷史書寫於此處。回首一九三二年，民主黨就是在這裡提名富蘭克林・德拉諾・羅斯福為總統候選人的。可以肯定的說，這件事帶來了不錯的影響。

九月九日，我們在這座體育館舉行了最後一場比賽，也就是史考提・皮朋明星經典賽。B・J・、霍勒斯、東尼、幾名NBA球員加入我，一起為這場公益賽事籌集了超過十五萬美金的資金。活動當天，座無虛席。

哎呀，我差點忘記提到這份名單上還有一個名字。

麥可・喬丹。

我很高興他出現了，而且不只是出現而已，在他的球隊以一百八十七比一百五十獲勝的比賽，他攻下五十二分，並做出灌籃、後仰跳投、反手上籃，以及每一個你想得到的動作。這趟懷舊之旅令球迷們十分享受，我也是。

比賽結束後，我們兩人擁抱了彼此，接著麥可親吻了球場中央的公牛隊徽。

很快地，他又要離開了，去追尋成為伯明罕男爵（Birmingham Barons）右外野手的新夢想，這是一支隸屬於白襪在二A小聯盟的球隊。

而被他留下的人們，將面對比以往更加撲朔迷離的未來。

* * * *

一九九四—一九九五年球季例行賽的開幕周末，最能說明我們的未來有多迷茫。

我們在聯合中心連續兩天出賽，這是我們的新主場，與原本的體育館在同一條街上，就蓋在它的對面。我們在面對夏洛特黃蜂和華盛頓子彈這兩支一年前沒打進季後賽的球隊時，打得很掙扎。

在出戰夏洛特的比賽，我們犯下二十七次失誤，其中有六次是我犯的。幸好黃蜂自己也失誤二十三次，讓我們能以八十九比八十三的比數苦戰過關。而子彈隊則在延長賽以一百比九十九獲勝，這給了我們很大的打擊。我在哨音響起時投出的致勝一擊落空，我的手臂被打到，但沒有人吹哨。我並不意外，裁判不會在比賽快結束時吹這種犯規的，只有休．霍林斯例外。

十一月的狀況也差不多，我們最長只拿過二連勝。

即使如此，我每天還是都以積極的心態出現在球場上。

這並不代表我對菲爾・傑克森的態度有所轉變，而在十一月十九日、我們出戰小牛時發生的事，當然也無助於縮短我們之間的隔閡。

先解釋一下這件事的背景。

一星期前，小牛隊的先發前鋒賈莫・馬許本（Jamal Mashburn）在芝加哥與我們交手時攻下五十分，令我們苦戰落敗。我把這當成對我的挑釁，每當我防守的對象表現得比我還好時，我都會這麼想。

這不常發生就是了。

因此，在我們準備好再次與他們交手時，我讓大家知道我的目標是拿五十分。我在去達拉斯的飛機上說過這件事，跳球前在休息室裡的時候也提過這件事。事實上，我還把這個目標貼在前額，菲爾不可能不知道。

一切都照計畫進行。

嗯，幾乎是。上半場打完我攻下十七分，三節戰罷，我得到三十六分，還抓下十四籃板。我正一步步往目的地前進……

卻前進到了板凳區。

整個第四節，菲爾都把我留在板凳上。我能理解。我們正在痛宰小牛，他認為我沒有上場的必要。

但我覺得很有必要。我必須反擊馬許本，他得多少分，我也該得多少分。相信我，如果在相同的情況下，主角是麥可，我保證菲爾會讓他繼續打，直到他攻下五十分或六十分為止。這件事與他將最後一擊的任務交給東尼給我一樣的感覺，菲爾不願意讓我有屬於自己的時刻。

十二月也沒有比較好，有兩場在聯合中心進行的比賽打得特別爛，很難說哪一場更丟人現眼。

十二月十九日，我們慘遭騎士修理，六十三比七十七，寫下隊史得分新低，得到十四分的我奪得全隊最高分。至少騎士是一支好球隊，我們成為他們連勝中的墊腳石，而他們最終贏得十一連勝。

一星期後，洛杉磯快艇以九十五比九十二擊敗我們。

對，快艇隊。

四勝二十三敗的快艇在一九七九年後就未曾在芝加哥贏球過。第二節，我因為在被裁判吹了進攻犯規後與他爭論，吞下本場比賽的第二個T（技術犯規），第一個T則是因為嘲諷裁判被吹的。就這樣，我今晚提前收工了。

我們會在比賽中打得一場糊塗並沒有什麼不可思議的原因，我們想念霍勒斯的程度，幾乎與想念麥可的程度不相上下。霍勒斯不僅能掌握籃板，還能和聯盟中頂尖大前鋒打得勢均力敵。

吃下這場敗仗後，我們的戰績落到十三勝十三敗，我的心情也落到谷底。不管在高中、大學還是職籃級別的比賽，這種平庸的成績都令我難以接受。這或許可以解釋為什麼隔天我說了一堆傑瑞・克勞斯的壞話。

「他滿嘴謊言，」我告訴記者，「你甚至不會想浪費時間和他打交道。」

我指的是傑瑞在幾乎把我交易到西雅圖時說了謊，也對他沒有做出更大、更實際的行動來續簽霍勒斯而感到失望。我並不是說這麼做會有什麼差別，儘管你永遠不會知道答案。

困擾我的不只是謊言，還有輸球。我也還在為我的低薪感到忿忿不平，東尼、B・J・和哈波賺的錢都比我還多。

如同以往，我並沒有讓我的感受打擊到我在球場上的表現。在得分、籃板、助攻、阻攻與抄截這五項主要數據中，我每一項都領先全隊。自從塞爾提克的中鋒戴夫・考文斯在一九七〇年代末達成過這項壯舉後，還沒有任何球員能做到這件事。

但我確實因為這段期間經歷的事而受到影響，這必然會顯現出來。

一月二十四日，我們在聯合中心出戰聖安東尼奧馬刺。

上半場快結束時，現在效力於馬刺的丹尼斯・羅德曼和盧克・隆利糾纏起來。我不敢相信羅德曼沒被判犯規，並和裁判喬伊・克勞德（Joey Crawford）分享我的意見。我說的話不順他的耳，便被他賞了一個T。這讓我真的生氣了，結果又拿到一個T。

在我離場回到休息室前，我決定要做最後一件能在人心中留下印象的事。

經過我們的板凳區時，我拿起折疊椅，把它丟到場上，就像是在一九八五年一丟成名的印第安納大學（Indiana）教練巴比．奈特一樣。*我一向不喜歡喬伊．克勞佛，有很多裁判透過手裡的哨子來展示他們有多大的權威，他就是其中之一。

回想起來，我希望自己沒有扔出那張椅子，這個行為可能會使人受傷。即使如此，我當時並沒有為此道歉，現在也不會。是，我的反應太過激烈，但克勞佛也一樣做過頭了，而我不記得他有道過歉。

很快地，交易截止日又到了然後過了，而我還是留在原處。最近的一篇報導指出我會被送去快艇，應該吧，也好像不是。我根本不知道哪篇報導可信。

說到駐足原處，公牛隊在二月的戰績是五勝八敗，這是自一九八九年四月還是道格．柯林斯執教以來的最差紀錄。每晚的過程都差不多，我們一開始會取得領先，然後在下半場崩盤。

三月初，球隊的戰績是二十八勝三十敗，勝差落後同區的黃蜂八場半，更被四十四勝十三敗的奧蘭多魔術甩開了好幾光年。

魔術陣中有兩名籃球場上最引人注目的青年才俊。七呎一吋、三百二十五磅的中鋒「俠客」

＊譯註：在一場出戰普度大學的比賽，奈特教練因印第安納大學在五十九秒內被吹三次犯規而向裁判表達不滿，結果遭判技術犯規，最後便動怒將椅子扔進場內。

歐尼爾（Shaquille O'Neal）與六呎七吋、能打後衛與前鋒的「一分錢」哈德威。「俠客」與科比．布萊恩（Kobe Bryant）將永遠密不可分，這是理所當然的，但「一分錢」才是他的第一個明星拍檔。「一分錢」可以在外線投籃，也能在內線得分，更是一位優秀的傳球好手。

霍勒斯比我更快拿到另一枚冠軍戒的機率很高，而如果這真的發生了，那他大概會講個沒完沒了。

＊　＊　＊　＊

三月七日，他出現在伯托中心，參加了訓練。這看起來不是什麼大事，麥可退休後曾多次與球隊一同進行訓練。他還是愛著這項運動，這一點永遠不會改變。然而，這次的情況有點不同。他和我們的第二陣容一起訓練，還一起看影片分析，甚至還在練習結束後進行衝刺訓練。

大家的心裡開始在想，這個男人真的在考慮復出嗎？

這個推測持續了好幾天，沒有人知道答案。當地的電視台與報社記者從很早的時候便開始關注這件事，在一九九三年麥可的引退記者會以來，伯托中心還沒有進駐過這麼多媒體，那感覺就像是一百年前的事了。

一如往常，麥可並沒有對我透露任何事，我也沒有問他可能有什麼計畫的勇氣。我知道我們的關係有多疏遠，而我也沒有朝他走近過一步。我並不孤單，球隊中的每個人可能都被他蒙在鼓裡，除了他的朋友B．J．可能是例外。

隨著日子一天天過去，尤其是在短期內沒辦法選擇打棒球的情況下，麥可的復出看起來越來越有可能。球員們在去年八月罷工，這導致一九九四年球季的剩餘賽事遭到取消。隔年三月，勞資之間的問題也還沒有看到解決的跡象。有些人願意跨過罷工警戒線，加入小聯盟的替代球員展開新球季，而麥可並沒有這個意願。

三月十八日，他用那份著名的傳真正式宣布：我回來了。

我非常高興，我想這令有些人感到訝異。他們認為我不願意再屈居於老二，認為我更想當蝙蝠俠而非羅賓。我不會說謊，我很享受這段當老大、向酸民證明如果我無須聽命於麥可，能將我的表現提升到另一個境界的過程。

同一時間，更需要證明自我的是傑瑞．克勞斯。在一九九三—一九九四年球季贏得五十五勝並不足以證明什麼，無怪乎麥可的復出令他意興闌珊。

「史考提、霍勒斯，他們是你一手挑選的孩子，」麥可總是對傑瑞這麼說，「不過選上我的人可不是你。」

這番話總是能令傑瑞惱怒地無以復加，他越是惱怒，麥可就越愛講。他總是能找出能激怒傑瑞的開關，而且還找到很多個。

只靠麥可並不能解決芝加哥公牛的所有問題。他不是霍勒斯．葛蘭特，不能在低位和大個子對抗，而且我們在籃板方面依然需要很多的支援。

此外，他沒有處於我總愛掛在嘴邊的季中狀態。

就我而言，不管你是誰，都不可能在參加幾次訓練後就期望自己能重拾過往的狀態。你的身體沒有辦法讓你做到這件事。你要適應的不僅是比賽本身，還有訓練、長途跋涉，為此，你必須集中精神，日復一日。自從我們在一九九三年總冠軍賽擊敗太陽後，麥可便有將近整整兩年的時間沒有在過這種生活了。

我們其他人也要做出調整，主要是那些沒有和他一起打過球的人。不只是要知道他喜歡在哪裡接球，或是他朝籃下切入時自己該站在哪裡，和麥可打球，代表要適應他引起的關注，它們來自於球迷、記者、攝影師與名人等你各種想得到的地方。令人難以置信的是，人們的關切更勝以往。

大家都在追星，他簡直像一名風靡萬千女性的偶像，我想他也的確是偶像沒錯，但我現在要講的是已經在聯盟征戰多年的成年男子該如何與他相處。他們不知道該怎麼接近他，在大多數的情況下，他們也沒在費心思考怎麼互動比較恰當。你最好保持距離，以策安全，不要因說錯話而惹他生氣。

我數不清有多少次，隊友走來問我：「嘿，你覺得我可以拿這個給麥可簽名嗎？」

不管是拿出了弟弟的球衣，還是麥可得到五十分時的比賽表單，每次只要有人這麼問，我都會給他們一個「祝你好運」的表情。

東尼比誰都怕他。

東尼一直想和麥可一起打球，他在麥可退休時大受打擊。許願的時候要謹慎。東尼已經要面對不斷在指責他沒有以正確方式防守的菲爾，現在又來了麥可。他不是個羞於表達的人，這是比較委婉的說法。

麥可復出的首戰是三月十九日在印第安納波里斯（Indianapolis）出戰溜馬，集市廣場競技場（Market Square Arena）裡球迷的興奮程度與到場的媒體人數，令這場比賽的氛圍更像是六月十九日。

麥可身穿四十五號球衣，而不是世人熟知的二十三號，這是他在高中時使用的第一個背號。一如預期，麥可打得有些生疏，二十八次出手僅命中七球，我們也在延長賽中以九十六比一百零三落敗。在下一場比賽擊敗塞爾提克後，我們在聯合中心與奧蘭多魔術交手。這對我們來說是一大考驗，魔術是備受看好能在東區脫穎而出的球隊。

我們輸了，這場比賽二十三投七中的麥可也沒有找到自己的步調，奧蘭多獲勝，一百零六比九十九。

我們沒有替他擔心的理由，他可是麥可．喬丹，很快就會找回自己的節奏。

下一場比賽很快便到來，再試一次吧。

比賽最後五點九秒，落後老鷹一分，麥可接到傳進場內的發球後衝到前場，在哨音響起時投進一記離籃框十四呎的致勝球。他攻下三十二分，對一個花了好幾個月的時間在嘗試要怎麼打中曲球的人來說，表現得還不錯。

接下來，就是那場在花園球場的比賽，沒有人能預料到在這場比賽會發生什麼事。

麥可前七次出手命中六球，單節就得了二十分，並在第二節追加十五分、第三節補進十四分。最後他攻下五十五分，成為該季單場得分最高的球員，並傳給比爾．威寧頓一記好球，讓他能夠灌進致勝一擊，幫助我們以一百一十三比一百一十一戰勝尼克。這場比賽日後也被稱為「五五之戰」（Double Nickel Game）。*

那份傳真向世人宣告：我回來了。

在花園球場的表現，讓這件事正式成真。

在四月底的季後賽開始前，麥可打了十七場比賽，我們贏得其中十三場，並以四十七勝三十五敗結束例行賽，拿下東區第五種子。

我們又變回當年的公牛，一切皆有可能。

* * * *

我們在第一輪五戰三勝制系列賽的對手是黃蜂，首戰在夏洛特進行。上一次在客場打第一場季後賽，是一九八九年的事。

黃蜂在一九九四—一九九五年球季贏得五十勝，他們陣中有一名未來名人堂中鋒阿隆佐・莫寧（Alonzo Mourning）、前鋒賴瑞・強森（Larry Johnson）與一名疾如雷電的後衛麥格西・柏格斯，他讓我想起在維吉尼亞州樸茨茅斯選秀前的錦標賽那一星期中改變人生的美好回憶，我怎麼做都不足以表達我對他的感謝。

這是個短暫的系列賽，第一戰有著比過往更為重大的意義，比賽最終由公牛在延長賽以一百零八比一百戰勝黃蜂。

這場勝利要歸功於麥可，他攻下四十八分，在全隊得到十六分的延長賽，他一個人就包辦十分。黃蜂在第二戰重整旗鼓拿下第二戰，一百零六比八十九。莫寧鋒芒盡露，攻下二十三分與二十籃板。第三戰，我們壓制住他，讓他只攻下十三分、七籃板，拿下一百零三比八十的壓倒性勝利。

在主場再取得一場勝利，就可以晉級下一輪比賽。

* 譯註：美國五美分硬幣因以鎳（Nickel）鑄成，因此得其「鎳幣」之名。一九七〇年代，由於當時全美的最高限速是時速五十五英哩，卡車司機便以Double Nickel稱之，也讓它有了五十五之意。

說起來簡單，做起來難，尤其是在麥可手感不佳的夜晚。

他在第四戰的第三節與第四節連續十六分鐘一分未得，我完全想不到有可能發生這種事。挑起大樑的是我和東尼，後者攻下二十一分與十一籃板。即使如此，黃蜂在最後關頭還是保有在客場偷下一勝的機會。在落後一分的最後幾秒，強森在罰球線後跳投，籃外空心，荷西．霍金斯（Hersey Hawkins）接到球後隨即向後一拋也沒能把球放進籃框，讓我們驚險地守住勝利。

下一個對手是第一種子魔術。他們有著無庸置疑的天賦，問題是，他們有沒有準備好攀過下一道障礙？要打倒一支冠軍隊，需要生聚教訓的時間，我們在與活塞交手時也發現了這一點。而隨著麥可的回歸，大家覺得我們依然是過去的那支冠軍隊。

就好像一九九三—一九九四年球季從未發生。

我們最大的挑戰是守住「俠客」，他是頭野獸。那年球季只不過是他進入聯盟的第三季，他便繳出平均二十九點三分與十點八籃板的成績。我們陣中沒有能在防守端與他正面對決的人，順帶一提，也沒有人做得到。他的弱點是命中率只有百分之五十三的罰球，我總是想不透為什麼「俠客」不在這個環節上多下點功夫，儘管他的能耐已經足以主宰全場，但他本來可以藉此成為一名更好的球員。

幸運的是，我們的長人陣也有比爾．威寧頓、盧克．隆利與威爾．普度這三名可用之兵，他們有十八次犯規可用，讓我們可以在面對「俠客」時打出侵略性防守。也因此，人們把他們稱為

「三頭魔獸」（Three-Headed Monster）。

不論如何，「俠客」的弱點並沒有顯現出來。

第一戰，他在罰球線上十六罰十二中，攻下二十六分並抓下十二籃板。儘管如此，靠著東尼又一次出色的表現（十七分、九籃板、七助攻）與替補群的三十四分，我們還是一直能與他們抗衡。

最後十八秒，我們以九十一比九十領先，麥可在場上運球，擔任後衛的尼克．安德森緊黏著他。看起來，魔術隊很可能要犯規了。

真會如此嗎？

安德森從麥可手裡把球抄掉，「一分錢」掌控球權，他直奔前場，把球傳給霍勒斯，後者把球塞進籃框。魔術現在取得九十二比九十一的領先。

如果說麥可被嚇了一跳，那實在太輕描淡寫了，全世界都被嚇了一跳。沒有人在這種關鍵時刻抄過麥可的球。

然而他不是昔日的麥可，而是闊別球場近兩年的麥可。

芝加哥喊暫停；還剩六點二秒。

比賽還沒有結束，麥可還有機會救贖自己。

他在半場附近接到球，運著球朝罰球線前進，躍至半空中後，沒有把球投出，而是把球傳給我。我沒有預料到他會傳球，沒有人想得到。當時的我已經在往籃下移動，準備在萬一球沒進時搶籃板，結果球在我身後彈出界外。魔術獲勝，九十四比九十一。

四分之一個世紀後，人們回想起安德森的抄截時，認為這是個證明麥可並非無懈可擊的證據。老天，我得提醒他們，他們可能不記得麥可在第二場比賽三十投十七中、攻下三十八分，我們也以一百零四比九十四扳平系列賽。即使麥可並非無懈可擊，也依然是麥可·喬丹。在那場比賽，他換回了二十三號球衣，四十五號的感覺怪怪的。

我們帶著期望能達成的平手局面，以及彷彿全世界都站在我們這邊的氣勢回到芝加哥。很可惜的是，這股氣勢沒有持續下去。

第三戰，魔術以一百一十比一百零一擊敗我們，「俠客」攻下二十八分，而且十次罰球命中八球。**這個冒充歐尼爾的大個子是誰啊？**

我們在第四戰反彈，一百零六比九十五，再次把系列賽追成平手。魔術隨後以一百零三比九十五拿下第五戰，「俠客」主宰全場，攻下二十三分、二十二籃板與五阻攻。我說過了，他是一頭猛獸。霍勒斯的表現也不錯，得到二十四分、十一籃板。不過，如果我們能在芝加哥做好該做的事，壓力就會回到魔術身上。他們將置身於一個此前從未面對過的局面。

第七戰。

沒問題。第六戰還剩三分多鐘時，B·J·在底角投進一記三分球，幫助我們取得八分領先。聯合中心的氣氛都熱了起來，就像是以前的芝加哥體育館一樣。

奧蘭多喊暫停。

兩個回合後，「俠客」在油漆區得分，將差距縮小為六分。隨著公牛發生失誤，安德森接著投進一記三分球。我們在下個回合依然沒能在對手的半場中得分，這已經是我們連續三次無功而返，手感在這個時候冷下來實在不妙。魔術把握這個機會，在布萊恩・蕭（Brian Shaw）兩罰俱中後，我們的八分領先幾乎煙消雲散。

麥可投出一記麵包球後，安德森再度跳投命中。現在我們失去優勢，換成魔術領先一分。

菲爾在比賽還剩四十二點八秒時喊出暫停。

這種事根本不該發生的。

不該發生在芝加哥公牛隊、這支在過去四年中拿下三枚冠軍戒的球隊身上。不該發生在我們的主場，也不該發生在麥可・喬丹回歸的情況下。

在比賽的最後關頭，我們有兩次機會可以追平或超前。

第一次機會，盧克在麥可把球完美地傳到他手中後，於離籃框僅數呎之遠處放槍。在小前鋒丹尼斯・史考特（Dennis Scott）罰進一球替魔術獲得兩分領先後，麥可再次失誤，讓勝負就此定調，最終比數是一百零八比一百零二。在最後的三分鐘，奧蘭多以一波十四比零的攻勢壓著我們打。

他們開始慶祝，魔術球員們把重返老東家主場而帶走勝利的英雄霍勒斯扛在肩上，他揮舞著白色的毛巾。我當然討厭輸球，然而我的內心有一小部分並不排斥看到霍勒斯用這場敗仗打了傑瑞．克勞斯一巴掌。

誰知道呢？說不定有一天我也會得到這個機會。

如果公牛能夠為所欲為，那我應該在不遠的未來就會被送離此處。在我們被淘汰後不久，他們就聯絡了幾支球隊，看看對方有沒有交易的興趣。只不過是因為麥可回歸，並不代表他們會轉念想讓我留下。

信不信由你，我想回到這支球隊。我知道，在這個球季稍早前想要離開的人不也是我嗎？的確是。然而在那之後，很多事有了變化，其中最重要的就是麥可回來了。

我們的霸權，即使被中斷過，也還遠遠未到盡頭。

史蒂夫．柯爾、比爾．威寧頓、榮恩．哈波、東尼．庫柯奇與盧克．隆利等人現在知道怎麼和麥可一起打球，也知道如何應對總是發生在他身邊的大場面。一九九四—一九九五年球季的最後兩個月，是一次完美的預演。

我們只要再找一名籃板與防守好手來取代霍勒斯。

我萬萬沒想到，接下這項任務的球員會是他。

第十五章 再獲兩枚冠軍戒

我在中阿肯色大學讀大三的時候，第一次聽到他的大名。他給了我希望，我明白到自己並非一定要就讀一所名校才能獲得NBA的青睞。只要擁有天賦並願意投入，仍然有可能實現夢想。藉由一趟化不可能為可能的旅程，從德州（Texas）達拉斯的貧困社區來到東南奧克拉荷馬州大、最終進入籃球名人堂的丹尼斯・羅德曼不僅兩者兼具，更是充沛過人。

我比丹尼斯晚一年進入聯盟，我們兩人一開始是對手，後來成為死敵。我們憎恨壞孩子，他們也憎恨我們、憎恨所有人。然而即使公牛一直在季後賽成為活塞的手下敗將，我依然欽佩他的防守與籃板能力。他在球離開投籃者手中的當下，就知道球會飛到哪裡，而且有辦法從比他高五吋、重五十磅的球員手中搶到籃板。

這並不是偶然。

他研究了對手與隊友的習性，甚至在他人進入投籃模式前便能找到搶籃板的最佳位置。丹尼斯擁有令人難以置信的籃球智商，在沒有得分的情況下，也可以對比賽帶來巨大的影響。有多少人能做到這個境界？

儘管艾塞亞．湯瑪斯、比爾．藍比爾與喬．杜馬斯之於他們的成就有著不可或缺的重要性，如果沒有丹尼斯，活塞也沒辦法贏得那兩座冠軍。

他一開始是怎麼打進NBA的，這是個值得一談的故事。

他的父親在丹尼斯只有三歲時便離開了，四十二年來，丹尼斯沒有再見過他。為了維繫家庭的正常運作，他的母親做過各式各樣的工作。高中畢業後，在達拉斯機場擔任警衛的丹尼斯被拍到在一家禮品店偷手錶，幸運的是起訴被撤銷了，否則他的故事很可能就會在此結束。

接著發生了一個奇蹟，丹尼斯長高、長高……再長高。

我原本以為我已經是在成長期長得很快的人了，而他在一年內從五呎九吋長到六呎八吋，這讓他第二次挑戰打籃球。他在高中第一次挑戰籃球時失敗，這一次，他來到德州蓋恩斯維爾（Gainesville）的一所小型社區大學，並從這裡走向東南奧克拉荷馬州大，並開拓出自己的道路。

因此在一九九五年夏天，當菲爾問我對於公牛引進當時三十四歲的丹尼斯有何看法時，我沒有提出反對意見。麥可也沒有反對。並不是說我們沒有對這件事有所疑慮，當然有。麥可的反應大概是這樣：「丹尼斯．羅德曼……你認真？」

對，是認真的，而且這件事也很合乎邏輯。

前一年，菲爾在大前鋒的位置上試用了東尼、賴瑞・克里斯柯維亞克、迪奇・辛普金斯與過去五年已經輾轉於四支球隊的葛瑞格・佛斯特（Greg Foster）。在出戰魔術的季後賽中，這個角色則由我來扛。沒有人有辦法取代霍勒斯，差得遠了。

在籃球比賽中，大前鋒是一個很關鍵的位置，決定了許多場比賽的勝敗。我們需要有人能抓下十個籃板球、在必要時送出幾次阻攻，並與卡爾・馬龍、查爾斯・巴克利與查爾斯・歐克利等悍將對抗。

沒有人比丹尼斯・羅德曼更適合這項任務。

相信我，我並沒有過度美化這個人的影響力，不管是場內還是場外。

在一九九一年東區決賽第四戰中，我被他推到界外，因此令我的下巴要縫上六針，這不是一件會被人輕易遺忘的事。

菲爾對麥可和我保證，如果丹尼斯打亂了球隊的軍心，那球隊就會送走他，這個條件會被明確地寫在合約裡，真是個好消息。我不覺得事情會走到這一步，以菲爾能與性格南轅北轍、甚至是和你個性相近的人們打交道的見識與能力，這件事是不會發生的。在麥可與我這般的資深戰將強力督促下，這種事也不會發生，我們會讓他在每個夜晚都投入訓練並做好上場比賽的準備。

另一方面，我也是個很講求實際的人。畢竟我們在討論的丹尼斯・羅德曼可是個怪胎。你知道的，這傢伙總是把頭髮染上怪異的髮色，更幾乎從頭頂到腳趾都刺滿了紋身。他是個會在比賽結束後脫下球衣並丟向人群的人、也是瑪丹娜（Madonna）的約會對象。

他什麼事都可能做得出來。

問問聖安東尼奧馬刺吧，他們亟欲擺脫丹尼斯。在一九九三年秋天他們從活塞手中得到他的那一刻起，他就一直是個麻煩。我不知道是誰創下單季最高的罰款與禁賽紀錄，但我相信他是答案的可能人選。*

十月初，交易正式拍板定案，公牛以威爾．普度作為籌碼，將羅德曼交易過來。我很肯定，有不少芝加哥球迷的內心會好奇**我們究竟在搞什麼鬼**？

就拿我們在皮奧里亞市的卡佛競技場（Carver Arena）出戰騎士的第一場季前賽來說吧。在準備跳球時，丹尼斯頂著滿頭紅髮出現在球場上，全場為之歡呼喝采，就好像看到貓王一樣。整個球季，大家的反應都是如此熱烈。考量到他還是「壞孩子」的一員時是多麼地被芝加哥球迷唾棄，我相信這件事讓丹尼斯嚇了一跳。當晚他攻下七分、十籃板，並與克里夫蘭的其中一名球員發生了短暫的衝突。果然很有他的風格。

在八場季前賽中，丹尼斯便得到五次技術犯規。我再說一次：季前賽。在真的會列入戰績的賽事開打後，誰知道他還會幹出什麼好事？

隨著時間的流逝，我很驚訝地發現到他是個有多麼內斂的人。留下各種奇聞軼事的羅德曼與平常的羅德曼是兩個截然不同的人。丹尼斯在訓練營中的大部分時間都是在獨自進行鍛鍊身體與調整狀態的訓練，他常常第一個抵達體育館、最後一個離開。我從來沒見過有誰在學習三角戰術時能像他學得那麼快。他的表現豈止是能以學會形容？根本是已經精通了。

每個人都在觀察他，等著看他犯下雞毛蒜皮的小錯，而他也知道這一點。

訓練營的另一個收穫是場上的麥可重拾犀利的風采，就跟以前的麥可一樣，而不再是那個被尼克・安德森抄到球的麥可。

敗給魔術令他憤怒。讓他生氣通常都不會有什麼好事。

或許在離開球場二十一個月後，他也明白到自己是個多麼幸運的人，而這個承蒙上天眷顧的職業生涯會有結束的一天。無論他還剩下的時間還有多少，都會充分利用。他已經三十二歲，對一名籃球選手而言，年紀已經不小了。

在洛杉磯拍攝《怪物奇兵》（Space Jam）的夏天，麥可和其他NBA球員一起在製片團隊為他專門建造的體育館裡訓練。

＊ 譯註：截至二〇二二年，單季最高罰款總額紀錄為班・西蒙斯（Ben Simmons）於二〇二一—二〇二二年球季受罰的一千九百萬美金，單季最多場禁賽紀錄則為奧本山大亂鬥的主角朗・阿泰斯特（Ron Artest）被罰的例行賽與季後賽共八十六場。

回到芝加哥後，每天早上七點左右，榮恩·哈波與我會在麥可位於郊區的家會合，去他的地下室進行重訓。過了一個小時左右，我們會一起享用他的廚師做的早餐，有鬆餅、燕麥、玉米粥、半生荷包蛋、鮮榨柳橙汁等等。因此，我們這個團體也有了個綽號：早餐俱樂部。

這是哈波的主意。他覺得這是一種能使人們建立羈絆的方法。我告訴他麥可和我在場下幾乎沒有私交時，他簡直不敢相信。和其他加入公牛的人相仿，他以為我們的關係很密切。

我喜歡重訓，現在也還是幾乎每天都在舉重。真是諷刺啊，我在高中時對於重訓是如此抗拒，還差點因此終結了我的籃球生涯呢。

離開麥可家後，我們前往伯托中心進行訓練，加強我們的防守和三角戰術。新加入的人們要學的東西可多著。儘管我沒有必要再做一次重訓，我還是做了，我不想讓負責肌力的助理教練艾爾·韋米爾覺得自己沒有盡忠職守。

這支球隊有了處在最佳狀態的丹尼斯、麥可和我，看起來可以完成任何想做到的事。

B·J·離開了，他在擴編選秀中被多倫多暴龍挑走。他的離開與威爾·普度、彼得·邁爾斯的離去都令我感到遺憾，後者與黃蜂簽約，一個月後被交易到熱火。從另一方面來看，我們在板凳方面做了不少補強：後衛蘭迪·布朗、前活塞中鋒詹姆斯·愛德華茲與大前鋒傑森·卡菲（Jason Caffey）。卡菲是來自阿拉巴馬大學（University of Alabama）的新秀、前景看好，愛德華茲雖然三十九歲了，但仍然寶刀未老。

我在球季剛開打時翻閱賽程表，邊看邊告訴大家：

「我覺得我們三個月內不會輸掉任何一場。」

＊＊＊＊

我的預言雖不中亦不遠。

在十二月的第一個星期，我們繳出十三勝二敗的戰績，締造隊史最佳開季紀錄。第一趟漫長的客場之旅，我們在七戰中贏得六勝，唯一輸的一場是以九十二比九十七敗給超音速。我們打出了比過往更加滴水不漏的防守。在這趟遠征中，只有波特蘭和達拉斯得到超過一百分。而在球季初期我們輸掉的另一場比賽，則是在奧蘭多敗給魔術。

這個成績已經夠令人驚艷了，因為我們並沒有以最佳戰力應戰，而且丹尼斯還因為小腿受傷錯過十二場比賽。十二月六日，他在聯合中心出戰尼克的比賽回歸，出賽三十八分鐘，抓下二十籃板。尼克全隊的籃板也只有三十九個而已。

在那之後，以及這個球季的剩餘賽事中，我們確實打出了最佳狀態，足以與任何球隊自古至今所能展現的最佳狀態相提並論。

十二月，我們取得十三勝一敗，輸掉的這場球是聖誕節隔天在客場出戰溜馬的比賽，比數是九十三比一百零七。從某種意義上來說，大家都鬆了一口氣。我們贏得十三連勝，努力將連勝延續下去給全隊增加很大的壓力，而我們的壓力已經夠大了。

三天後，我們在芝加哥以一百二十比九十三戰勝溜馬，並開啟另一波連勝。

這一次延續了十八場比賽，直到一九九六年二月四日被丹佛金塊以一百零五比九十九擊敗才告終，我們足足四十天沒有吃過敗仗。一九五〇年後至此時，在NBA中只有一九七一—一九七二年球季、有張伯倫坐鎮的湖人（三十三連勝）與一九七〇—一九七一年球季、由賈霸領軍的公鹿（二十連勝）曾締造過更長的連勝紀錄。

我們在敗給丹佛後的戰績是四十一勝四敗，人們見狀，拋出一個擺在眼前的問題：

公牛能否成為第一支贏得七十勝的球隊？

為什麼不可能？不只麥可和丹尼斯打出高水準的表現，哈波和東尼也是。在許多個夜晚中，老哈封鎖了對手的頭號得分手，從替補出發的東尼則帶給我們極大的動力。本季他將獲選為年度最佳第六人。

我當時也處在巔峰狀態。

十二月，我生涯第二度獲選為NBA的單月最佳球員，第一次是一九九三—一九九四年球季的四月。在十四場比賽中，我平均攻下二十五點五分、七籃板、六助攻、二點三六抄截，繳出百分之五十四的投籃命中率與百分之四十八（八十投三十九中）的三分球命中率，都是MVP

等級的數據。

一切都進行得很順利，順利過頭了。球季很漫長，不可能一路風平浪靜，尤其是在你的球隊中有丹尼斯・羅德曼的時候更是如此。他遲早會把持不住，問題是何時，以及他會惹出多嚴重的麻煩。

只能說很嚴重。

事件發生於一九九六年三月十六日，我們在紐澤西與籃網交鋒。在第一節還剩一分半鐘時，丹尼斯在與瑞克・馬洪（Rick Mahorn）對位時被吹了犯規。為了表達不滿，丹尼斯做了把雙手塞進褲子裡的不雅動作，不用說，這對裁判和比賽本身都是大不敬的行為。

泰德・伯恩哈特（Ted Bernhardt）裁判賞了他一次技術犯規，這是他本場比賽的第二次技術犯規，讓丹尼斯在這場比賽提前下台一鞠躬。

嗯，事情還沒完，丹尼斯就是這種人。

他勃然大怒。這沒什麼問題，球員發脾氣是常有的事，我自己也發過飆（請參閱我對那張珍愛的折疊椅做的事）。只是丹尼斯做了一件事，讓他不能光靠支付罰款就能了事。他頭槌伯恩哈特，並將因此被聯盟禁賽六場。

我們並沒有因為他缺席便任人宰割，取得五勝一敗，然而這絕對是一個令人擔憂的因素。

菲爾和麥可覺得他讓球隊失望了，而我當然也同意他們的看法。直到在紐澤西爆走之前，儘管丹尼斯領到很多技術犯規（最終他將在球季結束時領到聯盟最多的二十八次技術犯規），但他在大多數的情況下是個模範公民，而我們也需要他繼續保持，才能競逐另一座總冠軍。

在丹尼斯於四月初回歸戰線時，球隊的戰績是六十二勝八敗。只要在最後十二場比賽拿下其中八場，我們的勝場數就能達到七十這個魔術數字。

在我們贏得六十九勝九敗後，機會在四月十六日於密爾瓦基出戰公鹿的比賽來臨了。由於球場離芝加哥只有大約九十英哩的距離，因此球隊搭巴士前往。這趟旅程與過去我們所經歷過的任何一趟旅程都不同。電視台的直升機跟著我們飛了好幾英哩，球迷在公路邊舉著支持我們的標語。人們簡直把我們當成了要上戰場的士兵，而不是去打籃球的體育選手。

這場我們有機會締造歷史的比賽，芝加哥公牛寫下了體育界最熱門門票的紀錄。人們並不是為了支持我們或與我們對抗而來，他們單純是想在這一時刻與我們共處一室。

我們以八十六比八十達成任務，最出風頭的麥可拿下二十二分與九籃板。我們的成績算不算是一件令人嘆為觀止的成就？很難下定論。但不論是或不是又如何？這個紀錄是我們的了。我們以七十二勝十敗的戰績完成例行賽，超越湖人隊的原紀錄，他們在一九七一—一九七二年球季贏得六十九勝。

我為我們取得的成果感到驕傲，儘管我們並沒有汲汲營營於贏得七十勝。

看看二〇一五—二〇一六年球季的金州勇士發生了什麼事吧。他們贏得七十三勝九敗，卻在總冠軍賽敗給勒布朗與騎士。為了打破我們的紀錄，勇士花費太多心力了。

在季後賽開始前，老哈這句話說得最好：

「如果沒有冠軍戒，七十三勝十敗就沒有任何意義。」

＊　＊　＊　＊

季後賽第一輪的對手是由派特・萊里執教的邁阿密熱火，這是一場大打小的戰爭，我們只用三場比賽就把他們橫掃出局，每一場都贏十七分以上。

接下來是萊里的前東家尼克，現在執教這支球隊的是傑夫・范甘迪（**Jeff Van Gundy**）。尼克陣中依然有著尤英、梅森、史塔克斯、歐克利與哈波效力。

這個系列賽必定會打得更加你來我往，而事實也的確如此。

在芝加哥輸掉前兩場比賽後，尼克在回到花園球場的比賽於延長賽以一百零二比九十九獲勝，留給自己一絲希望。

接著到來的第四戰，在最後三十秒左右，握有球權的尼克只落後一分。

尤英在底線出手了一記翻身跳投，沒進，抓下籃板的人是——還能有別人嗎？——丹尼斯・羅德曼，這是他今晚的第十九記籃板。我們再次以九十四比九十一贏得勝利，並在第五戰終結系列賽，在一九九三年後首度進軍東區決賽。奧蘭多魔術，是我們的對手。

魔術在那個球季贏得六十勝，他們沒有引起太大注意力的唯一原因，就是我們贏得七十二勝。

前一年在總冠軍賽被火箭橫掃，毫無疑問，對他們來說是很難接受的結果。然而這番失敗必定會幫助魔術成長，就像我們敗給活塞的經驗也幫助我們成長一樣。

從訓練營的第一天起，他們就是我們想要遇上的對手。魔術在我們的主場慶祝、把霍勒斯扛在肩上的畫面一直在我們的腦海裡揮之不去，只有報仇，才能從這個陰霾中走出來。

我們有了個好的開始，以一百二十一比八十三在芝加哥贏得首戰。丹尼斯處於最佳狀態，攻下十三分、二十一籃板。盧克也打得很出色，僅出賽十三分鐘，便以九投七中的表現攻下十四分。

魔術不僅輸球，還折損了大將。

在第三節末，霍勒斯和「俠客」相撞。如果說地球上有誰是人們不想撞到的對象，那就是「俠客」歐尼爾。霍勒斯因左手肘過度伸展，而將會在系列賽的剩餘賽事中缺席。

第二戰，他們設法在沒有他的狀況下打出好表現。在上半場，他們做到了。

魔術取得領先，五十三比三十八，「俠客」的主宰力一如以往，攻下二十六分。在第三節，被包夾的「俠客」僅出手三次，讓我們有機會追上。比賽來到第四節，我們的落後僅剩兩分。

比賽還剩三分鐘左右時，史蒂夫．柯爾跳投命中，幫助我們取得八十三比八十一的領先。我們沒有再落後過，最終便以九十三比八十八獲勝。

魔術已經完蛋了，不管他們是不是這麼覺得都無關緊要。來到奧蘭多，我們以八十六比六十七、一百零六比一百零一拿下第三、四戰。在系列賽的關門戰，麥可拿下全場最高的四十五分。

一年過去，場上的情景已經有了大大的不同，尼克．安德森沒有抄到球、霍勒斯．葛蘭特也沒有被隊友們扛在肩上。公牛回到屬於他們的地方、重返總冠軍賽，與西雅圖超音速對決。

西雅圖在例行賽贏得六十四勝，他們的勝場數也一樣因為被拿來與一支贏得七十二勝的球隊相比顯得黯淡許多。與魔術相仿，這支球隊的領袖也是兩名耀眼的明星球員：肖恩．坎普與蓋瑞．裴頓。

太平洋西北地區的球迷們一定會為他們支持的球隊老闆在一九九四年夏天改變主意、沒有將六呎十吋、二百三十磅的坎普送到公牛而鬆一口氣。在接下來的兩個球季中，他的平均得分都接近二十分，並抓下十一籃板左右。一旦坎普在禁區佔到好位置，便幾乎不可能被擋下。

控球後衛裴頓，是一名無所不能的球員。

他不僅平均攻下二十分，更能命中關鍵球，還可以在隊友們移動到自己最舒服的位置時把球傳給他們。他不僅能攻，還擅於防守，這正是他有別於其他控衛的獨到之處。人稱「手套」的裴頓是一九九五—一九九六年球季的年度最佳防守球員。

超音速還不只是一支只靠兩人挑大樑的球隊。得分後衛荷西・霍金斯和小前鋒德特夫・施倫夫（Detlef Schrempf）都是不好對付的球員。他們的板凳戰力也很厚實：有後衛文森・亞斯克（Vincent Askew）、奈特・麥克米蘭（Nate McMilan）和前鋒山姆・帕金斯。他們的總教練喬治・卡爾（George Karl），也是籃球場上最有才華的教練之一。

你分析過後就會發現，超音速沒有包袱，大可放手一搏。壓力在我們這支創造歷史的球隊身上，如果我們輸了，人們便會記住公牛在一九九五－一九九六年球季於總冠軍賽中落敗，而不會記得我們在例行賽贏得七十二勝。

然而有個可能存在的問題是：我們的身手有沒有生鏽。

我們在六月五日於聯合中心打第一戰之前，已經有九天沒有比賽了，練習不算，你投入於練習與一場實際上的比賽中的心力根本不能比。

超音速和猶他爵士打滿了七場比賽才分出勝負，他們只休息了兩天。這可能會造成很大的差異。

也可能不會。

第一戰，我們以一百零七比九十擊潰他們，麥可得到全隊最高的二十八分。包括得到十八分的東尼、拿下十五分、七助攻與五籃板的哈波在內，很多人都有所貢獻，盧克也貢獻了十四分、四阻攻。

兩天後，我們又以九十二比八十八取勝，丹尼斯……打出了丹尼斯的風格，抓下二十個籃板，並以十一記進攻籃板締造總冠軍賽的紀錄。唯一的遺憾是老哈的左膝再度受傷。他這場比賽打了三十三分鐘，但他的健康狀況讓他在接下來的三場比賽只能替我們打十五分鐘。

好消息是，我們在西雅圖打第三戰時不需要他挺身而出也能搞定。

這場比賽一開打便毫無懸念，我們在上半場結束時領先二十四分，超音速下半場最多只追近到落後十二分，最後的比數是一百零八比八十六。東尼完美地補上了老哈的空缺，盧克則再次繳出漂亮的成績單，十三投八中、攻下十九分。

冰鎮好香檳，確認飛機有加滿汽油，預訂好格蘭特公園的遊行，這個系列賽已經結束了。芝加哥，你們心愛的公牛隊將在睽違三年後再次於家鄉舉辦盛會。

沒那麼快。

西雅圖贏得接下來的兩場比賽，抱歉，芝加哥，再等一下。

在前三場比賽中，超音速並沒有選擇用他們的最佳防守者裴頓來守麥可，因為他們想保存他的體力，這樣他就能在進攻端產生更大的威脅。麥可總共攻下九十三分。來到零比三落後的局面，他們改變了心意。

此番變陣得到了成效。

第四戰，西雅圖以一百零七比八十六獲勝，「手套」將麥可的得分壓低到十九投六中、僅二十三分，而裴頓則得到二十一分並送出十一助攻。我的投籃也找不到準星，十七投僅四中。兩天後，我投籃依舊失準（二十投五中），超音速以八十九比七十八贏球。我不是唯一一名手感不佳的球員，有一段時間，我們連續二十次三分球出手都沒有投進。

我必須稱讚對手的表現，例行賽期間，我們的平均得分是聯盟最高的一百零五點二分，而且自從二月起就沒有連敗過。缺了老哈，也讓我們雪上加霜。備受膝傷困擾的他上場一下子後，幾乎同一時間就離場了。

我們回到芝加哥。儘管我們沒有帶著預期中的喜悅返航，但還是要回家。

第六場比賽定於父親節舉行。麥可的心中將會五味雜陳。我能夠體會他的心情。他不僅是麥可．喬丹，也是一個思念父親的兒子。

老哈忍著劇烈的疼痛卻在跳球時依然走上球場的舉動，給我們帶來極大的鼓舞。我用低手上籃投進本場比賽的第一球，並在第一節打完後取得七分與二抄截，球隊則以二十四比十八領先。

在這之後，我們便拿下了這場比賽的主導權。東尼投進幾顆三分球，籃板球盡在丹尼斯的掌握之中，麥可和我在攻防兩端都打得很有侵略性。至於榮恩．哈波，感謝他，他為我們付出了一切。他攻下十分，並守住裴頓、沒有讓他大展身手。在這個贏得冠軍的球季以及接下來的兩個球季，老哈都是我們的無名英雄之一。

公牛隊，八十七分；超音速，七十五分。

芝加哥公牛是天下第一。天啊，我真的太想念這麼說的感覺了。

球迷們欣喜若狂，他們看到了很多人在麥可退休後便以為再也不會出現的情景。老哈和我跳上了計分台，其他人也加入了我們。此景可說與一九九二年我們在第六戰擊敗拓荒者後體育館內的情形別無二致。

在我們大肆慶祝的同時，麥可走進休息室，他再也克制不住自己的情緒。躺在訓練桌旁的地上、臂彎裡夾著一顆球的他啜泣了起來。這是他第一次在贏得冠軍後無法與父親分享這份喜悅。撇開七十二勝十敗的紀錄不談，從某些方面來說，贏得這座冠軍的過程比其他座冠軍更加困難。

思考一下，這支球隊在麥可於一九九五年三月回歸、試圖與那些沒經歷過前一次三連霸的球員們培養默契的情境。前一批的成員花了好幾年的時間才培養出默契。而對於其中一名新成員——你知道我在說誰——來說，我們必須學習如何讓他發揮自己的最大價值，同時盡可能地避免最壞的情況發生。

幾天後，在格蘭特公園的慶功遊行上，丹尼斯說了一句讓我大吃一驚的話：

「我真的要感謝這支球隊的某個人，他接納了我，而他本來大可不必這麼做。我要為五年前發生的事向他道歉。」

他指的是一九九一年季後賽第四戰把我推出場外的事件。

我接受他的道歉。

沒過多久，我就回到體育館，為代表國家出征一九九六年亞特蘭大奧運備戰。

我一開始對這件事並不怎麼感興趣，我的心靈與身體都需要休息，我的年紀也不小了。另外，參加這次奧運的感覺不可能比得上成為初代夢幻隊的一員。在我心中，這也是唯一的夢幻隊。

打造九六年夢幻隊的人們對我窮追不捨、頻頻說明我將如何透過帶領這支球隊幫助年輕球員們。我實在拒絕不了。

感謝老天，還好我沒有拒絕。

不，在亞特蘭大打球的感覺與在巴塞隆納的體驗不能相提並論。然而這次的經驗仍然被賦予了另一種完全不同的意義。

我是球隊的老將之一，就像一九九二年的「大鳥」和魔術一樣。葛蘭特・希爾、「一分錢」哈德威等人都很景仰我，我很高興能指引他們更上一層樓。我一直覺得幫助下一個世代進步是每一個老將的責任，這樣才能讓這項運動變得更好。

參加過夢幻隊、也在本次再度出征的還有卡爾・馬龍、查爾斯・巴克利、大衛・羅賓森和約翰・史塔克頓，其他的球員則有「俠客」、瑞吉・米勒、蓋瑞・裴頓、米奇・里奇蒙（Mitch Richmond）和哈金・歐拉朱萬，教練則是蘭尼・威肯斯。

人們期待美國隊再次力壓群雄，而我們的確做到了。只是路上遇到些許亂流，通常是發生在上半場，偶爾也會出現在一些比賽最後關頭的緊張時刻。其他球隊不像昔日在巴塞隆納一般敬畏我們了。

在與南斯拉夫對決的金牌戰中，我們在比賽剩最後十四分鐘時只領先一分。一分！

包括瓦萊德．迪瓦茨在內，南斯拉夫有許多優秀的球員，但這不能拿來當作藉口。幸好，在瓦萊德犯滿後，他們便沒有人能挺身捍衛禁區，讓我們能夠一球接一球地灌籃得分。我們最終以九十五比六十九大獲全勝，大衛．羅賓森拿下全場最高的二十八分，瑞吉．米勒也投進三記三分球、攻下二十分。

和隊友們一起站在頒獎台上聽著國歌的感覺，和第一次一樣令我感動。我想如果我參加了十次夢幻隊，這種激動的心情依然會始終如一。而在美國慶祝，看著每個人都穿著紅、白、藍色的衣服，讓這次的感觸更加特別。

遺憾的是，一九九六年的奧運之所以令人難忘，是有別的原因。

七月二十七日那天，我待在飯店的房間裡，此時傳來一聲轟然巨響。我望向窗外，看到人們四處逃竄。我們後來得知，這是一枚炸彈在奧林匹克百年公園（Centennial Olympic Park）爆炸而發出的聲音。一人死亡，百餘人受傷。在那之後，事態有了極大的變化，進入封鎖狀態。我們在巴塞隆納參加奧運的期間都沒有意外發生，但這一次出事了。

隨著奧運落幕，我終於可以鬆一口氣。在例行賽、季後賽和奧運期間，我在十一月初至今已經打了一共一百零三場比賽。

＊　＊　＊　＊

公牛隊在一九九六—一九九七年球季再度打出強勢的開季成績，前十二戰全勝——八十二勝零敗，大家覺得有機會嗎？

我們不斷打出連勝，一波接著一波。十二月十一日到二十六日的八連勝、十二月二十八日到一月十九日的九連勝、一月二十一日到二月五日的八連勝、二月十一日到二十七日的七連勝。我們再次以聯盟最佳的六十九勝十三敗結束球季。

在季後賽中，對手也一個接著一個地倒下。

三場收拾子彈。

五場解決老鷹。

五場澆熄熱火。

隨著六月初的到來，我們也再次站上熟悉的舞台：ＮＢＡ總冠軍賽。這一次，我們將面對卡爾・馬龍、約翰・史塔克頓與猶他爵士。

第一戰在聯合中心舉行，是一場難分軒輊的比賽。這就是該季於ＭＶＰ票選中勝過麥可的卡爾在比賽還剩九點二秒的平手局面走上罰球線後，我告訴他郵差在星期日不送信的那場比賽。

這句話完全是靈機一動的自然流露，語氣與用詞也恰到好處，可能會讓他心神不寧，但又不會傷害到我們的友誼。從我們在巴塞隆納建立這段友誼後，我就一直很重視它。我常常去他那鹽湖城（Salt Lake City）的豪宅裡吃晚餐，多美好的時光，兩個當年來自南方的窮小孩，如今都各自有了成就。

不過這並不表示在卡爾兩次罰球盡墨時我會感到抱歉，一點都不會。我若表現不佳，他也不會為我感到遺憾。我們都是好勝的人，最優先且最重要的，就是成為這項運動中最後的勝利者。

下一個回合，球來到麥可的手中，時間一分一秒地朝結束的時刻邁進。爵士選擇一對一防守，而沒有讓另一名防守者上前協防。麥可讓他們付出代價，在哨音響起的同時，於離籃框二十呎處、在拜倫・羅素（Byron Russell）的面前投進一記跳投。

麥可的「投遞」每天都不會讓人失望。

第二場比賽呈現了截然不同的風貌。

我們從跳球後便掌握主導權，最後的比數是九十七比八十五。爵士在第二節只得到十一分。麥可就像是打卡上班一樣，攻下三十八分、十三籃板與九助攻。

即使如此，這個系列賽離結束還很遙遠。這個球季，爵士曾兩度贏得十五連勝，而且現在他們要回到主場作戰，他們在達美中心（Delta Center）有著三十八勝三敗的成績。

的確，還早得很。

第三戰，卡爾從二十投六中的谷底反彈，展現出他之所以是MVP的身手，攻下三十七分、抓下十籃板並有四抄截。史塔克頓打得如過往一般有效率，貢獻了十七分與十二助攻。爵士在籃板方面表現得比我們好（四十七比三十五），在禁區的得分也比我們多（四十八比二十六），最終以一百零六比九十三獲勝。

第四戰在六月八日星期天進行，猶他有了麻煩，在麥可的灌籃替球隊打出一波十二比四的攻勢後，爵士在比賽最後不到三分鐘時候的落後五分。

史塔克頓將球隊拉出泥淖，先是在三分線外幾英呎處投進一記三分球，在我們得分後，他又從麥可手中抄到重要的一球，並罰進一分。下個回合，史塔克頓製造出兩罰機會，接著，他又傳出了一記不可思議、穿越全場的長傳給卡爾，讓他在比賽最後四十四點五秒時上籃得分。

比賽最後十八秒，爵士領先一分，站上罰球線的卡爾兩罰俱中。

顯然我誤會了，郵差在星期天也是會送信的，至少在鹽湖城是如此。猶他最終以七十八比七十三取勝，扳平系列賽。

在前四次總冠軍賽之旅中，除了在一九九一年以零比一落後給湖人之外，我們從未在系列賽中落後過。如果我們在猶他州吞下三連敗，就會驟然陷入淘汰邊緣。

公牛隊在九〇年代打過的比賽中，一九九七年總冠軍賽第五戰是最重要的一場，也就是世人熟知的「流感之戰」（Flu Game）。或者說，如果你相信麥可和他的訓練師提姆・葛洛佛（Tim Grover）的說法，那就是「食物中毒之戰」。

以下是我們知道的部分實情：

麥可在前一天晚上十點半左右訂了一個披薩，凌晨兩點半左右，他開始嘔吐，無法入睡。他打電話給葛洛佛，後者去了他的房間。在要出發去球場之前，麥可都一直躺在床上。

時間快轉到幾個小時後的達美中心。麥可依然覺得很難受，但他還是決定試試看能不能上場。

一開始，局勢不怎麼樂觀，他們投進很多球（十九投十一中），我們找不到手感（十五投五中）。更糟的是我們失誤連連。猶他在第二節一度領先十六分。麥可連下數城後，幫我們追到只有四分落後。接下來，整場比賽都打得你來我往。

比賽剩四十六點五秒時，麥可站上罰球線。此時爵士領先一分，八十五比八十四。他命中第一記罰球後，出現了極為幸運的一幕。

在第二罰失準後，他爭搶到活球，運了幾下，把球傳給我。我把球傳給東尼，他再傳給弧頂附近的麥可。我在接近罰球線的位置接到麥可的傳球，當時防守我的是傑夫・何納塞克。這時，羅素過來協防，讓三分線外的麥可得到空檔。真是個壞主意。

我把球回傳給他。在這個比賽、系列賽皆戰成平手且分秒必爭的時刻，球來到了麥可手裡。沒辦法製造出比這更好的機會了。

噢，果真如此。

賓果！

我們領先三分，並進一步以九十比八十八贏得勝利。出賽四十四分鐘，麥可攻下三十八分、七籃板、五助攻與三抄截。

考量到這場比賽的重要性與他當時的狀態，許多媒體將這場比賽列為他職業生涯中最偉大的表現。

我未必會否認這一點。然而，我對麥可被塑造成某種超人形象的作法有意見。我們是被付了一大筆錢的職業體育選手，本來就該拿出百分之百以上的表現。

這不該全怪媒體，也不全是麥可的錯。我這麼說不是在暗示他沒有生病，他顯然身體不適。只是，他那天晚上所做的僅是扮演好自己的角色而已。每當他發現自己置身於舞台之上時，都幾乎會配合演出、扮演好自己的角色。人們將麥可在比賽快結束時倒在我懷裡的事大書特書，彷彿這表明了我們的關係有多麼密不可分。

不好意思破壞了劇本。這個擁抱只不過是一個在巧合下成為永恆的瞬間，僅此而已。渲染過多麥可的色彩在這場比賽上，也大概是第十億次剝奪了我們作為一個團隊所取得的成就。把卡爾．馬龍的得分壓制到十九分與讓約翰．史塔克頓只傳出五助攻的人，都不是麥可。無論如何，爵士都還沒玩完。在這個系列賽中曾經起死回生過的他們，還有可能再次力挽狂瀾。

在芝加哥舉行的第六戰，膠著到最後一刻。

比賽剩近兩分鐘時，羅素投進三分球將比賽追成八十六比八十六平手，這是他今晚的第五記外線。比賽一直進行到我們在最後二十八秒喊暫停時，都還是維持著平手局面。

再一次面對這個場面，每個人都預期最後一擊會由麥可操刀。

只有麥可例外，他覺得爵士會包夾他。他告訴史蒂夫．柯爾要做好準備。

爵士的確對他進行了包夾，史塔克頓上來支援。麥可在衝向籃下後，把球傳給史蒂夫，他在離籃框十七呎處將球投出。

唰！

我為史蒂夫的表現以及再次看到一名「配角」在關鍵時刻挺身而出而感到振奮。我們是一個團隊，這也是我們之所以偉大的地方，再怎麼強調它都不夠。

最後五秒，爵士還有最後一個機會。羅素負責在界外發球。我在每個人都在爭搶位置時，待在罰球線附近。我的主要任務是阻止對手把球傳到卡爾手上，他是他們威脅最大的選擇。球傳向他們的潛力新秀後衛山頓・安德森（Shandon Anderson）。在球傳出來前，我便預見了他們要做的事。就像愛爾蘭教練在漢堡鎮所指導的一樣，料敵機先。我搶到球，並把球傳給東尼，他直奔前場後灌籃得手，勝負已分。

芝加哥公牛奪得另一座冠軍，也是另一次辛苦萬分的成果。

這個球季，丹尼斯的行為舉止比他來到公牛的第一季更加惡劣。我想這是可以預料得到的。不管同袍施予了他多大的壓力，一個人的本色（我不是在說他的頭髮）終究是無法掩藏的。他宣稱自己太無聊了，所以只好用一些只有他才能做到的方式讓事情變得有趣一點。十二月，在多倫多敗給暴龍的一場電視採訪中，他在提到裁判時說了髒話，被公牛禁賽兩場。

而這件事的嚴重性遠遠無法與一月十五日星期三晚上在明尼亞波里斯發生的事件相比。在出戰灰狼的第三節，丹尼斯在沒能搶到一個籃板球後，踢了一個攝影師的鼠蹊部。這名男子被送到醫院後，不久便出院了。不過丹尼斯沒有逃過禁賽，這次處分他的是聯盟官方，而且多達十一場。

撇開處理他行為所致的麻煩不談，那段時間球隊內部的不安定因素也夠多了。

球員流動總是如此頻繁，要掌握每個人的動向幾乎是不可能的事，這是NBA的常態。不過我們的情況不同，不只是一、兩名球員日後可能會被交易或與其他球隊簽約，隨著懸而未決的情況拖了好幾個月，人們感覺到我們的核心球員與總教練很可能會在球季結束後與球隊分道揚鑣。

不管格蘭特公園會不會有另一次遊行都一樣。

人們每一天都在進一步地猜測：麥可會不會回來？菲爾會回來嗎？丹尼斯會嗎？我會嗎？

無論如何，我並沒有花太多時間在思考這件事，我要參加一場婚禮。

我自己的婚禮。

第十六章　最後一舞

一九九六年八月的某天晚上，老哈打了通電話給我，那時我才剛打完奧運，剛回家幾天而已。

「嘿，你還記得我介紹給你的那個女孩嗎？」

我當然記得。

「她等等會來我們幾個常去的俱樂部，你應該來閒聊兩句。」

我馬上就動身了。

那個女孩原本是老哈的某個朋友在曖昧的對象，那年初夏，我跟她通過一或兩次電話，她感覺起來滿開心的。在我們擊敗爵士後，由於我的行程排得很緊，我們兩個一直找不到時間見面。

我去了亞特蘭大後，便將她的事拋諸腦後。

直到老哈打了這通電話。

我到俱樂部時，留在車上等待。某人，我猜是老哈，告訴她我的車停在哪。我們聊了一下天，然後開車到另一個酒吧又多聊了一下。我發現自己對她敞開了心胸，想到什麼就聊什麼。我很少對一個我不怎麼熟識的人如此不設防。

她叫拉莎・尤南（Larsa Younan）。拉莎有著百分之五十的敘利亞血統、百分之五十的黎巴嫩血統，以及百分之百的美麗動人。

在我為一九九七—一九九八年球季做準備的那年秋天，她和我相處了很長的時間。而另一個芝加哥的酷寒冬季來臨時，我們陪伴彼此的時間就更久了。

在寒冷的氣候中生活有幾個優點。藉由在室內相處幾個小時，人們可以瞭解到對方的特性。他們有什麼優點？有什麼壞習慣？有什麼是我可以忍的？又有什麼事我不能忍？我可以想像自己和這個人組織家庭的情景嗎？如果你和我一樣幸運的話，就會墜入愛河。

一九九七年七月二十日，拉莎和我在芝加哥第一聯合衛理公會教堂訂下終身大事。

在接下來的十年，我們將迎接四個美好孩子的誕生。二〇〇〇年出生的小史考提（Scotty Jr.）、二〇〇二年出生的普雷斯頓（Preston）、二〇〇五年出生的賈斯汀（Justin）與二〇〇八年出生的索菲亞（Sophia）。我們兩人共享了許多美好時光，也像大多數的夫妻一樣，共度了一些不怎麼美好的難關。在這些日子中，我們總是以孩子為優先。我真是幸福到了極點。*

＊　＊　＊　＊

同時，當人們談到公牛隊時，可能會為了追上事態最新的發展而看得眼花撩亂，並好奇這到底是一支職業籃球隊，還是拍攝日間肥皂劇的劇組？

如果你想知道事實的話，兩者皆是。

六月下旬，在我們擊敗爵士後，公牛再次尋求交易——驚不驚喜、意不意外？——我本人。檯面上有在談的提案是把我和盧克．隆利送到塞爾提克，換取在即將到來的選秀中的第三與第六順位選秀權以及一九九九年的首輪選秀權。

傑瑞．克勞斯是這麼想的：

皮朋在下個球季結束後將成為自由球員，既然我們不願意支付他要求的價碼（而且很可能在市場上會有其他球隊願意給這筆錢），不如現在就和他分道揚鑣，而且還能藉此得到一些回饋，幫助我們在未來重建球隊。有些球隊等得太久才決定擺脫年邁的球星，令他們的重建工程好像永遠都無法完成。

這筆交易基本上已經談成了。

直到另一位傑瑞出面反對。

傑瑞．蘭斯朵夫認為公牛隊如果有我的話，會比沒有我的情況更有機會再奪一冠，而且他不

＊ 譯註：皮朋與拉莎已於本書完成後的二〇二一年十二月十五日第二次正式離婚。

確定如果我離開了，還沒有簽新合約的麥可願不願意回到公牛再打一個球季。如果留下我代表會使重建延後且可能需要更長的時間，也只能接受這個事實。

我並不是傑瑞・克勞斯唯一一個希望離開的人，另一個是菲爾・傑克森。這幾年來，傑瑞一直渴望著擺脫菲爾。

傑瑞在一九八七年把菲爾帶進公牛時，後者還是個無名小卒。當然，菲爾在聯盟中打過球，但在聯盟中打過球的人多如過江之鯽，因此這並不能保證他們將來能繼續靠著籃球過活。傑瑞覺得菲爾欠了他一個大人情，尤其是兩年後他甚至在把道格開除後將這項工作交給了菲爾。請注意，這可不是一份普通的工作，在這份工作中你將執教最強的籃球選手與一支剛晉級東區決賽的球隊。

在一開始的四、五年，傑瑞和菲爾相處得很好。菲爾與道格不同，會聽泰克斯的意見並相信三角戰術。菲爾與道格不同，前者贏得了冠軍。

他們的關係在麥可於一九九五年從退休中復出後產生了變化。

菲爾被迫做出一個選擇：要站在麥可這邊？還是和傑瑞在同一陣線？他不能兩面討好。麥可看不起傑瑞，傑瑞也看不起麥可。最後菲爾選了前者。

他信任麥可，而不信任傑瑞。

菲爾試圖盡可能地讓傑瑞與球隊保持距離，有時要求他離開休息室、不要與球員私下交談。

前者將休息室視為專屬於球員、教練、訓練師這個團體的神聖場所，這使得傑瑞的反應就像是個被拋棄的戀人一樣，為菲爾不在身邊而終日憔悴。

就連公牛在一九九六與一九九七年奪得NBA總冠軍時，傑瑞的心中也是苦樂參半。奪冠就代表他沒有擺脫菲爾的理由。蘭斯朵夫不會讓他這麼做。傑瑞·克勞斯必須等待一個恰當的時機，而這個時機終於在一九九七年的秋天來臨。

兩位傑瑞達成一項共識：

菲爾·傑克森將再執教一季，但也就到此為止。也就是在這個時候，傑瑞·克勞斯告訴前者，就算他率隊打出八十二勝零敗的戰績，也不會改變這個結果。

傑瑞總是不斷表示有教練比菲爾更好。沒有比菲爾更好的教練，當然，愛荷華州大（Iowa State）的教練提姆·佛洛伊德（Tim Floyd）肯定也比不上他。傑瑞正打算讓這個人來接下總教練的職位，他想找一個會被他掌控、會對他忠誠的總教練，就這麼簡單。

那麼，這些曲折又和我有什麼關係？

大有關係，就和他們也對在許多場合都挑明自己不會為除了菲爾之外的總教練打球的麥可產生了極大影響一樣。這些消息證實了我長久以來的猜測，而我不是唯一一個這麼想的人：一九九七—一九九八年球季將如菲爾在訓練營的球員手冊定下的標題一樣，是最後一舞。

隨著菲爾簽約、麥可也將為公牛再戰一年、加上就連丹尼斯最終也決定回歸，令公牛這支老牌球隊看起來就像是一個準備進行告別巡演的搖滾樂隊。

只有一個已然厭倦的成員想加入另一個樂隊。

想猜猜看是誰嗎？

我知道，宣稱從未想真正離開、愛著芝加哥、愛這裡的街道、俱樂部、餐廳等等的人都是我，這些話都是真的，我發誓。

然而，一九九七年秋天的時空背景不同，那時的我受夠了謊言與不尊重，並相信我唯一能得到快樂以及獲得我身為一名頂尖球員應有待遇的機會，就是另謀高就。去哪都好。

這要從我差點被送去塞爾提克的交易開始說起。

公牛隊才剛贏得另一座冠軍——這座冠軍，如果我說得狂妄一點，就跟前四座一樣，沒有我的話是贏不下來的。然而，沒能來得及細細品味這個時刻，我很快便發現自己很可能會被送往一支一年前只贏了十五場比賽的球隊。我體驗到了難以置信的羞辱，就像我在一九九四年差點被交易到超音速一樣。

然後，我在九月時收到傑瑞·克勞斯的信，我沒記錯的話，他表示如果我在一場即將到來的年度慈善比賽、也就是史考提·皮朋明星經典賽中上場，就會被罰款。一場慈善比賽！這傢伙怎麼有這個膽。

最終我沒有上場，然而這並不是因為我害怕傑瑞和他的律師。我在出戰熱火的東區決賽時傷到的左腳，仍然令我苦不堪言。我在十月初動了手術，初步預估將缺席兩到三個月。

公牛隊並不滿意這個狀況。如果我在七月動手術，本來可以在季前賽開始時準備回歸，現在我最快也要到十二月才能回到球場。

某些球團內部的成員與媒體認為我故意延後動刀，藉此報復傑瑞．克勞斯。

這些年來人們散佈了許多關於我的謊言，現在又多添這一筆。我不急著動手術，是因為我不想冒還要再動一次手術的風險並毀掉整個夏天，使我只能拄著拐杖、日日步履蹣跚。而如果我得到充分的休息，我就很有可能在訓練營進行時有著好到足以上場的狀態。

＊　＊　＊　＊

在手術過後的前幾個星期，我想了很多。

想著我能成為七年五冠王朝的一員有多麼幸運、思考著我們攜手作戰的時光即將結束是一件多麼令人難過的事。我也在想，該怎麼在適當的時機對芝加哥的人們表達我的感謝。在幾段艱困的時日中，有許多人對我不離不棄。

這個機會在十一月一日的夜晚出現在聯合中心。冠軍戒之夜。

穿著便服向觀眾致詞時，我發現自己情不自禁地哽咽起來。

「感謝這座城市的球迷在過去漫長的十個球季以來對著我與隊友們展現出來的每一個精彩時刻，我在這裡有個美好的職業生涯，在沒有機會對大家說出這句話之前，我要再說一次，謝謝大家。」

我說的每一個字都是肺腑之言。

那晚公牛以九十四比七十四擊敗七六人，繳出十七分與八助攻的老哈是球隊中表現最好的球員，傑森．卡菲八投七中、攻下十四分並抓下六籃板，從板凳出發的丹尼斯也有十三籃板的貢獻。接下來，我們在二度延長賽中以八十七比八十三戰勝馬刺，又以九十四比八十一力克魔術。

也許，這些人在沒有我的情況下也能過得很好。

也可能沒辦法。

十一月二十日，我們在鳳凰城被太陽以八十九比八十五打敗，戰績下滑至六勝五敗。在前兩個球季，我們前十一場比賽的戰績分別是十勝一敗與十一勝零敗，等到球季進行到一月或二月，我們才會吞下第五敗。

隔天晚上，我們要打到二度延長賽並靠著麥可攻下四十九分，才辛苦地戰勝快艇。

各位女士先生們，這不是你們熟悉的芝加哥公牛。

在與快艇交手之前、我坐在休息室時，在總部位於芝加哥郊區的《每日先驅報》（Daily Herald）工作的記者肯特．麥克迪爾（Kent McDill）順道經過與我聊了幾句。肯特是少數以公正態度評價我的媒體人之一，他問我知不知道自己什麼時候能重返球場。自從我的腳動手術後，已經過了將近兩個月的時間。

你問的時機真巧，肯特。對於這件事，我當然有一點想法。你拿出筆記本了嗎？很棒。可以說，他沒預料到我會這麼回答：

「我在芝加哥公牛的籃球生涯已經結束了，我想去我能受到合理對待的地方。」

這不是在憤怒之下脫口而出的回應，我當時很冷靜，也很清楚自己在說什麼。也很清楚自己想要把這句話告訴哪個人。

給你一個提示：他的姓名的第一個字母是J和K。

然而肯特並沒有在隔天的報紙上刊登我說的這句話，此舉稱得上反常。記者們總是不論真假，急於把任何能引發爭議的事情寫出來。

幾天後我又在沙加緬度遇到了肯特，我問他怎麼沒有寫這件事。顯然，他不相信我是認真的。我又跟他說了一次，這次他信了。

這篇報導在隔天刊登，成為芝加哥與整個聯盟的大新聞。在其他記者向我確認真偽時，我一點都沒有要撤回前言的念頭。

差點被交易到塞爾提克、傑瑞寄來的威脅信函，令我確信自己不在他們的長程計畫之中。真是夠了。

一如預期，我受到一些球迷的批評，他們早已對我的怨懟感到不耐煩。菲爾和麥可也不太高興，他們兩人都認為我延後動手術的決定已經傷害整個球隊，現在還製造更多的麻煩。信者恆信，不信者恆不信。我吐露了我的心聲，覺得很舒服。

但願我有適可而止。

在一場與超音速對決的比賽後，我喝得有點多了。在球隊巴士上，我失去理智，衝著隨隊的傑瑞．克勞斯大罵。

「你什麼時候可以不要再為於選秀中挑選我以及我在職業生涯取得的成就中居功？」我大吼。

在這趟客場之旅中，我變得十分心煩意亂，因此菲爾建議我回到芝加哥並治療我的腳，不用和大家一起去下一站印第安納波里斯。我沒有和他爭論。儘管我很沮喪，但如果我和傑瑞待得更久，很可能會說出一些更糟糕的話。

同一時間，這支球隊終於開始建立一種良好的節奏。

從十二月中起，公牛隊贏得八連勝，取得二十勝九敗、東區第一的戰績。在這八場比賽中的其中六場，我們將對手的得分壓制在九十二分以下。

這很大一部分是丹尼斯的功勞。

沒有我，他欣然接受了這個機會、成為地位僅次於麥可的老二。在與老鷹和小牛的背靠背比賽中，丹尼斯一共抓下五十六顆籃板球，而在十二月，他也有八場比賽抓下至少十五顆籃板球

（其中五場抓下了二十籃板以上）。

同時，進入新的一年時，有一件事正在逐漸明朗化：

就是我哪裡也不去。

信不信由你，我接受了這個事實。自從在西雅圖的巴士上發生的事件後，我得到了一點冷靜下來的時間。我想念著和大家一起打球的時光、懷念著眾人齊心時創造出來的魔力。即使我要求交易，也一點都沒有影響到它們的美好。

只是我的康復過程並不如我所預期中的順利。我預訂於聖誕節前後的某個時間點回歸球場，但現在動完手術後已經過去三個月了。在一月初，菲爾告訴媒體，我還要再等兩個星期才能參加完整的訓練。

我幾乎錯過了這個球季。

然而我並沒有失去信心。在其他隊友練球時，我也一直和艾爾．韋米爾一起努力訓練。

這些汗水終於得到回報。

一月十日，我在缺席三十五場比賽後復出。在聯合中心迎戰勇士的比賽，球迷們在我進行賽前熱身時起身為我鼓掌。在介紹先發球員、念到我的名字時，球迷們再次起立為我喝采。我知道我想念著重返球場的感覺，但我沒想到它會帶給我這麼大的感動。

我投進前兩球，並在上場的三十一分鐘攻下十二分、四籃板與全隊最高的五助攻。我們以八十七比八十二贏得勝利。我的手感沒有特別好（十一投四中），在經歷如此漫長的缺席後，可以預料得到會有這樣的表現。

三天後，我的投籃在出戰西雅圖的比賽中再次失準：投十五中三。沒關係。我不斷把球傳到隊友們最喜歡的位置，並迫使對手不得不解除對麥可的包夾。公牛在我缺席時，平均助攻數是二十二點五次。而在這場我們以一百零一比九十一擊敗超音速的比賽，全隊送出二十六次助攻。

球季進行到一半，我們繳出二十九勝十二敗的戰績。唯一的缺憾是史蒂夫・柯爾在出戰七六人的比賽中受到鎖骨骨折的傷勢，並被預估將因此缺席八個星期。

全盤考量下來，眼下實在沒什麼抱怨的理由。

只有丹尼斯・羅德曼例外，而且他現在不再是老二了。

在我這個球季的初登場過了兩個星期後，丹尼斯缺席了上午的投籃訓練，而他不克參加的理由是：他的「感覺不對」。

為此，在我們與紐澤西交手時，菲爾拒絕讓丹尼斯隨隊出賽，而是讓他回家。

幾個星期後，丹尼斯再次錯過投籃訓練，這次的理由是：他找不到卡車的鑰匙。這不是我瞎掰的，我還比較希望是我掰出來的。

那年冬天，丹尼斯放了個惹來一身腥的假，去了拉斯維加斯。只有丹尼斯・羅德曼會在球季進行間要求休假，會准假的，也只有菲爾・傑克森。然而，丹尼斯・羅德曼的確需要一段遠離籃球的時間。

就像我們也需要丹尼斯一樣。

二月十九日，另一個交易截止日過去了，而我依然是芝加哥公牛的一員。大家都鬆了口氣，我也是。我們正走在邁向另一座冠軍的道路上。

在我回到球場後，公牛在球季接下來的比賽贏得三十八勝九敗、以六十二勝的成績結束例行賽，並再度以東區第一種子之姿揮軍季後賽。

* * * *

前兩輪系列賽基本上都符合計畫，三場解決籃網，五場淘汰黃蜂。在前幾輪的比賽中，能花越少場結束系列賽越好。我們的雙腿已經累積了太多在球場上奔馳的里程數。

接下來，分區決賽的對手是在該季贏得五十八勝的印第安納溜馬。

他們有著極為強大的先發陣容：得分後衛瑞吉・米勒、小前鋒克里斯・穆林、控球後衛馬克・傑克森（Mark Jackson）、中鋒瑞克・史密茲（Rik Smits）、大前鋒戴爾・戴維斯（Dale Davis）。米勒是一名不可思議的射手，他和我在夢幻隊的隊友穆林都是日後進入名人堂的球員。

他們的板凳戰力也很出色，有杰倫・羅斯（Jalen Rose）、安東尼奧・戴維斯（Antonio Davis）、崔維斯・貝斯特（Travis Best）與狄瑞克・麥基（Derrick McKey）等人。溜馬在三月與我們交手時，在替補球員的比拚上以三十二比零遠勝。不需多言，我們需要史蒂夫・柯爾、比爾・溫寧頓、蘭迪・布朗和我們從勇士交易來的搖擺人史考特・布瑞爾（Scott Burrell）做出更多貢獻。

守住與我們交手的四場例行賽中一共送出三十五次助攻的傑克森，是我們的第一要務。

只是，要怎麼做？

讓我來守他就對了。

老哈、麥可和我在早餐俱樂部進行訓練時想出這個主意，我們向菲爾提出這個意見，他也舉雙手贊成。菲爾總是以開放的態度面對麾下球員提出的建議，我們非常欣賞這一點，這不是每位教練都做得到的事。如果我們提出了一個構想，菲爾知道我們會全力讓這個想法有所成效。

他們的「蛇頭」是馬克・傑克森，不是瑞吉・米勒。

是傑克森負責把球傳給繞過掩護的瑞吉，或是傳給在籃下走位、七呎四吋的史密茲，或是把球完美地送到安東尼奧與戴爾・戴維斯（兩位戴維斯沒有血緣關係）的手中。傑克森就像魔術強森一樣能夠洞悉全場，只是比他矮了八英吋而已。我會用在一九九一年防守魔術的方式來防守他。在靠近半場的位置對他緊迫盯人，盡可能地在他幫助隊友們找到進攻節奏前為此付出代價。

這個策略實行地再成功不過。

在我們以八十五比七十九獲勝的第一戰中，他的失誤（七次）比助攻（六次）還多。

我比傑克森高七英吋、重約四十磅的體型對他來說太難應付。溜馬犯下二十五次失誤，成為勝負的關鍵。麥可貢獻五次抄截，我也抄到了四球。

第二場比賽也是一樣：傑克森又失誤了七次，而全隊一共有十九次失誤。在這場一百零四比九十八的勝利中，麥可豪取四十一分。這一次，輪到我抄到五球、他抄四球，而且我還送出三次火鍋。

讓印第安納的菜鳥總教練「大鳥」柏德試試小把戲的時候到了。

此時不出招，更待何時？其他的招數都沒有用啊。

「大鳥」抱怨裁判對我太多的肢體接觸睜一隻眼、閉一隻眼，他表示如果我防守的對象是麥可，這種情形就不會發生。

他的小把戲生效了。在印第安納波里斯進行的第三戰中，我在第一節就被吹了兩次犯規，不能再像之前一樣打出侵略性。傑克森與負責替補他的崔維斯・貝斯特分擔控球的任務，前者最終只犯下兩次失誤。瑞吉火力全開，投進四顆三分球，幫助溜馬以一百零七比一百零五擊敗我們。

這不是問題。就如麥可在賽後對媒體所做的說明，這場落敗只不過是「路程中的一段顛簸」而已。

如果是這樣，那麼用相同的說法來形容第四戰，就像是捲入了路上的一場車禍，而我就是罪魁禍首。

在比賽的最後四點七秒，我在罰球線上獲得兩罰機會，如果我兩罰命中，球隊便能享有三分領先。

結果我兩罰落空。

溜馬在最後零點七秒靠著瑞吉的三分球贏得比賽。我很氣惱，我不僅沒罰進這兩球，當晚更在罰球線上僅七罰二中。我迫不及待地想為自己雪恥，幸好，我在第五戰做到了。在我們於芝加哥以一百零六比八十七大勝溜馬、取得三比二領先的比賽，我攻下二十分、八籃板、七助攻。

兩天後，回到印第安納進行的第六戰，我再次被惹惱。但這次令我不滿的不是自己的表現，而是休．霍林斯。

你應該還記得休，以及在一九九四年我們與尼克對決的第五戰中，他在最後幾秒對我吹判的離譜犯規。

他又來了。

這一次，他在比賽還有一分半鐘、公牛領先一分時判了我非法防守。在比賽的這個階段，尤其是季後賽，你不該做出這種吹判。這傢伙是看我不順眼嗎？瑞吉命中罰球，溜馬最終以九十二比八十九取勝，把系列賽扳成平手。他們的替補球員再度發揮至關重要的作用，在板凳得分方面以二十五比八大勝我們。在這六場比賽中，兩隊的替補得分一共有著一百九十七比一百的差距。

最後一舞的演出有了戛然而止的跡象。難道分區決賽會成為謝幕的舞台嗎？

看起來很有這個可能。

尤其是在第七戰剛開打時，溜馬前八次出手全數命中、取得十三分的領先後，看起來更是如此。我們前十九次出手中，只投進五球。在這一節結束時，印第安納坐擁八分的領先。

此時從舞台右側上場的，是史蒂夫・柯爾。史蒂夫在第二節包辦八分，幫助我們在這一節以二十九比十八壓過對手，讓我們在半場結束回到休息室時擁有三分的優勢。他得到的分數有多麼關鍵，是我怎麼強調都不為過的。本場比賽此前的局勢一直在溜馬的掌握之中。

麥可在中場休息時說的一席話也很重要。他完全沒有提到我們可能會輸的字眼，因此我們的腦中也沒有浮現任何為輸球結果而擔心的念頭。

接著在舞台左側上場的，是東尼・庫柯奇，他和老哈與霍勒斯一樣，所做的付出從來沒有因為我們的成就而得到與之相配的讚譽。

也許不是美國人的因素影響到他，也或許，因為有麥可、丹尼斯和我在，舞台上沒有其他空間留給其他人。不管是什麼原因，今年*獲選為籃球名人堂一員的東尼，在我們史上最重要的一場比賽中大顯神通。第三節，在球隊把領先擴大為四分時，全隊得到的二十一分有十四分是來自他的貢獻。

* 譯註：二〇二一年。

即使如此，溜馬在比賽最後六分半鐘左右還是重新取得七十七比七十四的領先。麥可切入籃下時，球在碰撞中脫手，於是我們接下來便要面對本場比賽、這個球季中最重要的一次跳球。身高六呎六吋的麥可，將要和七呎四吋的史密茲爭奪這次的球權。

起跳時碰到球的人是史密茲，但不知為何，球最後落入我的手裡。接著在麥可的中距離跳投失手後，我又在一陣混亂中撿回了被往外拍出來的球。

全新的二十四秒，全新的一個回合。

在球場的另一端，我注意到了三分線外有著大空檔的史蒂夫。

涮。芝加哥，印第安納，戰成七十七比七十七平手。

比賽回到原點。

過了大約一分鐘，在盧克跳投失準後，我再度抓下籃板，並很快地在外線開火，替球隊取得八十一比七十九的領先。我們沒有再落後過，最終比數：八十八比八十三。

回首這場第七戰，顯然籃球之神站在我們這一邊。如果麥可和史密茲跳球有了另一種結局，而讓溜馬在這場雙方都得費盡千辛萬苦才能得分的比賽中取得五分領先，誰知道比賽最終會鹿死誰手？

＊　＊　＊　＊

度過一個難關後，接著是下一個難關。對手是：猶他爵士。

猶他爵士在例行賽的戰績與公牛同為六十二勝二十敗，他們在花了四場比賽橫掃「俠客」與科比領軍、還未進入巔峰時期的湖人後，得到充分的休息。由於他們在例行賽的兩次交手都擊敗我們，因此系列賽將在鹽湖城打第一戰。爵士將成為我們在總冠軍賽中第一次二度交手的球隊，這肯定對他們有利。

他們知道該為什麼做準備。

至少他們跟我一樣，雙腿都累積了不少的里程數。

史塔克頓已經三十六歲，卡爾．馬龍三十四歲，而他們的先發得分後衛傑夫．何納塞克也有三十五歲。其中一個最主要的關鍵就是要守住卡爾。他又繳出一張漂亮的成績單，平均攻下二十七點零分與十點三個籃板。由於在一九九七年總冠軍賽守卡爾守得很好的布萊恩．威廉斯（Brian Williams）已經轉戰活塞，因此這個任務落在盧克與丹尼斯頭上。

與溜馬相仿，爵士的板凳戰力也很強：由羅素與安德森領銜之外，還有前鋒安托萬．克爾（Antoine Carr）、後衛霍華德．艾斯利（Howard Eisley）以及中鋒亞當．基夫（Adam Keefe）與葛瑞格．奧斯塔泰格（Greg Ostertag）。我們的板凳群必須拿出比在與印第安納交手的系列賽時還要出色的表現。

第一戰，我們很有機會可以拿下。

在比賽還剩兩分半鐘時，我投進三分球，將比數扳成七十五比七十五平手。在丹尼斯封阻卡爾的跳投後，我又嘗試了一次外線出手，但這次沒有命中。

卡爾在下個回合、下下個回合接連得分，使爵士取得四分領先。盧克在比賽快結束時投進一記跳投，幫助我們把比賽逼進延長賽，然而，史塔克頓在此刻接管了戰局。他妙傳給卡爾讓他上籃得分後，又製造了三分打。全場史塔克頓攻下二十四分，其中有七分是在延長賽進帳的分數。猶他獲勝，八十八比八十五。

毫無疑問，我們讓煮熟的鴨子飛了。無所謂，我們還是有機會在鹽湖城取得一比一平手的局面。

而且這很快就從計畫成為了現實。

第二戰，攻下三十七分的麥可在最後幾分鐘連連得分，替我們鎖定九十三比八十八的勝利。我們的防守迫使爵士在第四節僅得十五分。爵士犯下十九次失誤，其中有四次算在卡爾頭上，而他全場也僅十六投五中。

然後，就是那場出人意料、在芝加哥進行的第三戰。這場比賽至今依然令人覺得不可思議。最後的比數是公牛以九十六比五十四獲勝，對，這是打完全場的比數。

五十四分（下半場二十三分）是自一九五〇年後採用進攻二十四秒規則以來的單場最低得分紀錄。爵士的投籃命中率只有百分之三十，犯下二十六次失誤，在籃板方面也是我們以五十個比三十八個大勝。除了攻下二十二分的卡爾之外，他們球隊中沒有人得到超過八分。

如果說比賽本身沒有什麼戲劇性，那麼隔天在場外發生的事就把戲劇張力給補上了，多虧有丹尼斯在。

不然還能有誰？

首先，他缺席了球隊會議和一個強制性的記者會。公牛隊因缺席球隊會議而對他處以一萬美金的罰款，聯盟也因為他對待記者會的態度如此散漫而給予了同等的懲罰。然後，他居然還有勇氣飛到底特律，和霍克．霍肯（Hulk Hogan）一起上電視、參加摔角秀……現在可是在進行NBA總冠軍賽耶。

丹尼斯隔天參加了訓練。在我們以八十六比八十二獲勝的第四戰中，他攻下十四籃板與六分，還命中兩記關鍵的罰球，為我們在最後四十三點八秒取得四分領先。

總而言之，丹尼斯就是這種人。

前一天，他還表現得像是應該要學會負起責任的人，隔天，他便在場上追逐著每一個有機會搶到的球權，就好像搶到球後就能拯救人類的未來一樣。我們又怎麼有立場來質疑這個男人的——我應該可以這麼說——怪異行徑？或許丹尼斯正是需要這些出口，來讓他在籃球場上發揮最佳的水準。

當然，當時的我也處在最佳狀態。

第四戰，我以三分球十投五中的表現攻下二十八分、抓下九籃板並送出五助攻。在防守端，我利用我的體型與敏捷帶給史塔克頓不少麻煩，並在爵士藉由與卡爾配合而進行擋拆戰術時支援防守。我強而有力的表現讓我有可能首度成為NBA總冠軍賽MVP。我想不出有什麼更好的方式，來替十一年的公牛生涯劃下句點。

不幸的是，這並沒有發生。

儘管東尼攻下三十分，我們還是以八十一比八十三輸掉第五戰。卡爾表現得很亮眼，豪取三十九分與九籃板。他在丹尼斯面前跳投命中，為爵士在最後五十三點三秒獲得四分領先。我的表現就比他黯淡許多，十六投二中，三分線外更是七投零中。麥可也沒有好到哪去：二十六投九中。我們的團隊投籃命中率是百分之三十九，爵士方面則為百分之五十一。

就如同在一九九三年，我們沒能在主場出戰太陽的比賽拿下冠軍，接著便必須搭乘一趟預料之外的長程班機去打客場。這一次要去的是鹽湖城。

這是這個世界上我們最不想去的地方。我曾經覺得之前的芝加哥體育館是我打過球的球場中最吵雜的一座，但與達美中心的分貝等級相比，便顯得小巫見大巫。這裡讓我有一種坐在搖滾音樂會第一排的感覺。

如果說那場出戰尼克的最後一點八秒，在別人心中是我生涯最低潮的一刻（我可不這麼覺得），那麼一九九八年六月十四日星期天的夜晚，則是完全相反的情形。

這一天展開的方式實在讓人樂觀不起來。

我已經多次為背部的毛病所苦，次數多得數不清了。一開始，我在第三戰打完後發現我的背部有點痠痛的感覺。這是承受太多進攻犯規的代價，其中有兩次是被卡爾迎面撞上。我在第四與第五戰承受著背傷的困擾，但我還是有辦法忍痛上陣。只是，它帶來的疼痛日漸加劇。在飛往猶他的飛機上，我實在如坐針氈、迫不及待地希望飛機趕快降落。

我注射了可體松，它有幫助，但僅止於某種程度。在星期日下午抵達球場時，我還是覺得痛。一九八九年，我被藍比爾肘擊。一九九〇年，我遇到偏頭痛的打擊。我又要再次被籃球的眾神玩弄了嗎？

如果是這樣，我可不能讓他們稱心如意。

這次別想。

我在比賽的第一回合灌籃時，感覺就像有人從我的背後捅了一刀。落地時的震動，掐動著我的神經。每一次我跑起來時，都會產生一陣痙攣。我試圖忍耐，但我做不到。在我們以十七比八領先時，我前往休息室進行電療並做了一些伸展運動。上半場打完前，我都沒能回到場上。

在我離場時，爵士趁虛而入，在第一節打完時領先三分、上半場結束時領先四分。卡爾的手感正順，感謝老天，麥可的手感也是如此。全隊攻下四十五分，他一個人就包辦二十三分。多虧有他，比數才沒有被拉開。

我感覺很糟，不只是因為背痛的緣故，更因為我讓大家失望。我已經很久沒有這種感覺了。於是我對我們的訓練師奇普．薛佛（Chip Schaefer）說：

「只要能讓我以最快的速度回到場上，你想做什麼都儘管放手去做。」

在第三節開始時，我趕回來了。

然而在這一節還有三分鐘時，我再度回到休息室進行進一步的治療。我們依然維持著還有希望追上的比分差距，進入第四節時只落後五分。

這一節剛開始時，我再度回到場上。我已經不再是以前的我，差太多了。我永遠不會忘記，我在這場比賽的前段時間本來有一球可以灌籃的，但我幾乎跳不起來。我不想跳，每一次我跳的時候，都會壓迫到神經上的椎間盤。

我心想，**難道爵士沒注意到我在場上舉步維艱的模樣嗎？他們有沒有在看比賽啊？他們還有必要派人來守我嗎？**

我進不去內線，也沒辦法投外線。除了告訴大家該怎麼防守卡爾之外，我什麼事都做不了。如果這是其他比賽，該死，甚至是其他場季後賽，我就會穿上便服、高掛免戰牌。

然而，在比賽還剩五分多鐘時，我不知怎麼地在底線投進了一球翻身跳投，將猶他的領先縮小到一分，七十七比七十六。

這是一記重要的投籃。在比賽的最後關頭，每一球都很重要。

史塔克頓在比賽還剩四十二秒時投進的三分球，更是至關重要。這球幫助他們以八十六比八十三領先。

達美中心歡聲雷動，公牛喊暫停。

我們的目標是快速地投進一球，這樣我們就不用犯規。

五秒鐘不到，我們便把球投進。我想這波進攻可說是相當省時。麥可在半場附近接到傳進場內的球後，甩開拜倫·羅素的防守，輕鬆上籃得分。

下一個目標，是守住一球。

這個目標也很快地達成了：卡爾在底線接獲史塔克頓的傳球後，拿在手裡的球被麥可給拍了下來。在比賽中前幾個回合看到爵士也採取同一個戰術，麥可便覺得卡爾不會預料到自己會離開原本的防守對象，出現在他的身邊。

現在我們又必須投進一球了。在這種情況下，每位教練都會喊暫停。

只有菲爾·傑克森不按牌理出牌。

菲爾不想讓爵士有部署防守的機會。時間一秒一秒地倒數著，不用任何人告訴我，我也知道我的任務是什麼：就是滾得越遠越好。一九九三年總冠軍賽，一擊終結系列賽的人是約翰·派克森。一九九七年總冠軍賽，投進系列賽致勝一擊的人是史蒂夫·柯爾。現在，該輪到麥可了。

最後一次的總冠軍賽、最後一舞的最後一擊，捨他其誰？

如果你有在關注籃球，那你就知道接下來發生什麼事了。如果你不知道，我很樂意為你補充細節。

麥可在三分線外被羅素嚴防，爵士決定不包夾他。觀眾們都站了起來，這一刻的時間就像是靜止不動一樣。

麥可向弧頂運球，然後急停。在羅素滑倒的同時，麥可高高躍起，從離籃框十八英呎處將球投出。這球空心破網，公牛以八十七比八十六領先。爵士在比賽最後五點二秒時請求暫停，達美中心從來沒有這麼安靜過，靜得彷彿可以聽見美夢破碎的聲音。

球被傳進場內，史塔克頓跳投不進。哨音響起，一切塵埃落定。我們贏得比賽、贏得系列賽、成功打造王朝。

在大家開始慶祝時，我還沒回過神來，有太多內心的情緒需要消化了。因贏得另一座冠軍而興奮、因身體經歷了一番地獄的折磨而疲憊、因這可能後無來者的成就即將就此結束而感到憂傷。

感謝上蒼，我們贏得第六戰。在第七戰，我的狀態絕對不可能披掛上陣。

很快地，我與大夥們又站上了格蘭特公園的舞台，球迷們的熱情比起以往有過之而無不及。

「再來一年！」他們如此吶喊著。

第十七章 老人家，向西行！

菲爾正前往他在蒙大拿州平頭湖（Flathead Lake, Montana）的家，進行他此刻最迫切需要的休養與放鬆。

他用一種自己的方式，或許可以說是更超然的方式在追求勝利，他和道格．柯林斯一樣好勝（也一樣憎恨失敗），甚至可能還更勝一籌，這讓他為此年復一年地耗費很大的心力。儘管如此，每個人都知道他不久後就會回到聯盟、執起教鞭。這項競賽已經融入了他的血液，而且當時的他只有五十二歲而已。

麥可則將二度退休。誰知道呢，說不定未來會有他準備三度退休的一天。在這段退休期間，他將更常打高爾夫球，拍攝更多廣告。當一個名為麥可．喬丹的人，本身就稱得上是一份全職工作。

那我呢？我要去哪？

好問題。

很可能是西部的某處，我想去個氣候會比芝加哥更溫暖的地方。比芝加哥還要溫暖的地方實在太多了。

我也更喜歡西區打得更奔放、肢體碰撞更少的球風。尤其是我現在年近三十五歲，撞傷與瘀青都沒有恢復得那麼快。我已經不想再和歐克利及莫寧這類的球員推擠碰撞，必須找個比較輕鬆的方式來打球。

湖人是我的首選。

有二十六歲的「俠客」與年僅二十歲的科比在陣中，他們是未來最有機會稱霸的球隊——說不定，有能夠提供老將價值的我來引領他們，這支球隊能從現在就開始稱霸。除了羅伯特．歐瑞（Robert Horry），湖人陣中還沒有人拿過冠軍戒。洛杉磯看起來是個與我完美契合的歸屬。

鳳凰城是另一個可能的去處。

然而太陽隊儘管極具天賦，卻不是一支有望贏得總冠軍的球隊。我多年來在芝加哥總是享受著冠軍帶來的喜悅，就連麥可不在球隊的那一年，我也不願意降低標準。

最後，我加入休士頓火箭，他們是一支有望爭冠的球隊。

或我本來是這麼以為的。

我直到一九九九年一月才正式加入他們，這是因為ＮＢＡ封館、球季很可能因此取消的緣故。隨著勞方與資方達成共識，便決定球季將會以只打五十場例行賽的方式進行。這對我來說是個好消息，我在七月又動了一次背部手術。我後來才知道，原來我在和爵士交手時，其中三場比賽我都背負著兩塊椎間盤突出的狀態在場上打球。

我簽下一份五年六千七百萬美金的合約。我在整個生涯中朝思暮想的超級發薪日終於到了。為此，我得感謝一個我從來沒有想到會有一天要感謝的人，就是傑瑞・克勞斯。

在同意與火箭先簽後換之後，根據聯盟規則，公牛能讓我的合約總額增加至少兩千萬美金。*或許，傑瑞終究也不是那麼壞的人吧

在一切談妥後不久，我打了通電話給他，進行一番愉快的對話。

儘管發生這麼多事，我也從來沒有忘記是他在選秀時選上我、給我機會。如果我是個地雷股呢？誰知道公牛能不能成為……日後的公牛隊？如果沒有傑瑞，我可能最終會去一支展望重建的球隊。

一支沒有麥可・喬丹的球隊。

也許，無論如何，我在那裡依然能夠成功，依然會成為聯盟於一九九六年、展開五十周年紀

---

* 譯註：根據當時的勞資團體協約，若皮朋與火箭直接簽約，火箭最多只能給予一份四年四千五百萬美金的合約。克勞斯曾表示，這是他與老闆蘭斯朵夫送給皮朋的餞別禮。

念球季前選出的五十大球員之一，也可能還是會贏得屬於我的冠軍戒指。

或許，也可能不會有這麼好的發展。

我期待和我在休士頓的新隊友們一起訓練，像是當時剛滿三十六歲的未來名人堂球員哈金．歐拉朱萬。公牛從來沒有接近這種等級的長人。

哈金的全盛時期已經過了？我也是。

可惜的是，有個人沒參加訓練，他參加了加州棕櫚泉市（Palm Springs）的鮑勃霍伯菁英賽（Bob Hope Classic）、打著高爾夫球，這是一場包括名人在內的業餘球員能夠與ＰＧＡ巡迴賽的職業球員競爭的賽事。我說的這個人，是我打奧運的隊友，查爾斯．巴克利。

我記得我讀過幾篇文章，提及麥可說查爾斯投入得不夠多，以致於無法贏得冠軍。

我不認同他的說法。查爾斯在打夢幻隊時，訓練的認真程度並不遜於任何人。在比賽中，他也總是全力以赴。然而另一方面，他在封館結束後還去打高爾夫球，而且還偏偏是和麥可一起去打，這個決定並不是個好現象。我們要盡快地上場打球，缺一不可，看看我們能如何盡快地整合成一個整體，並了解我們還需要為哪些方面多做準備。

一九九八—一九九九年球季即將到來，在這個新的縮水球季，每場比賽都會更具分量。

他終於出現了，而在他回到球場上時，表現得依然像是那個過去的他。三十五歲的查爾斯依然是聯盟中最優秀的球員之一。

哈金、查爾斯、我——在三巨頭成為NBA的趨勢之前，我們成為了三巨頭的先驅。有我們在，是能出什麼問題？

能出的問題可多了。

球季進行一個月後，儘管我的平均上場時間超過四十分鐘（我在公牛隊的平均出賽時間從未超過三十八點六分鐘），我的得分卻下降了，而這是有原因的。

嚴格來說，是有兩個原因：查爾斯與哈金。我不斷把球傳給低位的他們，這就是我所有的任務。

這代表我得站在一旁、旁觀他們一對一單打。我已經習慣打三角戰術、習慣看著在每個回合中找到最佳進攻機會前，球從一個球員手上流轉到另一名球員手上。這讓我感覺自己彷彿回到看著麥可每晚都出手一百萬次的八〇年代後期。這種比賽沒什麼樂趣，我很好奇，既然要這麼打，那火箭一開始找我來幹嘛？把球往禁區傳，這種事誰都做得到。

就在那時，我們開始贏球了，而且贏了很多場。在三月的最後兩周，我們贏得九連勝，且其中五場是在客場拿下的。在競爭超級激烈的西區，我們有著不小的可能性能贏得第一種子。

可惜我們最後幾場比賽中的勝率在五成以下，不過球隊還是以三十一勝十九敗的戰績結束例行賽，在中西部分組排名第三，僅次於馬刺與爵士。

我們在季後賽第一輪五戰三勝制的系列賽中，將會與湖人交手。

現在的湖人離日後那支王朝球隊還有段距離。湖人在這個球季剛開始時的總教練是戴爾・哈里斯（Del Harris），他在十二場比賽後被開除（六勝六敗），由柯特・蘭比斯（Kurt Rambis）取而代之。然而靠著「俠客」與科比以及前鋒葛倫・萊斯（Glen Rice）、羅伯特・歐瑞與瑞克・法克斯（Rick Fox）以及控球後衛德瑞克・費雪（Derek Fisher）等人的陣容，湖人打出了與我們相同的戰績。請注意，我可沒有把任何人說成是「配角」。

總之，在洛杉磯打的第一場比賽，我們在最後不到三十秒時握有球權與一分的領先。再進一球，我們便很有可能帶走勝利。

但接著我在籃下失去平衡後，費雪衝過來把我沒抓穩的球搶去，他機智地在還剩七點六秒時喊了暫停。歐瑞負責在界外傳球，把球傳到科比手上，而我們的一名後衛山姆・麥克（Sam Mack）對他犯了規。科比被送到罰球線上後，兩罰俱中。

現在湖人領先，一百零一比一百。剩五點三秒，火箭喊暫停。

接到傳進場內的球後，卡提諾・莫布里（Cuttino Mobley）這名有天賦的新秀衝向籃框，但球被「俠客」從他的背後搧掉。這時，比賽結束的哨音也響了。

一個在客場偷得一勝的大好機會就這麼飛了。而下一場，我們也一樣沒有機會。

湖人以一百一十比九十八拿下第二戰，並在第四戰贏得系列賽。我想不起來上一次我這麼失望是什麼時候。也許是一九九〇年的偏頭痛之役，也或許是一九九四年休・霍林斯賞我的慘敗。

我本來覺得這支球隊是有機會能打進總冠軍賽的。

這個球季，我平均得到十四點五分，這是我在一九八八—一九八九年球季後的最低紀錄。這並不全是我們教練魯迪．湯賈諾維奇（Rudy Tomjanovich）安排的進攻戰術的責任，我自己也是元兇之一。不管是兩個椎間盤突出帶給我的後遺症，還是將在九月滿三十四歲的我被時光老人找上門，或是兩者皆是，我都已經不能再像在芝加哥時一樣，在每個回合都拚盡全力。我必須慎選該出力和放輕鬆的時機，並更加倚重我的籃球智商。

季後賽也是一樣的情況，除了在第三戰攻下季後賽最高的三十七分之外，我的表現都很淒慘，其他三戰一共只拿到三十六分。第二戰，我只有七投零中的表現。第四戰，我二十三投僅六中。整個系列賽，我的投籃命中率只有百分之三十三。

我讓我的隊友、球團與整個休士頓市失望了。

不幸的是，我並不是唯一一個讓大家失望的人。

麥可說對了。查爾斯對贏得冠軍的投入不夠充分，差得遠了。

在球季開始前，麥可的訓練師提姆．葛洛佛來到休士頓和查爾斯與我一起訓練。一個星期，查爾斯就受不了了。麥可能夠放下高爾夫球與被應接不暇的行程塞滿的生活，但查爾斯不行。如果說生命中必須有所取捨，那被他放下的就會是籃球。他跟「俠客」很像，儘管他的成就已經很偉大了，但他本來有可能成為更偉大的球員。

總之，我在那年夏天散播著想離開休士頓，如果可能的話，最好能加入湖人的訊息。他們最近聘請了一名新教練，這個人我有點熟，就是菲爾．傑克森。

相信我，我沒有忘記菲爾把最後一擊交給東尼出手的事，這件事我永遠也不會忘記。然而至少我知道菲爾不會容忍球員身材走樣或是訓練得不夠認真，而且他和也成為了湖人助理教練團一員的泰克斯會確保每個人在進攻時都有參與到，而不會讓有人只能旁觀隊友單打獨鬥的情形發生。比賽會再次變得有趣起來。

查爾斯發現我在想什麼後，便張開了他的大嘴、口無遮攔地說我欠火箭隊和他一個道歉。

好吧，查克，如果你想玩這套的話我奉陪。

「我可不是那種被槍口指著就會屈服的人，我不會因此向查爾斯．巴克利道歉的，」我對媒體說，「他永遠也等不到我對他道歉的那一天，如果說有誰該道歉，他才該為了提著一個悲哀的肥大屁股上場打球而向我道歉。」

查爾斯和我現在都已經把這件事放下了，這已經是很久以前的往事。我們兩人只是對待籃球的態度不同，而只有一個方法能解決這些問題。

是的，我即將再度啟程。

但不是去洛杉磯。球隊老闆傑瑞．巴斯博士（Jerry Buss）不願意接收我最後一年的合約。我不怪他，他已經把一大筆錢花在「俠客」身上。而日後的我總是會想像，如果能和「俠客」歐尼爾與科比・布萊恩聯手，能打出什麼成果。我可能到四十歲都還會待在這支球隊。

沒去洛杉磯的我，被送到波特蘭，交易六名球員：凱爾文・凱托（Kelvin Cato）、史戴西・奧古蒙、華特・威廉斯（Walt Williams）、艾德・葛雷（Ed Gray）、布萊恩・蕭與卡洛斯・羅傑斯（Carlos Rogers）。

若要談起持續成長但最近有些停滯不前的球隊，那麼戰力雄厚但在一九九九年西區決賽敗給馬刺的拓荒者就是其中之一。

除了我之外，他們最近還找來了前亞特蘭大後衛史蒂夫・史密斯（Steve Smith）與前西雅圖前鋒德特夫・施倫夫，而他們的球員名單中原本就有著拉希德・華勒斯（Rasheed Wallace）、戴蒙・史陶德邁爾（Damon Stoudamire）、阿維達斯・薩波尼斯（Arvydas Sabonis）、葛瑞格・安東尼（Greg Anthony）、邦基・威爾斯（Bonzi Wells）與從高中跳級挑戰ＮＢＡ的潛力中鋒傑曼・歐尼爾（Jermaine O'Neal）。我等不及練球日的到來了。

我在波特蘭，菲爾在洛杉磯，如果我們能在西區決賽中碰頭，豈不是美事一樁？

等等，老皮。你對火箭也有過很高的期望，結果呢？

波特蘭不是像洛杉磯那樣的大城市，但我並不在意這一點。身為一名職業籃球選手，把時間用在哪裡，以及把時間花在什麼人身上才是重點。

隊友。

鄰里。

球團。

確認，確認，再確認。

＊＊＊＊

我在公牛時，對開季後快速進入狀況的表現已經習以為常，現在我又經歷了一次：開季四連勝，開季前十一戰十勝，開季前十五戰十三勝。進入十二月初，我們以一場半的勝差領先湖人與國王，暫居分組龍頭。在有段時間狀態稍微冷卻後，我們又重整旗鼓，兩度贏得六連勝。

這支球隊如我預想中一般強大，甚至可說超乎預期。

在前幾個月的賽程中，有一場比賽顯得格外重要。怎麼可能不重要呢？那場比賽，我會回到我的家。芝加哥給我的感覺，就像是家。不管我在這裡有多麼不受尊重，不管我幾度要求公牛交易我，這一點都不會改變。

自從我在一九九八年總冠軍賽第五戰最後一次站上聯合中心的球場後，已經有很多事發生了變化。就我個人方面而言，我已經在三年內來到第三支球隊。而公牛方面，被提姆．佛洛伊德執教的他們，目前打出了二勝二十五敗的戰績（最終他們會以十七勝六十五敗結束球季）。如果你想知道的話，我一點都不替傑瑞．蘭斯朵夫或傑瑞．克勞斯難過，他們正在承受他們應得的後果。

但我會這麼說並不是針對這個組織，這是兩碼子事，這個後果不該由他們來一起承受。我所謂的組織，指的是售票員、保全人員、維修工人、公關人員等。我碰到的每個人，都對我這麼說：

「這裡已經變得跟以前完全不一樣了。」

在開賽跳球前，公牛在大螢幕上撥放了我的精華影片，我獲得了極為響亮的歡呼聲。在這一刻，球迷們終於有了一些值得喝采的事情。

至於比賽本身，則一如預期是一場一面倒的屠殺。

公牛隊犯下三十一次失誤，以六十三比八十八吞下十一連敗。戴蒙．史陶德邁爾以十六分與五抄截引領全隊，我也挹注了十一分與六助攻。

我為那些被留在原處的前隊友們感到遺憾，比如蘭迪．布朗、迪奇．辛普金斯與因背部痙攣而缺席的東尼．庫柯奇（對他而言幸運的是，一個月後，他就會被交易到費城）。威爾．普度與B．J．阿姆斯壯也是，後者在生涯的最後一個球季，回到了他於八〇年代展開職業生涯的初始之地。我無法想像他們經歷了些什麼。

二月下旬，我們在波特蘭迎戰湖人。這場比賽與其他的例行賽不同，兩隊都取得四十五勝十一敗的聯盟最佳戰績，也都正處於十一連勝的狀態。兩虎相爭，必有一傷。

結果出爐，傷到的是我們。

在攻下二十三分與十籃板的「俠客」領軍之下，湖人獲勝，九十比八十七。科比也得到二十二分。

這個夜晚並非一無所獲。我們在第四節展現出頑強的韌性，在第四節從十一分的落後中迎頭趕上，並有機會在比賽快結束時追平比分。我以昂首闊步之姿走出玫瑰花園球場（Rose Garden）。

等到五月，我們會擊敗這支球隊的，毋庸置疑。

只是如果我們在其他的賽程中也有打敗其他球隊就好了。

從三月一日到例行賽結束，我們的戰績是平凡的十四勝十一敗。隨著季後賽即將開始，我們當然有為此擔心的理由。我們沒有一個領導者，一個會在大夥們沒做好自己的工作時督促他們的人。一個像是——我這麼說應該沒問題——麥可．喬丹的人。儘管他在某些時候做得太過火了。但做得太過火總比做得不夠還好。

為什麼我沒有扛起這個重擔？

在過去二十年中，我曾三番兩次地問自己同樣的問題，真希望我也有個好的答案。

身為一名剛加入這支球隊的球員，那時我把心力放在如何融入那些已經在這裡打了一段時間的人，像是戴蒙和拉希德。然而只要是為了贏得總冠軍而該做的事，我都應該要用點心才對。

我們的第一個對手是由年輕明星凱文・賈奈特（Kevin Garnett）領軍的明尼蘇達灰狼，他們在四場比賽後被我們淘汰。

接下來的對手是猶他爵士，率領這支球隊的是兩位不年輕的明星球員。史塔克頓三十八歲了，卡爾也即將滿三十七歲。然而，爵士堅毅如昔，在前三場比賽都輸了十八分以上的情況下，以八十八比八十五拿下第四戰、延長戰線。而在第五戰，我們結束了這場戰役。

看著這兩位未來的名人堂球員以及即將退休的何納塞克，令我想起一九九七與一九九八年身穿公牛球衣與他們交手時的那幾場難忘決鬥。

而我正踏上另一趟前往總冠軍賽的路程。

我曾希望能與湖人在這條路上交手，現在他們來到了我們面前，勝者將晉級總冠軍賽。

在這麼重要的比賽中，菲爾再次打起了他一貫的心理戰。在蒙大拿州的森林裡沉潛了一年，並沒有對他的犀利度造成任何影響。

這次的目標是個他很熟的人。

「我個人認為如果史考提沒有挺身而出，帶領這支球隊勇敢地面對考驗，」菲爾對記者們說，「那他們就不可能戰勝我們。」

然而這一次禪師遇到了對手。我了解他，就像他也了解我一樣。我當然不會輕易中計。

我也了解三角戰術。可說是比湖人球員還要了解。每當我看到他們擺出了什麼陣型，就會對隊友們喊出接下來他們會做什麼，這讓菲爾氣得無以復加。

但是，沒有人是「俠客」的對手。

就算我從現在開始喊他們的戰術喊到世界末日，也沒辦法對他造成任何影響。在湖人以一百零九比九十四獲勝的第一戰，他攻下四十一分、十一籃板、七助攻與五阻攻。我打得不錯，得到十九分、十一籃板、五助攻，但我們一直沒有進入狀態。

最令人失望的是拉希德・華勒斯，他在第三節吞下第二次技術犯規後遭到驅除出場。就現階段而言，拉希德是我們陣中的最佳球員。他有個缺點，而且是個很大的缺點，就是控制不住他的怒火。與他相比，丹尼斯・羅德曼簡直像個男童軍。在例行賽期間，拉希德被吹了聯盟最多的三十八次技術犯規。

他對我保證，這在不會對季後賽造成任何問題。他錯了。

我沒有注意到他與裁判之間的糾葛從很早以前就開始了，而你一旦被貼上標籤，它就會在你剩下的職業生涯中緊黏著你不放，你就永遠別想從任何爭議判決中得到好處了。

拉希德是那個時代的凱文・杜蘭特（Kevin Durant），能夠隨時隨心所欲地用左右手投出高命中率的球。他是最早涉足於三分線外的長人之一，可以和史蒂芬・柯瑞一樣投出超遠距離的球。拉希德要打出最佳狀態，我們才能贏得這個系列賽。

第二戰，他做到了，在三分線外三投三中，攻下二十九分、十二籃板與二抄截。我們贏得一百零六比七十七的大勝，在洛杉磯取得一比一的平手。

在回到波特蘭的路上，我們對當下的處境頗為滿意。然而在離開波特蘭時，我們都覺得糟透了。

湖人在這裡兩戰全勝，在系列賽以三比一領先。

在湖人以九十三比九十一獲勝的第三戰，成為自由球員時與湖人簽約的榮恩・哈波在比賽還剩二十九點九秒的時候從底角投進十九呎的跳投，幫助湖人取得領先。下個回合，科比從拉希德手中把球抄走，然後又在比賽快結束時賞了沙波尼斯一個火鍋。

第四戰，湖人不需要有人在比賽尾聲跳出來當英雄，便以一百零三比九十一獲勝。他們在第三節以三十四比十九打得我們毫無招架之力。「俠客」在罰球線上更是繳出九罰九中的成績單。你知道要發生這種事的機率有多低嗎？

大家都覺得拓荒者已經無力回天，但我們可不這麼認為。

第五戰，客場作戰的我們早早取得領先，並在接下來的時間中擋住了他們的反撲。最終比數為九十六比八十八。我得到二十二分，其中有十二分是在第一節拿下的。然而除非我們能乘勝追擊，不然這場勝利依舊毫無意義。而我們辦到了，在波特蘭以一百零三比九十三將第六戰收入囊中。從替補出發的邦基・威爾斯表現亮眼，得到二十分。

這讓我們能夠在二〇〇〇年六月四日的夜晚前進加州洛杉磯的史戴波中心（Staples Center）。在我職業生涯打過的這麼多場比賽中，想到這一場比賽，便會令我輾轉難眠。不是偏頭痛發作的比賽、不是一點八秒事件的比賽、不是休．霍林斯亂搞的比賽，而是這一場。

如果我當時這麼做的話會發生什麼事？如果我們的教練麥克．鄧里維（Mike Dunleavy）做了這件事的話會怎麼樣？如果……

想著這些「如果」，都快把我給逼瘋了。

我會盡可能地解釋事情的經過。如果我受不了了，希望你能諒解。

上半場打完，比數是四十二比三十九，我們領先。兩隊的進攻在第三節開始時都打得毫無章法。在這一節還剩近六分鐘時，葛倫．萊斯投進十九呎的跳投，幫助湖人取得五十一比五十的領先。

然後，神奇的事就這麼發生了。我們變身為一九九五—一九九六年球季的公牛，在接下來五分鐘左右的時間，我們打出二十一比四的攻勢，把湖人壓著打。

在這段時間中，史蒂夫．史密斯投進四球，其中有兩球是三分球。拉希德也投進幾球，而我也有所貢獻，在這一節還剩二十秒時投進三分球，帶給我們十六分的領先優勢。這一節打到現在，湖人只得到十六分。科比得四分，而「俠客」不但僅出手兩次，更一球都沒投進。

球迷們都看得瞠目結舌。

在他們的最後一次進攻中，吸引到包夾的科比把球傳給布萊恩．蕭，後者在最後幾秒時投進一顆擦板三分球。

擦板？有沒有搞錯？他根本沒有想過要投擦板球好嗎？

我擔心蕭的幸運一擊會使湖人與球迷燃起急起直追的希望。

這並沒有發生。史密斯在第四節剛開始時投進一球後，將領先擴大為十五分，而這個差距一直維持到最後十分鐘左右。

現在任何事都阻止不了我們。

除非是大家都投不進球，以及在一切開始出現崩潰的跡象時，包括我這名六度贏得總冠軍的球員與鄧里維這位經驗豐富的教練的所有拓荒者成員都沒能挺身而出。

在這個需要菲爾．傑克森的時候，他在哪裡？就在那裡，在執教我們的對手。

「俠客」在籃下輕鬆地得分，吹起湖人反攻的號角。在下個回合，又是布萊恩．蕭這傢伙投進一記三分球。這次不是擦板球了。

突然之間，我們慌了手腳，湖人只落後十分。我們喊暫停。球迷們現在都樂翻了。在接下來的六分半鐘，我們連續十一次出手不進（總共有十三球沒進），讓湖人追平比數，戰成七十五比七十五平手。這十三次投籃落空中，有其中六次是拉希德的出手。

投籃失準並不是我們唯一的問題，我們的心態也有問題，真的很糟糕。

稍早之前的暫停中，鄧里維制定了一個把球往內傳、傳給拉希德的戰術。湖人根本守不住在低位進攻的他，他幾乎和「俠客」一樣是個自動得分機器。然而在我們結束討論、回到場上時，拉希德說他想打不一樣的戰術。

「史密（史蒂夫．史密斯），別管那個爛貨（鄧里維）說的屁話，」拉希德對我們說，「我會把這該死的東西（球）往外傳給你，然後你來投三分球。」

我驚訝得目瞪口呆。我已經打了很久的籃球，我以為我什麼話都聽過了。

老皮，話別說得太滿。

我從來沒有聽過有球員會如此公然抗命，而且還是在這麼大的舞台上。我真應該在裁判吹哨讓比賽繼續進行前對拉希德說點什麼，但不知為何，我沒有這麼做。

而且，這不是偶發現象。老天爺，真的不是。球員們總是沒有把鄧里維放在眼裡，而且更糟的是，他也拿他們沒辦法。在球員們沒有執行他要求的戰術、而是採取另一種打法時，他會沮喪地抬起手臂，但除此之外也一直沒有任何作為。從很久以前開始，他就已經沒辦法掌控這支球隊了。

然而，儘管我們的出手一次又一次地落空，並視教練如無物，我們還是能堅持到現在、仍然有打進總冠軍賽的機會。真的很不簡單。

比賽還剩不到三分鐘時，在底線的拉希德從羅伯特．歐瑞面前投進一球，結束得分乾旱期，為我們取得七十七比七十五的領先。然後，在似乎總是能在每一球都很關鍵時把球罰進的「俠客」命中兩記罰球，並又投進一球後，拉希德再次佔據了一個好位置。這一次他的出手被「俠客」蓋掉，不過裁判吹了妨礙中籃。

比數戰成七十九比七十九平手。

下個回合，科比被拉希德犯規，他兩罰俱中。輪到我們持球進攻後，「俠客」對拉希德犯規，而他兩罰都沒有進，第二罰還偏得很遠。在科比跳投得分後，他們把領先拉開到四分。

接著，在還剩一分鐘左右時，我投了一記外線，沒進。這是我本節的第三次出手，三球都沒進。

就這樣，我沒辦法再告訴你接下來發生的事，我之前就提過這種情況有可能會發生了。

湖人，八十九分；拓荒者，八十四分。

最糟的是，這場比賽不僅能決定西區冠軍誰屬，更可說是決定了誰能成為最後的贏家。無論在西區冠軍賽中勝出的是哪支球隊，在東區冠軍賽打贏尼克的印第安納溜馬與其交手都沒多少勝算。（湖人最終在第六戰贏得總冠軍。）最重要的是，這是我第二次——也是最後一次——在沒有麥可的情況下贏得總冠軍的機會。

第一次，我被休・霍林斯阻擋了去路。這一次，我只能怪我們自己，怨不了任何人。

湖人並沒有在第七戰打敗我們，是我們自己錯失良機。

在這個球季，球員彼此之間、與鄧里維教練之間發生太多爭吵，以至於忘記真正的敵人是站在我們面前的對手。

我們在與其他球隊交手時，這並沒有因此讓我們敗下陣來。我們有天賦的球員太多了。在與湖人交手時，我們因此被擊垮。尤其是在第四節，在一切開始分崩離析、在我們必須團結起來、在我們需要一名領袖的時候。

＊　＊　＊　＊

我又在波特蘭多待了三個球季。三個沒給人留下太多印象的球季。我不斷在治療一個接一個的傷勢。

拓荒者接下來沒能再跨越季後賽的首輪。在二〇〇一與二〇〇二年，湖人在另外兩趟邁向總冠軍的路上與我們在五戰三勝制的系列賽相遇，並將我們橫掃出局。在這六場比賽中，只有一場比賽的差距在七分以內。鄧里維在二〇〇一年五月被球隊開除，我替他難過，正如我也替道格難過一樣。但事實上，球隊應該要早一點開除他才對。

接手的是在費城擔任助理教練一段時間的莫．齊克斯。莫在這裡的蜜月期只持續了五分鐘左右。大家並不喜歡他的調度模式以及整合球隊陣容的方式。

那一代的球員和我們這一代的球員不一樣。如果要泰克斯執教這支球隊的話，他一定會心臟病發。

然而，還是有個夜晚勾起了很多回憶。

二〇〇二年十二月十日，我們在這個國家的首都出戰巫師。雙方在這個球季的表現看起來都不怎麼突出，這肯定只是八十二場例行賽其中一場普通的比賽罷了。

但不完全是這麼回事。

在華盛頓的球員名單中，有一名穿著二十三號的球員。對，就是那個二十三號。

對麥可與我而言，這都是一種極為怪異的感覺，在這麼多年過去、都已揮別巔峰時期的我們居然成為了對手。那時是他在巫師打球的第二個球季，我們在他復出的第一個球季沒有碰頭，因為他在雙方球隊交手的兩場比賽中都受傷了。

很多人覺得麥可在三十八歲之齡復出的行為會使他的歷史定位蒙塵，但我不這麼認為。他想要打這項他熱愛的運動，這並沒有錯。如果他覺得現在的自己還能在球場上與對手一搏，我跟你保證，他還會重出江湖。

我們兩人在那天晚上的表現都不怎麼樣。我攻下十四分與七籃板，他得到十四分與五籃板。我的球隊以九十八比七十九獲勝。

在二〇〇二—二〇〇三年球季後，麥可便永遠地高掛球鞋了。

至於我，在謝幕之前，還有一段最後的演出。

第十八章 我的最後一舞

二〇〇三年七月一日，我正式成為自由球員，這是我第二次獲得這個身分。

我最早接到的來電之一，是現任公牛總經理、前隊友約翰．派克森打來的。在球團工作了十八年後，傑瑞．克勞斯在這年四月離職。

阿派不浪費時間、直接切入正題：

「史考提，我們希望你今年能加入我們，為我們打球。我們需要你，比爾（擔任教練的卡特萊特）也需要你。」

可以說，我在休士頓與波特蘭的這五年中從來沒有想過要在芝加哥結束我的職業生涯。不只是因為這裡的球員太年輕、戰績也不好（公牛在二〇〇二—二〇〇三年球季的戰績是三十勝五十二敗），如果你還記得的話，我離開這座城市的方式也不怎麼光彩。

更何況，我的職業生涯已經快要結束了，我希望能以最完美的方式替它譜下終曲。有哪位運動選手不是這麼想的？

另一個可能的去處，是派特．萊里的邁阿密熱火，不過他們最多只願意給我一份年薪一百五十萬美金的老將底薪合約。在芝加哥年年忍受著這種不受尊重的感覺後，我告訴自己絕對不要再接受一份屈就的合約。

這令曼菲斯灰熊成為可能是最有吸引力的選擇，這不只是因為薪水的關係，因為他們給出的價碼跟公牛一樣。他們的老闆麥可．海斯利提出了我在球員生涯結束後認購球團部分股份的可能性。

這一回，我是真的想向麥可看齊。（麥可．喬丹在第二次退休後成為巫師的小股東，如今則是夏洛特黃蜂的老闆。）

我沒有回到太平洋西北地區。

拓荒者近期遣散了將近三分之一的管理部門與在球場工作的員工，而他們顯然也沒有打算拿出一筆能讓我滿意的錢。我為波特蘭的球迷感到遺憾，他們或許是最狂熱的ＮＢＡ球迷，而我也將為沒能替他們贏得一座冠軍而永遠對他們有所虧欠。

我們真的只差一點點而已。如果在二〇〇〇年出戰湖人的最後一節有不同的發展，結果就不一樣了。

最後我選擇了公牛隊，因為我熟悉那裡的事物：城市、建築、教練，所有的一切。我很希望能以任何方式幫上比爾的忙，他是個我很重視的人。他在二〇〇一年十二月接手時，並沒有得到足夠的支援。

順便一提，那也是傑瑞．克勞斯對提姆．佛洛伊德的信心耗費殆盡的日子。在這三個球季多以來，佛洛伊德執教公牛的戰績是：四十九勝一百九十敗。

我簽下一份兩年一千零三十萬美金、在聯盟中被稱為中產階級條款的合約。雖然我不是數學家，但我知道中產比底薪還要多。

公牛替我規劃的定位，對我這個老骨頭來說堪稱完美。

每場我會出賽二十或二十五分鐘左右，幫助長人艾迪．柯瑞、泰森．錢德勒與後衛賈莫．克勞佛與柯克．辛瑞奇等年輕球員。我對他們在比賽中展現出了多大的熱情與天賦感到印象深刻。然而，對技術層面尚為生澀、皆為在二〇〇五年的十九歲條款生效前就從高中跳級挑戰NBA的艾迪與泰森來說，他們還有很多東西要學。

由於我的剋星——也就是我的背——總是困擾著我，我錯過了前五場季前賽。終於，十月十八日，在聯合中心，我終於在一九九八年去鹽湖城打總冠軍賽第六戰後首度穿上了公牛球衣。我得到四分，並有三籃板與三助攻的貢獻。

我原本就覺得這個球季對我們球隊而言，會是難熬且漫長的——而在開幕戰之夜過後，我覺得這個球季或許會比我想像中得還要漫長。

我們在主場輸給巫師，讓我們實話實說，這不是一支像是有「俠客」與科比聯手的湖人那麼強的球隊。我剛剛說的是輸嗎？或許該說是屠殺比較恰當。比數是九十九比七十四。團隊的投籃命中率為百分之三十二，失誤次數（十八）比助攻次數還多，我們還在三十一次罰球機會中失手了十二球。能講的還不只這些呢……

兩天後，老鷹來訪，我們打得好多了。我們的長人群展現出他們之所以有著光明未來的理由。泰森抓下二十二顆籃板球（其中九顆是進攻籃板球）並蓋了四個火鍋。艾迪攻下二十二分，並在比賽還剩一分鐘左右時氣勢萬鈞地灌進一球，為我們取得四分領先。

講完未來後，現在要聊聊過去。中場休息期間，公牛隊將一面錦旗公諸於世並高懸於屋頂之上。上面寫著：總經理，傑瑞．克勞斯，六座NBA總冠軍。

在表彰傑瑞的儀式結束後，我便和他握了手並祝福他與妻子席瑪。

我現在了解到，很多時候，麥可和我在批評傑瑞．克勞斯時，或許應該把矛頭指向傑瑞．蘭斯朵夫。做出重要商業決策的人是蘭斯朵夫，不是克勞斯。年年拒絕與我重新協調合約的人是蘭斯朵夫，不是克勞斯。

芝加哥公牛的老闆是蘭斯朵夫，不是克勞斯。

在與華盛頓和亞特蘭大交手的比賽，我分別出賽三十一與二十七分鐘。無論背的狀況是好是壞，對於一名像我這麼年長的球員來說，我的身體狀態保持得還不錯。

或許我把話說得太滿了。

在三月動過手術的左膝，又開始發作了。隔天在密爾瓦基的比賽，我只打了十三分鐘半，而且打得不怎麼樣：六投零中。公鹿把我們打得落花流水，九十八比六十八。做完核磁共振檢查後，我錯過了接下來的四場比賽。

十一月十日，我們敗給金塊，九十七比一百零五，這也是我們近五場在聯合中心的比賽中吞下的第四敗，有主場優勢還打成這樣。更糟的是，有幾個人還在抱怨自己被踢出先發名單。

我還以為自己回到了波特蘭呢。

那天稍早之前，我們召開一次團隊會議，我發言的時間最久。把職業球員應有的素養傳授給這些孩子們，這就是他們為什麼要把我帶進這支球隊的原因。我給予比爾百分之百的支持，不僅是因為他是我的朋友，也因為他是我的教練。他有權想派誰上場就派誰上場。在這之後，大家看起來終於達成共識。

兩天後，我們在波士頓擊敗塞爾提克，八十九比八十二。我得到十二分、五籃板與二抄截。我們的戰績來到了四勝五敗。

或許這個球季不會這麼難熬，說不定我們可以讓某些人大吃一驚。

想太多。

在主場連輸兩場、敗給明尼蘇達與西雅圖後，球隊展開客場之旅。換個環境也沒有給我們帶來任何正面影響。

十一月二十三日，我們吞下五連敗，在沙加緬度以九十九比一百一十敗給國王。

十一月二十四日，比爾遭到開除。此時我們的戰績是四勝十敗。

我聽到這個消息時，彷彿大夢初醒般、瞬間想通了。

又來了。就算傑瑞・克勞斯不在，這支球隊也還是一樣充滿著烏煙瘴氣。我真不應該回來，我應該接受曼菲斯的合約，打個幾年球後然後成為球隊老闆之一。當時的我在想什麼啊？

阿派太快摘掉比爾的烏紗帽了。比爾不是我們輸球的主因，這批球員並不是由他一手挑選的。

我也該負一點責任。不論是在開導球員、傳授經驗的層面，還是在球場上拚戰的表現，我都讓比爾失望了。

在最近的五場敗戰中，我一共只攻下三十五分與十七籃板。如果我們能在這五場中贏個兩或三場，他很可能可以保住這份工作。

總之，一旦他被掃地出門，我也差不多要退場了。我開始在尋找出口的標誌。如果他們找來取代他的是一名不錯的教練，還有可能點燃我心裡的火花。

然而並沒有，他們找來的是史考特・史凱爾斯。

我從一開始就不喜歡在太陽執教過幾個球季的史凱爾斯。只不過是因為和「俠客」在奧蘭多當過隊友，他的言行舉止中就散發出一股自己非常敬業且專業、是一名偉大贏家的霸氣。

拜託，他的任務只不過是把球傳給「俠客」而已，這種事誰都做得到。

史凱爾斯無法忍受艾迪走樣的身材，我對此也不甚滿意。但針對這件事，他的處理方式卻是讓每個人都跟著一起跑得要死要活。我是個老派的人。你不能因為有一個人沒有保持身材，就懲罰整支球隊。

同時，我的膝蓋狀態也沒有好轉的跡象。我一直在接受抽取積水的治療，但積水的情形依然不斷出現。

這沒什麼奇怪的。我可以預見自己的身體會在某個時刻崩潰，而這個時刻終於來了。在一九八七年秋天後，包括季後賽在內，我至今一共出賽超過四萬九千分鐘，還動過九次手術。我很幸運，我的身體並沒有更早就垮掉。

來開第十次刀吧。

在進行清除軟骨的手術後，我缺席了大約一個月，在一月中迎戰活塞的比賽中回歸。我一分未得。在接下來的八場比賽中，我只有兩場得到十分以上，球隊則八戰全敗。

一月三十一日，我們在波特蘭出戰拓荒者。這天晚上，球迷們給了我很大的鼓勵，在介紹我出場時起立鼓掌，令我感動不已。

籃球的神明們也站在我這一邊：

老皮，我們都知道你的職業生涯已經快要結束了，看在往日美好時光的份上，我們決定再給你一次發光發熱的機會，好好表現吧。

我的確好好表現了，出賽三十五分鐘，攻下十七分、七籃板與四助攻。這個球季在十一月二十一日後，我就沒有再在一場比賽中得到十七分以上或出賽超過三十分鐘了。最終我們在延長賽中落敗，九十二比一百零五。

兩天後，在出戰超音速的第一節還剩九分五十三秒時，我接獲柯克．辛瑞奇的傳球，並投進一記二十一呎的跳投。

這一球沒什麼特別的。

雖不特別，卻大有意義。

這是我在NBA投進的最後一球。諷刺的是，這一球居然是在西雅圖投進的。從技術上來說，我是被這支球隊選中的。而且我還差點在一九九四年被交易到這裡。

我很快就回到了傷兵名單，沒有再打過一場比賽。最後，我在這個球季繳出一份平均五點九分、三籃板與二點二助攻的成績單。

現在剩下要做的就是何時宣布退休。我會等到訓練營在秋天展開時再做決定。沒有球員會在休賽季退休的，你永遠也不知道會有什麼事改變你的想法。

某天，我接到了公牛財務部門人員打來的電話。球隊還沒支付我這份合約第二年的五百多萬美金。我那時還在想，這件事什麼時候才要處理。

「我們想把這筆錢在接下來幾年用分期的方式付給你，」他說，「你可以接受嗎？」

當然不行。

我沒有退讓，彷彿我們的舊恨尚不足以令彼此記恨一生，我與球團之間又因此累積了更多的新仇。

＊　＊　＊　＊

十月五日在伯托中心進行的記者會，規模與一九九三年那個難忘十月天舉辦的記者會不能比。湯姆．布羅考、大衛．史騰與全美的攝影師和記者都去了那場記者會，而且麥可．喬丹在職業生涯巔峰時期離開球場，也令所有球迷大吃一驚。

我不僅穿的不是二十三號球衣，人們也從好幾個月前就已經預想得到我的退休之日已經不遠了。

「我會懷念與每一位球員結下的情誼以及與彼此較量的每一天，」我對媒體說，「這會是我最難以放下的事。」

我對球迷、傑瑞．蘭斯朵夫與約翰．派克森致上謝意。

「這對我來說是個難受的一天，」我說，「但我也明白，我已經花了很長一段時間在享受籃球這項運動的美好上了。」

不知不覺間，人們已經放下相機，也不再舉手提問。

我與拉莎及兩個兒子一起走出球場時，當下的心情就和我結束高中與大學生涯後的心情一樣。

現在要做什麼？

其中一個可能是執教。和芝加哥的年輕球員們一起打球時，我發現自己還有很多東西可以奉獻給我熱愛的這項運動。

我知道如何設計進攻與防守戰術、知道該如何把正確的人放在正確的位置上，也知道如何激勵一群個體、將他們整合成一個整體。

另一種可能是接下某個職務，為公牛隊工作。

儘管我在與管理層最後一次打交道時是以那樣的方式結束，我依然是六冠成員之一，這也是沒有人能從我身上奪走的成就。在一九八六年夏天、我去拜訪姊姊並與德韋恩．韋德的父親在湖濱大道打球時，我便愛上了這座城市。

我對這裡的愛從未消退過。

總之，在我為了打進並留在NBA而做出犧牲後，我並不急著決定下一步要做什麼。我有家要養。隨著另一個兒子賈斯汀在二〇〇五年誕生，我們現在是個五口之家了。

這是個需要栽培的全新團隊。

＊　＊　＊　＊

二〇〇五年十二月九日，公牛在出戰湖人的比賽中於中場休息時間退休了我的球衣。球迷們都很興奮。我在長期擔任球評的「紅頭」強尼．柯爾（Johnny "Red" Kerr）介紹我出場時得到的歡呼聲，將會被我永遠珍藏在心中。我有時會對他們很刻薄，反之亦然，但在大多時候，無論局勢是好是壞，他們都和我站在同一邊。

「橡樹」、丹尼斯、霍勒斯、東尼與其他前隊友出現在舞台上，對我來說有著難以形容的意義。我也很感謝菲爾與麥可給予的親切話語。不敢相信，在最後一舞結束後，已經過去了七個年頭。

二〇一一年三月，為了紀念我們首度奪冠的二十周年，大夥再度齊聚於聯合中心。

麥可一開始並不想來，我必須說服他，而這並非易事。這就是公牛在二〇一〇年聘請我擔任球隊形象大使的理由之一。為了把麥可帶回球場、把我們是個快樂大家庭的模樣展示給球迷與媒體。

我現在做的事，跟我以前在球場上做的事沒什麼不同：把大家凝聚在一起。

「就來這一次，」我對麥可說，「我保證我再也不會麻煩你。」

想到這支球團沒有給我們另一個贏得冠軍的機會，他依然怒火難耐。實話實說，除了公牛隊之外，還有哪一支球隊會在贏得總冠軍後拆散奪冠組合？

提醒你一下，我們不只是贏得一座冠軍，還是三連霸！八年拿下六座冠軍！

但從另一個角度來看，我一直覺得我們王朝落幕的時機恰到好處。天下無不散的筵席，在籃球中，在生命中，都是如此。無論改變會引領我們走向何方，我們都應當歌頌改變。

我講的話怎麼開始聽起來有點像禪師了。

我們還能再贏一座冠軍嗎？不用懷疑。五十場例行賽的縮水球季對我們年邁的雙腿來說實在是再完美不過。不是對馬刺不敬，他們在大衛．羅賓森、提姆．鄧肯、艾佛瑞．強森（Avery Johnson）與尚恩．艾略特（Sean Elliott）的率領下，在一九九九年總冠軍賽擊敗尼克。只是我們才是更強的球隊。

與日後誕生的兩支王朝球隊、二〇〇〇年代初期的洛杉磯湖人與近年的金州勇士相比，也一樣如此。我隨時可以列出我們的陣容與勇士相比孰優孰劣——尤其我們是完成二度三連霸的球隊。

讓我們來看看這些比較吧：

大前鋒方面，是丹尼斯·羅德曼還是德拉蒙德·葛林（Draymond Green）比較強？丹尼斯。

中鋒方面，是盧克·隆利還是安德魯·波加特（Andrew Bogut）、賈維爾·麥基（JaVale McGee）比較強？盧克。

得分後衛方面，是麥可·喬丹還是克雷·湯普森（Klay Thompson）比較強？麥可。

小前鋒方面，是我還是凱文·杜蘭特比較強？你選哪一個都可以。

金州唯一明顯佔有優勢的對位，是史蒂芬·柯瑞在控球後衛方面勝過榮恩·哈波。

還要補充一點：勇士的板凳球員沒有人的球技像東尼·庫柯奇那麼多元。

預測：公牛在第六戰贏下系列賽。（這個系列賽不可能打到第七戰。畢竟我們從來沒有讓總冠軍賽延伸到第七戰過。）

每當我們在比較這幾支王朝球隊時，我都會慶幸我是在我的時代打球，而不是在現代。那時候，比賽進行時的吹判對攻守雙方是平等的，現在的進攻方則享有顯著的優勢。

現在，有些球隊在上半場打完就能得到七十分了。我們那個時候，很多場比賽打完全場也才八十幾分。

總之，大夥們在二〇一一年重聚時，並不如預想中和樂融融。麥可並不孤單。對於這支王朝球隊走向結局的方式，大家都不怎麼滿意。

我們依然不是一個快樂的大家庭，而這是公牛的問題。他們幾乎沒有做出任何表示，來紀念包含獲得七十二勝的一九九五—一九九六年在內的另外五支冠軍隊，就好像這幾支球隊從來沒有存在過。

相信我，假如我們是在湖人或塞爾提克完成八年贏得六座冠軍的成就，我們會得到皇家成員的待遇。他們是一流的球隊，而公牛不是。在一九九八年後，他們就沒再打進總冠軍賽，這不是什麼巧合。

就連小熊隊在那一年之後都贏過冠軍了。

二〇一〇年春天，在印第安納波里斯舉行NCAA最後四強賽事的周末，我被選進了奈史密斯籃球名人堂。

儘管我對於宣布自己入選的日子終會到來一事毫不懷疑，但當下我還是十分震撼。在松樹街那段與人一對一的時光，羅尼．馬丁和我討論著未來的夢想時，都沒有提過要入選名人堂。

有些夢想實在大得令人難以想像。

那麼，它是如何成真的？我是用了什麼方法，才加入張伯倫、賈霸、魔術、麥可和「大鳥」等人的行列、成為這個超群不凡俱樂部的一員？

運氣佔了很大的成分。我的人生不斷出現對的人，而且感謝老天，賜予我足夠的智慧向他們虛心學習（大多時候是如此）。麥可．愛爾蘭、唐納德．韋恩、唐．戴爾、艾奇．瓊斯、菲爾．傑克森，族繁不及備載。

努力也佔了很大的成分。從那些該死的樓梯開始，我把每一次挫折都當成是機會。而我並不是第一個開始努力的人。老天，當然不是。艾塞爾・皮朋才是這份辛勤汗水的源頭。

我每天都看著母親對哥哥、父親——以及所有人所做的付出。這名女士心中的愛大得無法計算。二〇一六年二月，她以九十二歲的高齡辭世。我對她的思念，筆墨難以形容。

＊　＊　＊　＊

在名人堂儀式上，我必須找一個正式的引薦人，在我發表感言時和我一起站在舞台上。只有名人堂成員，才有資格擔任引薦人。

我想過請「J博士」當我的引薦人，因為在我長大成人的時期，他是我的偶像。然而，我跟他不熟。

反之，我選擇了一個很熟的人，一個我就近日復一日、且年復一年地看著他立下偉大事蹟的人。真的沒有其他選擇了。

就算麥可和我不是最好的朋友又怎麼樣？

我們倆將因為是NBA史上最好的雙人組而永遠被連結在一起。他幫助我實現了夢想，正如我也幫他實現了夢想。他二話不說、馬上答應，對此我十分感激。

二〇一〇年八月十三日，名人堂典禮在麻州（Massachusetts）春田市舉行。多麼美好的夜晚。我不僅因為個人成就而獲獎，也因為一九九二年成為夢幻隊一員而受到表彰。看到這批成員再度聚首，讓我想起許多美好回憶。

在我的演講中，我感謝了我的父母、我的哥哥比利、羅尼·馬丁、公牛球團、我的前教練與隊友們，當然，還有拉莎。

「我打著我熱愛的籃球，也將我所有的一切奉獻給它，」我對場下的觀眾說，「我也試圖以能讓我愛著與在乎的人們以我為榮的方式過好自己的人生……一路走來，我實現了很多夢想，在我愛著的人們圍繞下、在全世界最棒球迷的歡呼聲中打籃球。這是一趟偉大的旅程。」

＊＊＊＊

在我退休後，每隔一陣子我的心中就會萌生執教的想法，我實在太想念籃球了。

二〇〇八年，為了展現我對執教的興趣有多大，我找上麥可，請他給我一份工作。我為我所求不多、盡可能減少條件的行為感到驕傲。他最近在夏洛特這支當時名為山貓的球隊聘請了賴瑞·布朗（Larry Brown）來擔任總教練。

「和賴瑞談吧。」麥可說。

我並沒有因此覺得被冒犯。布朗是籃球界中最具盛名的教練之一，他在大學（堪薩斯大學）與職籃（活塞隊）都曾領軍奪冠。他有權挑選自己的助理教練而不受老闆干涉，不管老闆是誰都一樣。

布朗沒什麼興趣。

「我有符合我需要的教練團成員了。」他對我說。

我沒有再向麥可或布朗求過一官半職。

有幾次，我向公牛球團的人提出了這個想法。他們告訴我，在二〇一〇至二〇一五年間執教的湯姆・席柏度（Tom Thibodeau）不需要我的協助。我一直到現在也不知道為什麼。

在席柏度被開除後不久，公牛聘請了曾在愛荷華州大執教的佛瑞德・霍伊伯格（Fred Hoiberg）擔任總教練。而我也明白到我永遠不會在這支球隊中得到一份有意義的工作了，便舉家搬到佛羅里達州。

有個人很早就給過我一個執教的機會，他就是在退隱一年後在湖人重出江湖的菲爾・傑克森。

「來夏威夷參加訓練營吧，」菲爾說，「詳情我們稍後再談。」

那是二〇〇五年的秋天。我和球員們針對三角戰術的各個層面進行訓練。我非常沉浸於這段經驗中。和科比一起訓練帶給我一種特別的刺激。多年以來，我遠遠地欣賞著他作為一名球員與一個男人的成長，而就近觀察他在場上與場外的表現，則令我更加印象深刻。他在二〇二〇年一月底的死，帶給我很大的打擊。

如果說這是一次測試，那我表現得不能再更好了。然而在這之後，菲爾再也沒有對於教練一職跟我談過隻字片語。我懷疑是因為他的助理教練布萊恩·蕭把我視為一種威脅，因此使菲爾跟我保持距離。

我曾經獲得過母校中阿肯色大學提出的邀約，但被我婉拒了。我認為將我的家人們帶離熟悉的環境對他們來說是不公平的事。

回想當年，我沒當上教練或許才是最好的結果。

我一直在過著籃球第一、其他第二的生活，而且籃球的重要性遠在其他事物之上。我以這種生活方式過了一輩子。

我現在可以過著截然不同的生活，帶領一批不一樣的年輕團隊，也就是我的孩子們。

安特倫、泰勒（Taylor）、希耶拉（Sierra）、小史考提、普雷斯頓、賈斯汀和索菲亞，他們令我驕傲至極。

我每天都在思念安特倫，幾個月前*他因哮喘引發的併發症過世，當時年僅三十三歲。

安特倫是我最好的朋友之一。他在處理自身的健康狀況時所呈現出的勇氣，令我想起了哥哥羅尼。他從來沒有把自己當成是一個病人。我這一生都會繼續想像，若他還活著將會完成哪些驚人的成就。

說到了不起的事情，我對這時二十一歲、我與拉莎生的四個孩子中最年長的小史考提的未來十分期待。他憑自己的能耐成為了一名相當不錯的球員。

上個球季，六呎三吋、在范德比大學擔任先發控球後衛的他平均攻下二十點八分與四點九助攻。在一場與辛辛那提大學（Cincinnati）交鋒的比賽，他攻下三十六分並抄了四球。現在大三的他，有機會站上NBA的球場。†

小史考提和以前的我是不同類型的球員，而且現在的籃球也已經和我在他這個年紀時的籃球有了極大的不同。

然而，在我看著他踏上自己的旅途時，我也想起了我自己的旅途。想起了我們是怎麼好不容易地跨越了艾塞亞、藍比爾和其他壞孩子的障礙。

想起擊敗湖人獲得我們的第一座總冠軍後那份極致的喜悅。

想起在巴塞隆納聽到現場播起「星條旗之歌」時，掛在我脖子上的金牌。

＊　譯註：二〇二一年四月十八日。

†　譯註：小史考提在二〇二二年七月與湖人簽下雙向合約，並已在二〇二二年十月十八日出戰勇士的比賽中登場。

想起我在一九九八年總冠軍賽的第六戰，難受得幾乎跳不起來卻依然堅持下去。

想起教會了我各種關於比賽與人生方面智慧的教練們。

最重要的是，我想起了那個來自阿肯色州漢堡鎮、除了夢想之外一無所有的瘦小男孩。我想起了松樹街與祖母家那塊泥土地的球場，也想起在高中跑看台階梯時差點放棄的那一天。

我在階梯上喘氣時，聽見內心的聲音用比以往更為迫切的語氣對我說話。這個聲音，說著與當時隊友們的鼓勵相同的話語——也是我從那一天起便帶在身邊，迎接著一個又一個挑戰的訊息。

「加油小皮，你做得到！」

致謝

在很長的時間中，親友們不斷告訴我，說我應該把我的人生故事寫出來。我走過的旅程證明了如果你努力並永遠不對自己失去信心，就能夠實現夢想。這能夠成為激勵他人的泉源，尤其對年輕人來說更是如此。

探討我的過去，當然是個很誘人的想法。然而我總是有所抗拒，覺得光是為了生活就有得忙了，所以沒有時間去討論這件事。

幾年前，在我快五十五歲時，我不再抗拒了。我明白到，我最好在我想出更多藉口而讓這個機會最終消失前，趕快述說自己的故事。

不久之後，在疫情開始的前幾個星期，我看了《最後一舞》的第一集。我便比以往都更加確信自己做出正確的決定。如果不由我來講自己的故事，就沒有人會講。

或者，他們會講出一個扭曲版本的故事。

我很快便了解到寫書其實和在一支籃球隊中打球沒什麼不同。不僅是佔據舞台中央的人，很多人都有自己的任務要完成。而如果他們沒有做好自己的工作，最終的成品就不會有成功的機會。

幸運的是，心房圖書出版社（Atria Books）的團隊從第一天起便展現出了滿滿的才華與投入。我不能再更幸運了。

我要先提的是編輯阿瑪爾・戴歐（Amar Deol）。在做這份工作時，他不僅眼光獨到也有著無限的精力，這令人印象深刻。無論有什麼任務，無論有什麼問題，他總是會在你身邊說出激勵人心的話。

我還要向心房圖書出版社的許多人致上謝意：發行人里比・馬奎爾（Libby McGuire）、副發行人戴娜・特羅克（Dana Trocker）、編輯主任林賽・賽嘉內特（Lindsay Sagnette）、編輯助理潔德・胡依（Jade Hui）、行銷專員莫迪・吉娜歐（Maudee Genao）、宣傳副主任大衛・布朗（David Brown）、責任編輯派吉・萊透（Paige Lytle）、責任編輯助理潔西・麥克尼爾（Jessie McNiel）、製作經理瓦尼莎・瑟薇里歐（Vanessa Silverio）、製作編輯艾爾・麥達克茲（Al Madocs）與設計師戴娜・史隆（Dana Sloan）和里納多・史塔尼西奇（Renato Stanisic）。

當然，如果沒有我的共同作者麥克・阿庫什（Michael Arkush），這本書不可能問世。麥克在我需要被敦促的地方敦促我，甚至因為有他的敦促，我才能做到某些我原本不想做的事。我會永遠感謝他為了作品所做的付出，確保我的故事確切且真實。我要感謝他的妻子波萊塔・華爾許（Pauletta Walsh）和經紀人傑・曼戴爾（Jay Mandel）。麥克也很幸運，才能擁有一個這麼優秀的團隊。

在我打籃球的生涯中，從國中到職業，都有很多不可思議的隊友圍繞在我身邊。其中有許多人至今依然與我非常親密。這份名單很長，長到我不可能一一列舉，但還是想提一下以下的人：

漢堡高中：大衛・丹尼斯（David Dennis）、達瑞爾・格里格斯（Darrell Griggs）、李・尼莫（Lee Nimmer）、雷特洛伊・威爾（LeTroy Ware）、史蒂文・懷特。

中阿肯色大學：賈米・畢佛斯（Jamie Beavers）、羅比・戴維斯、米奇・派瑞許（Mickey Parish）。

芝加哥公牛：B・J・阿姆斯壯、蘭迪・布朗、柯里・布朗特（Corie Blount）、雅德・布徹勒、史考特・布瑞爾、傑森・卡菲、比爾・卡特萊特、戴夫・柯辛、榮恩・哈波、克雷格・哈吉斯、麥可・喬丹、史蒂夫・柯爾、史戴西・金恩、喬・克萊恩（Joe Kleine）、東尼・庫柯奇、克里夫・雷文斯頓、查爾斯・歐克利、約翰・派克森、威爾・普度、丹尼斯・羅德曼、布拉德・塞勒斯、羅利・史帕羅、塞戴爾・史瑞亞特、達瑞爾・沃克（Darrell Walker）、比爾・威寧頓、史考特・威廉斯。

休士頓火箭：查爾斯・巴克利與哈金・歐拉朱萬。（我也要感謝已故的摩斯・馬龍，他在一九七〇年代末與一九八〇年代初期是休士頓的明星球員。）

波特蘭拓荒者：葛瑞格・安東尼、史戴西・奧古蒙、布萊恩・葛蘭特（Brian Grant）、肖恩・坎普、傑曼・歐尼爾、阿維達斯・薩波尼斯、德特夫・施倫夫、史蒂夫・史密斯、拉希德・華勒斯、邦基・威爾斯。

對於那些與我共事的教練，我更是說多少都不為過。他們教給我的事物遠超過籃球的範疇。這些教練包括強尼・巴赫、羅尼・布雷克（Ronnie Blake）、莫里斯・齊克斯、吉姆・克萊蒙斯、道格・柯林斯、麥克・鄧里維、唐・戴爾、安傑爾・伊凡斯（Angel Evans）、麥可・愛爾蘭、菲爾・傑克森、艾奇・瓊斯、魯迪・湯賈諾維奇與唐納德・韋恩。

我想特別感謝已逝且偉大的泰克斯・溫特。儘管泰克斯是批評我批評得最兇的人，但事實上他不僅是我的頭號粉絲，也幫助我以正確的方式打籃球。

有很多人在這本書從無到有的過程中了我很大的幫助：萊恩・布雷克（Ryan Blake）、麥格西・柏格斯、P・J・卡爾西摩（P. J. Carlesimo）、法蘭克林・戴維斯（Franklin Davis）、唐・保羅・戴維斯（Don Paul Davis）、史蒂夫、伊斯特（Steve East）、艾奇・瓊斯二世（Arch Jones Jr.）、阿爾蒂・瓊斯、比利・麥金尼（Billy McKinney）、奇普・薛佛與菲利斯・史培戴爾（Phyllis Speidell）。

我也想要感謝某些長年支持我的媒體人：已故的萊希・班克斯（Lacy Banks）、梅莉莎・艾薩克森（Melissa Isaacson）、K・C・強森（K. C. Johnson）、肯特・麥克迪爾、瑞秋・尼克斯、比爾・史密斯（Bill Smith）與麥可・威爾本（Michael Wilbon）。

這些年來有無數的人陪伴在我的身邊，我也想讓他們知道我有多麼感謝他們。

這些人是朱莉・布朗（Julie Brown）、傑夫・喬恩（Jeff Chown）、麥特・戴澤爾（Matt Delzell）、彼德・葛蘭特（Peter Grant）、提姆・葛洛佛、傑夫・卡茲（Jeff Katz）、提姆・哈蘭（Tim Hallam）、卡莫・哈查達尼（Kamal Hotchandani）、琳與狄伯倫・梅利特（Lynn and Debron Merritt）、麥可・歐庫恩（Michael Okun）、喬・歐奈爾（Joe O'Neil）、傑瑞・蘭斯朵夫、麥可與南希・蘭斯朵夫（Nancy Reinsdorf）、J・R・與羅倫・萊丁格（J. R. and Loren Ridinger）、維斯・薩頓（Wes Sutton）、威廉・衛斯理（William Wesley）與傑夫和戴伯懷恩曼（Jeff and Deb Wineman）。我當然沒有忘記「蛇哥」安托萬・彼得斯（Antwan "Snake" Peters），安息吧，兄弟。

我想感謝我團隊中的幾個人：

我的經紀人，ＷＭＥ娛樂公司的史隆恩・卡維特・羅格（Sloane Cavitt Logue）在過去幾年一直是大力支持我的人。我對她的動力、熱情與積極再感謝不過。

我也要對好友亞當・佛魯克（Adam Fluck）致上同樣的謝意。在我的團隊中，沒有人比他投入得還要多。他是值得信賴的知心好友，我也期待和他繼續在接下來的幾年一起為更多的計畫打拚。

我欠我最好的朋友羅尼・馬丁一個特別的感謝。羅尼和我在中學時期成為朋友，並在那之後一直都與我十分親密。他的支持與有智慧的建議幫助我度過了許多難關。羅尼不只是我的朋友，更是我的家人。

家人，當然，對我來說是最重要的。假如你也有十一個哥哥姊姊，就會有多到講不完的親戚，但我不能遺漏任何一個兄姊：芭芭拉・肯崔克斯（Barbara Kendricks）、比利・皮朋、菲伊・塔克（Faye Tucker）、瑞・羅賓森（Ray Robinson）、羅尼・皮朋、雪倫・皮朋、已故的吉米・皮朋、唐納德・皮朋（Donald Pippen）、已故的桃樂希・皮朋（Dorothy Pippen）、卡爾・皮朋（Carl Pippen）、金・皮朋。

我也會永遠對我的父母普雷斯頓與艾塞爾心存感謝，感謝他們以正確的方式撫養我長大，並為我提供了成功所需的必備條件。他們是幫助我明白什麼是負責任與努力的人，也是他們讓我明白有同情心且善解人意的重要性。沒有他們的愛與支持，我就不會成為今天的我。

關於作者

史考提・皮朋在NBA打了十七個球季，贏得六座冠軍與兩枚奧運金牌。他在一九九六年獲選為NBA的五十大球星。皮朋是史上唯一一位兩度於一年內同時贏得NBA總冠軍與奧運金牌的球員，並在二〇一〇年入選奈史密斯籃球名人堂。他住在洛杉磯一帶，而你可以從Facebook、Instagram與Twitter上追蹤他的帳號@ScottiePippen。

麥克・阿庫什擔任作者或共同作者所寫的書共有十五本，其中包括《紐約時報》的暢銷書、與雷・艾倫（Ray Allen）合著的《From the Outside》與和「蜜糖」雷・里奧納德（Sugar Ray Leonard）合著的《The Big Fight》。阿庫什曾在《洛杉磯時報》（Los Angeles Times）擔任特約撰稿人。他與妻子波萊塔・華爾許住在加州的橡樹景地區（Oak View）。

入魂 24

無所設防

Unguarded

作者　史考提・皮朋、麥克・阿庫什
譯者　李祖明

堡壘文化有限公司
總編輯　簡欣彥
副總編輯　簡伯儒
責任編輯　簡伯儒
行銷企劃　許凱棣、曾羽彤、游佳霓、黃怡婷
封面設計　萬勝安
內頁構成　李秀菊

讀書共和國出版集團
社長　郭重興
發行人　曾大福
業務平臺總經理　李雪麗
業務平臺副總經理　李復民

出版　堡壘文化有限公司
發行　遠足文化事業股份有限公司
地址　231新北市新店區民權路108-2號9樓
電話　02-22181417　傳真　02-22188057
Email　service@bookrep.com.tw
郵撥帳號　19504465 遠足文化事業股份有限公司
客服專線　0800-221-029
網址　http://www.bookrep.com.tw
法律顧問　華洋法律事務所　蘇文生律師
印製　韋懋實業有限公司
初版1刷　2023年4月
定價　新臺幣550元
ISBN　978-626-7240-39-7
eISBN　978-626-7240-46-5 (PDF)
eISBN　978-626-7240-47-2 (ePub)

國家圖書館出版品預行編目（CIP）資料

無所設防／史考提・皮朋（Scottie Pippen）、麥克・阿庫什（Michael Arkush）著；李祖明譯. -- 初版. -- 新北市：堡壘文化有限公司出版：遠足文化事業股份有限公司發行, 2023.04
面；　公分. --（入魂；24）
譯自：Unguarded.
ISBN 978-626-7240-39-7（平裝）

1.CST: 皮朋(Pippen, Scottie)　2.CST: 運動員　3.CST: 職業籃球　4.CST: 傳記
5.CST: 美國

785.28　112004522